Die letzten 100 Tage
des Zweiten Weltkriegs

Christian Hartmann / Johannes Hürter

Die letzten 100 Tage des Zweiten Weltkriegs

Unter Mitarbeit von
Jens Brandt
Regina Carstensen
Sven Keller
Stephan Lehnstaedt
Eva Rimmele

DROEMER

Besuchen Sie uns im Internet:
www.droemer.de

Die Einschweißfolie ist biologisch abbaubar.
Dieses Buch wurde auf chlor- und säurefreiem Papier gedruckt.

Ein Unternehmen der Droemerschen Verlagsanstalt
Th. Knaur Nachf. GmbH & Co. KG, München

Umschlaggestaltung: ZERO Werbeagentur, München
Umschlagfotos: Corbis
Gestaltung und Herstellung: Sandra Hacke
Bildredaktion: Sylvie Busche (Ltg.), Margit Schulzke
Reproduktion: Setzerei Vornehm, München
Karten: Achim Norweg, München
Satz: Ventura Publisher im Verlag
Druck und Bindung: Mohn Media, Gütersloh
Printed in Germany
ISBN 3-426-27356-X

2 4 5 3 1

Vorwort

In der Nacht vom 8. zum 9. Mai 1945 ging für die Deutschen der Zweite Weltkrieg zu Ende. Zugleich wurde ganz Europa von einem schrecklichen Albdruck befreit: dem nationalsozialistischen Herrschaftsanspruch und Rassenwahn. Der vom Deutschen Reich angezettelte Krieg hatte die Landkarten verändert, große Gebiete verwüstet und vielen Millionen Menschen das Leben gekostet. Während in Ostasien noch einige Monate vergingen, ehe auch das japanische Expansionsstreben in seine Schranken verwiesen wurde und der Weltkrieg am 2. September 1945 auf dem US-Schlachtschiff »Missouri« seinen endgültigen Schlusspunkt fand, begannen in Deutschland die materiellen und geistigen Aufräumarbeiten. Die sichtbaren Trümmer waren nach einigen Jahren beseitigt, doch die »Bewältigung« der schrecklichen Geschehnisse und der Frage, wie es dazu kommen konnte, beschäftigt uns bis heute. Je mehr die »Erlebnisgeneration« der Zeitzeugen abtritt, desto größer scheint das Bedürfnis von uns »Nachgeborenen« zu sein, die unruhigen Jahre der NS-Diktatur und des Zweiten Weltkriegs in großen medialen Inszenierungen nachzuerleben.

Die verstärkte Suche nach Nähe zur frühen Vergangenheit unserer Eltern und Großeltern wird dadurch erleichtert, dass Geschichte aus zahllosen Geschichten besteht – gerade in den Zeiten des Krieges. Individuelle Erlebnisse und Schicksale lassen sich anschaulich erzählen und führen zu einer Empathie, die uns das Ferne ganz nah erscheinen lässt. Ist der Diktator im Bunker unter der Reichskanzlei, der uns im Kinofilm gezeigt wird, nicht »Bruder Hitler«, ein Teil des ewig Bösen in der Welt und in uns selbst? Und verkörpert die Flüchtlingsfrau, deren dramatischer Überlebenskampf uns in einem Buch geschildert wird, nicht das ewige Leid der »kleinen Leute« im Krieg? Geschichten überwinden Distanz und erzeugen Mitgefühl. Sie sind wichtige Brücken in die Vergangenheit. Jedoch dürfen und können Geschichten nicht die Geschichte ersetzen. Weder der Blick in den »Führerbunker« noch die Perspektive des Flüchtlingstrecks genügen, um die komplexen historischen Zusammenhänge und Hintergründe zu erkennen. Wo der Bericht des Zeitzeugen aufhört, fängt das Verstehen der Geschichte erst an.

Unsere Chronik der letzten 100 Kriegstage in Deutschland versucht, beides zu verbinden: die Geschichte und die Geschichten. Tag für Tag, vom 30. Januar bis zum 9. Mai 1945, wird ein Ereignis oder, häufiger noch, eine individuelle Geschichte vorgestellt. Diese Begebenheiten stehen nicht für sich allein, sondern sind jeweils symptomatisch für die Geschichte des »Dritten Reichs« und des Zweiten Weltkriegs. In der dramatischen Endphase zeigten sich noch einmal alle Merkmale der Diktatur und des Krieges besonders grell und konzentriert. So entsteht ein Geschichtenbuch, ein Kaleidoskop des Leids, des Verbrechens, des Mitläufertums und der wenigen, kleinen Nischen, und zugleich ein Geschichtsbuch, in dem jene Probleme beleuchtet werden, die damals die Menschen bewegten und die Geschichte prägten. Der Politiker steht neben der Hausfrau, der General neben dem Luftwaffenhelfer, der NS-Verbrecher neben dem KZ-Häftling. Ziel ist ein vielfältiges Bild, das der Vielfalt der Geschichte und ihrer Deutungen nahe kommt, einer Geschichte, die in diesen 100 Tagen so viele menschliche Extreme zeigte wie kaum in einer zweiten Zeit.

München,
im November 2004

Christian Hartmann
Johannes Hürter

Januar 1945

Der letzte Akt beginnt

Weihnachten kam und konnte von allen, die noch in ihren eigenen Häusern saßen, fast wie im Frieden gefeiert werden. Sogar Jagden wurden veranstaltet, und Menschen trafen sich, um noch einmal in altgewohnter Weise das Jahr miteinander zu beschließen. Vierzehn Tage später war alles vorbei.«

Diese Sätze über die letzte Kriegsweihnacht stehen am Anfang der Erinnerungen des Hans Graf von Lehndorff. Lehndorff hatte Weihnachten 1944 zu Hause gefeiert. In Ostpreußen lag der Stammsitz seiner Familie. Das war schon seit Jahrhunderten so. »Vierzehn Tage später war alles vorbei.«

Dass Deutschland den Krieg verlieren würde, hatte sich längst abgezeichnet. Im *September 1939* hatte Hitler diesen Krieg mutwillig und ohne jede Not vom Zaun gebrochen. Fast alle Deutschen waren ihm auf diesem Weg gefolgt – wenn auch in ihrer Mehrheit zunächst ohne große Begeisterung und mit vielen Sorgen. Das änderte sich mit dem »Sieg im Westen«, in dessen Bann die meisten Deutschen gerieten. Nach dem triumphalen Erfolg über den alten Rivalen Frankreich schien es so, als ob das Deutsche Reich wirklich zur Führungsmacht berufen sei – in Europa und vielleicht sogar in der ganzen Welt. Immer mehr Deutsche identifizierten sich mit dem Regime und seinen Zielen – den militärischen, aber auch den wirtschafts- und den rassepolitischen.
Dieser Höhepunkt seiner Popularität bildete für Hitler eine ideale Voraussetzung, um wieder seine alten programmatischen Ziele aufzunehmen, die er bisher weitgehend zurückgestellt hatte. Eine Schlüsselrolle spielte dabei der Angriff auf die Sowjetunion, den die Wehrmacht am *22. Juni 1941* eröffnete. Mit diesem Krieg begann sich der europäische Konflikt rasch auszubreiten, bis er dann im *Dezember 1941* mit den Kriegsschauplätzen in Ostasien und im Pazifik endgültig zum Weltkrieg verschmolz. War das aber bereits eine Wende? Wann genau sich die Waagschale des Krieges von der einen zur anderen Seite senkte, ist nach wie vor umstritten: Lag der Wendepunkt schon im *Winter 1941/42,* als die deutsche Offensive gegen Moskau endgültig in Schnee und Eis erstarrte? Oder erst im *Winter 1942/43,* als sowjetische Verbände die 6. deutsche Armee in Stalingrad einkesselten und vernichteten? Oder sogar noch später, im *Juli 1943,* als das Ostheer die Schlacht um Kursk abbrechen musste und es ihm erstmals auch im Sommer nicht mehr gelang, die militärische Initiative gegen die Rote Armee wiederzugewinnen?
Sicher ist, dass in jenen Jahren Schlagkraft und Reichweite der deutschen militärischen Macht kontinuierlich abnahmen. Im Jahr 1944 war es dann so weit, dass der NS-Staat nichts anderes mehr tun konnte, als auf die Offensiven des Gegners zu warten. Das betraf alle Fronten, den Osten wie den Westen und schließlich auch den Mittelmeerraum, wo sich die westlichen Alliierten in Italien langsam nach Norden vorkämpften.

Zur endgültigen Wende aber kam es erst im *Juni 1944*. Spätestens in diesem Monat wurde klar, dass die Zeit des nationalsozialistischen Deutschen Reichs unwiederbringlich abgelaufen war. Der erste Schlag erfolgte im Westen, als am frühen Morgen des *6. Juni 1944* Amerikaner, Engländer, Kanadier, Franzosen, Norweger und

Angehörige vieler anderer Nationen an den Stränden der Normandie landeten. Anfangs waren die Kämpfe sehr hart, und es blieb einige Zeit in der Schwebe, ob die westlichen Alliierten ihre überwältigende materielle Überlegenheit zu einem entscheidenden Erfolg ausspielen könnten. Ende Juli gelang ihnen jedoch der Durchbruch durch die deutschen Stellungen. Bis zum 25. August war Paris befreit, zwei Wochen später fast ganz Frankreich.
Im Osten hatte man ebenfalls im *Juni 1944,* und zwar pünktlich am Jahrestag des deutschen Überfalls vor drei Jahren, zum großen Schlag gegen die deutschen Okkupanten ausgeholt. Mit der Operation »Bagration« gelang es den sowjetischen Streitkräften, ein riesiges Loch in die deutsche Front zu schlagen. Die Heeresgruppe Mitte wurde vernichtet, die Wehrmacht verlor durch diese Katastrophe 600 000 Mann. Danach konnten die sowjetischen Angriffsverbände in nur zwei Monaten über 700 Kilometer nach Westen vorstoßen – nicht nur in Mitteleuropa, sondern auch auf dem Balkan.

Zog man am Jahresende 1944 eine Bilanz, so hatte die alliierte Übermacht den deutschen Aggressor in etwa wieder auf seine Ausgangsstellungen zurückgedrängt. Immerhin war das »Großdeutsche Reich« Anfang Januar 1945 in seinen Grenzen noch einigermaßen intakt – zumindest auf der Landkarte. Nur im Westen hatten die Amerikaner mit Aachen ein kleines Stück Reichsgebiet besetzt, während der sowjetische Vorstoß nach Ostpreußen im Oktober 1944 noch einmal aufgehalten worden war. Dass dieses Reich nach über fünf Jahren Krieg längst ausgehöhlt und erschöpft war, ist der Karte nicht zu entnehmen. Aber es war die Realität. Die gnadenlosen Luftangriffe, die Millionen von Gefallenen, Verstümmelten und Vermissten, die immensen ökonomischen Lasten, all das und vieles mehr hatte Deutschland an den Rand des Ruins gebracht – ganz abgesehen von seinen gewaltigen sozialen und psychologischen Verwerfungen, seiner immensen Schuld an beispiellosen Verbrechen. Doch immer noch lag die politische und militärische Entscheidungsgewalt im Kern von Mitteleuropa bei niemand anderem als bei Hitler und dem NS-Regime. Das bedeutete auch, dass nach wie vor zig Millionen Menschen dieser kriminellen Staatsführung auf Gedeih und Verderb ausgeliefert waren.

Im Januar leiteten die Alliierten die letzte Phase dieses Krieges ein – zunächst im Osten. Darin liegt die historische Bedeutung dieses Monats. In der Zeit vom 12. bis 14. Januar eröffnete die Rote Armee eine so vernichtende Großoffensive, dass sie in nur zwei Wochen nochmals 300 Kilometer weit nach Westen vorstürmte. Westpolen und weite Teile Ostdeutschlands wurden besetzt. Erst die Oder erwies sich als ein letztes Bollwerk. Dort verlief die deutsch-sowjetische Front am Ende des Monats. Nur Pommern und der nördliche Teil Ostpreußens waren noch in deutscher Hand, während Städte wie Königsberg, Posen oder Breslau den Kampf als »Festungen« fortsetzten.
Noch nicht einmal 100 Kilometer lagen jetzt zwischen den vordersten Angriffsspitzen der Roten Armee und der Reichshauptstadt. Jetzt trat der Kampf im Osten in seine definitiv letzte Phase. Die Trümmer des deutschen Ostheeres – ausgeblutete Infanterie- und Panzerverbände, rasch formierte Volksgrenadierdivisionen oder improvisierte Hilfskontingente aus Volkssturm und Hitlerjugend – kämpften verzweifelt, denn die Angst vor den sowjetischen Soldaten war groß.

Aber es war nur noch ein letztes Aufbäumen. Im Januar 1945 war die Entscheidung im Osten im Grunde schon gefallen.

Auch im Westen kam es in diesem Monat zu einer entscheidenden Wende. Allerdings dauerte der Umschlag hier länger. Den amerikanischen und britischen Armeen gelang es im Januar, die deutschen Truppen, die im Dezember während der Ardennenoffensive bis kurz vor die französische Grenze vorgestoßen waren, wieder auf ihre alte Ausgangsstellung zurückzudrängen. Dies war nicht nur ein militärisches Signal, sondern auch ein politisches.

Mit dieser letzten militärischen Kraftanstrengung hatte Hitler den illusionären Plan verfolgt, die Front der Westmächte durcheinander zu bringen. Vielleicht ließ sich auf diese Weise wenigstens Großbritannien – so seine Hoffnung – zu einem Frieden zwingen. Danach sollte die deutsche Kriegsmaschinerie nach Osten geworfen werden, um die Sowjetunion aus Osteuropa zu verdrängen. Ende Januar war nicht nur diese Illusion verflogen. Vielmehr war die Rote Armee bereits tief in das Deutsche Reich eingedrungen.

Nun begann der letzte Akt.

Dienstag

30

Januar

Tag 100

Uraufführung des Spielfilms »Kolberg«

Januar 1945: Der Kreis der Kriegsgegner schließt sich immer enger um Deutschland. Der Propagandaapparat läuft trotz allem auf Hochtouren. »Kolberg«, ein Farbfilm des Regisseurs Veit Harlan und von Goebbels höchstpersönlich in Auftrag gegeben, soll die Deutschen zum äußersten Widerstand motivieren und eine Wende des Krieges möglich erscheinen lassen. Worin aber besteht der »Mythos Kolberg«?

Die Stadt Kolberg in der Pommerschen Bucht wurde 1806 von den weit überlegenen Truppen Napoleons bedroht. Sie stießen jedoch auf unerwartet heftige Gegenwehr. Die Kämpfe, für beide Seiten verlustreich, dauerten bis ins folgende Jahr an. Der von Bürgermeister Joachim Nettelbeck geleitete erbitterte Widerstand zahlte sich aus: Kolberg blieb zunächst uneinnehmbar. Auch der folgenden Belagerung konnten die Kolberger unter dem neuen Stadtkommandanten Neidhardt von Gneisenau bis zum preußisch-französischen Frieden von Tilsit am 7. Juli 1807 standhalten. Seither galt Kolberg als Symbol preußischen Durchhaltewillens und siegreichen Widerstands gegen einen übermächtigen Feind.

Durchhalten, Selbstaufopferung, Widerstand um jeden Preis: Das waren die immer wiederkehrenden Themen der NS-Propaganda im letzten Kriegswinter 1944/45. Die kriegsmüde deutsche Bevölkerung sollte noch einmal aufgerüttelt werden. Vor dem Durchbruch des Fernsehens war dafür kein Medium besser geeignet als das Kino. Viele Filme lockten über zehn Millionen Menschen in die Vorführsäle, Spitzenwerte lagen gar bei fünfundzwanzig Millionen. Der Film mit seiner Projektion großer Gefühle und geheimer Wünsche barg damals wie heute großes manipulatives Potenzial. Und Goebbels nutzte dieses Potenzial von Beginn an für die nationalsozialistische Propaganda und Indoktrination. Noch 1945, als das Land endgültig unter Trümmern zu versinken drohte, betonte Goebbels, man müsse neben der Rüstungsindustrie vor allem zwei Einrichtungen aufrechterhalten: Film und Rundfunk.

Am 1. Juni 1943 hatte der Reichspropagandaminister den Regisseur Veit Harlan beauftragt, am Beispiel Kolberg zu zeigen, »dass ein in Heimat und Front geeintes Volk jeden Gegner überwindet«. Veit Harlan, der ausgewiesene Propagandafilmer und Regisseur des antisemitischen Machwerks »Jud Süß«, war der richtige Mann für dieses monumentale Epos. Er scheute weder Kosten noch Mühen: Als Darsteller wurden die Ufa-Stars Heinrich George und Kristina Söderbaum verpflichtet. Für die Aufnahmen, die man teils in den Babelsberger Studios der Ufa, teils am Originalschauplatz Kolberg sowie in Königsberg und Berlin drehte, rekrutierte Harlan ein Heer von tausenden Wehrmachtssoldaten als Statisten. Zur Ausstattung des aufwändigen Films, dessen Kosten mit acht Millionen Reichsmark etwa das Vierfache des Üblichen betrugen, gehörten ferner 10 000 Uniformen und 6000

Durchhaltepropaganda! Bürgermeister Nettelbeck (Heinrich George) zu seiner Patentochter (Kristina Söderbaum): »Du bist groß, Maria, bist ja auch auf deinem Platz geblieben, hast deine Pflicht getan, dich nicht gefürchtet vorm Sterben.«

Pferde. Von offizieller Seite erhielt der Regisseur jede nur denkbare Unterstützung. Für eine Szene stellte man ihm gar die originale deutsche Reichskrone mit Zepter und Reichsapfel zur Verfügung, eskortiert von einem Großaufgebot an Polizisten. Welch politische Bedeutung das Ganze hatte, veranschaulicht die Tatsache, dass Goebbels selbst immer wieder ins Drehbuch eingriff. Das Ergebnis des immensen Aufwands hatte am Ende mit dem historischen Geschehen wenig zu tun. Doch kam es darauf auch nicht an. Im Vordergrund stand die Propagandawirkung.

Die Uraufführung findet am Abend des 30. Januar – dem 12. Jahrestag von Hitlers Machtergreifung – in Berlin statt und zeitgleich auch an der Atlantikküste, in der von den Deutschen bis Kriegsende gehaltenen Festung La Rochelle. Im Berliner Publikum: Nazi-Größen, handverlesene Gäste. Man ist begeistert: Die Ufa hat ganze Arbeit geleistet. Nach der Devise »Lieber tot als Sklave« stemmen sich deutsche Helden gegen ein Heer mordender und plündernder Invasoren. Heimat, Eid und Disziplin, Kampf bis zum letzten Tropfen Blut: Das sind die Werte dieses Films. »Wenn eine Festung belagert wird, dann gibt es keinen Unterschied mehr zwischen Bürgern und Soldaten.« Goebbels notiert am 12. Februar in seinem Tagebuch: »Der Führer äußert sich sehr begeistert über die Wirkung des ›Kolberg‹-Films, der vor allem bei seiner Vorführung im Generalstab einen ungeheuren Eindruck gemacht hat.« Schon bald erhält der Streifen das Prädikat »Film der Nation«.

Doch die Geschichte wiederholt sich nicht. Auch die massivste Propaganda kann nicht verhindern, dass die Rote Armee am 18. März, knapp sieben Wochen nach der Uraufführung, die Stadt Kolberg einnimmt. Kolberg heißt heute Kolobrzeg und liegt im Nordwesten Polens.

Letzte öffentliche Rede Hitlers +++Das KdF-Schiff »Wilhelm Gustloff« wird von einem sowjetischen U-Boot versenkt: 5500 Tote, 200 Gerettete ++

Arthur Haulot: Tagebuch eines KZ-Häftlings (I)

Seit November 1942 wird der Belgier Arthur Haulot als »politischer« Häftling im KZ Dachau festgehalten und kämpft ums Überleben – das eigene wie das seiner Mitgefangenen. Krankheit und Tod sind allgegenwärtig, die Zukunft ist ungewiss. Trotz aller Mühen und Risiken führt er ein Tagebuch:

»31. Januar 1945. Am Sonntag Entkleiden von Toten, die größte Anhäufung von Leichen, die ich je erlebt habe. Gestern wurde mein Zimmer praktisch in eine Typhussektion umgewandelt. Der Wettlauf zwischen Krankheit und Krieg geht weiter. Für viele ist er bereits entschieden.«

Arthur Haulot ist in Block 25 untergebracht. Als Typhuspfleger hat er es noch relativ gut getroffen. Die Arbeit ist weniger hart als die anderer Häftlinge, die auch im Winter stundenlange Schwerstarbeit im Freien leisten müssen. Leichtere Arbeit – noch dazu in einer Baracke – verbessert die Überlebenschancen. Aber auch Haulots Körper ist nach Jahren im Konzentrationslager völlig ausgezehrt. Bei seiner Überstellung von Mauthausen nach Dachau wog er, der Hüne von 1,92 m, gerade noch 52 Kilo. Trotzdem gibt der Belgier sich nicht auf. Selbst jetzt tauscht er noch Lebensmittel gegen Papier und Schreibgerät, um trotz strengsten Verbots ein Tagebuch zu führen und Gedichte zu schreiben. Auch das kann eine Überlebensstrategie sein. Im von der Lagerleitung verbotenen »Internationalen Gefangenenkomitee« übernimmt Haulot später das Amt des stellvertretenden Sprechers seiner Landsleute, da er als »politischer« Gefangener und Intellektueller einen gewissen Respekt unter den Mithäftlingen genießt. Er gehört in der internen Lagerhierarchie zur Oberschicht, was ihm manchen Vorteil bringt. Doch nutzt er seine Stellung auch, um anderen zu helfen und gegen das tägliche Sterben anzukämpfen.

Die »Ordnung des Terrors«: Abzeichen für KZ-Häftlinge. Haulot trug das Zeichen für »Politische« mit einem B (Belgier)

+++ Ardennenoffensive fehlgeschlagen: Wehrmacht ist wieder in Ausgangsstellungen +++ Ende der Winteroffensive der Roten Armee

Dabei war das KZ Dachau, anders als beispielsweise Auschwitz, kein Vernichtungslager. Schon am 21. März 1933 hatte man hier auf Befehl Heinrich Himmlers das erste reguläre Konzentrationslager eingerichtet. Unter Führung des brutalen Kommandanten Theodor Eicke sollte es zum Modell für alle übrigen Lager werden. Die Häftlinge mussten im Straßenbau, in Kiesgruben oder bei der Kultivierung des Moores schwere Arbeit leisten. Seit Kriegsbeginn beutete auch die Rüstungsindustrie ihre Arbeitskraft aus. Im Lager selbst – insgesamt waren über 200 000 Menschen in Dachau inhaftiert – waren die verschiedensten Gruppen und Nationalitäten vertreten. Hatte es sich bei den ersten Häftlingen vor allem um »politische« Gefangene gehandelt, so wurden in den folgenden Jahren immer neue Gruppen nach Dachau verschleppt: Juden, Homosexuelle, Sinti und Roma, Zeugen Jehovas und viele weitere. Dazu kamen seit 1938 österreichische und sudetendeutsche Häftlinge, in den folgenden Jahren auch solche aus Tschechien, Polen, Norwegen, Belgien, den Niederlanden, Frankreich und vielen anderen Ländern, bis die deutschen Häftlinge schließlich zur Minderheit wurden.
Auch Dachau wurde während des Krieges zu einer Stätte des Massenmords: Tausende sowjetische Kriegsgefangene wurden hierher deportiert und erschossen, und eine große Zahl von Häftlingen kam bei medizinischen Experimenten – Unterdruck- und Unterkühlungsversuche sowie andere »Forschungen« – qualvoll ums Leben. Schwerstarbeit, Hunger und Krankheit taten ihr Übriges. Allein die Fleckfieberepidemie, die Arthur Haulot in seinem Tagebuch anspricht, forderte über 10 000 Opfer. Insgesamt starben in Dachau etwa 42 000 Menschen.

Arthur Haulot,
geboren am 15. November 1913 in Lüttich, arbeitete zunächst als Journalist und leitete seit Kriegsbeginn das belgische Generalkommissariat für Tourismus. Als Mitglied der Widerstandsbewegung wurde er am 27. Dezember 1941 von der Gestapo verhaftet und zuerst im KZ Mauthausen, dann in Dachau inhaftiert. Nach dem Krieg kehrte Haulot in sein altes Amt zurück und war außerdem als Schriftsteller tätig. Heute ist er Direktor des »Journal des poètes« und Präsident der »Maison internationale de la poésie«.

Februar 1945

Vor dem Sturm

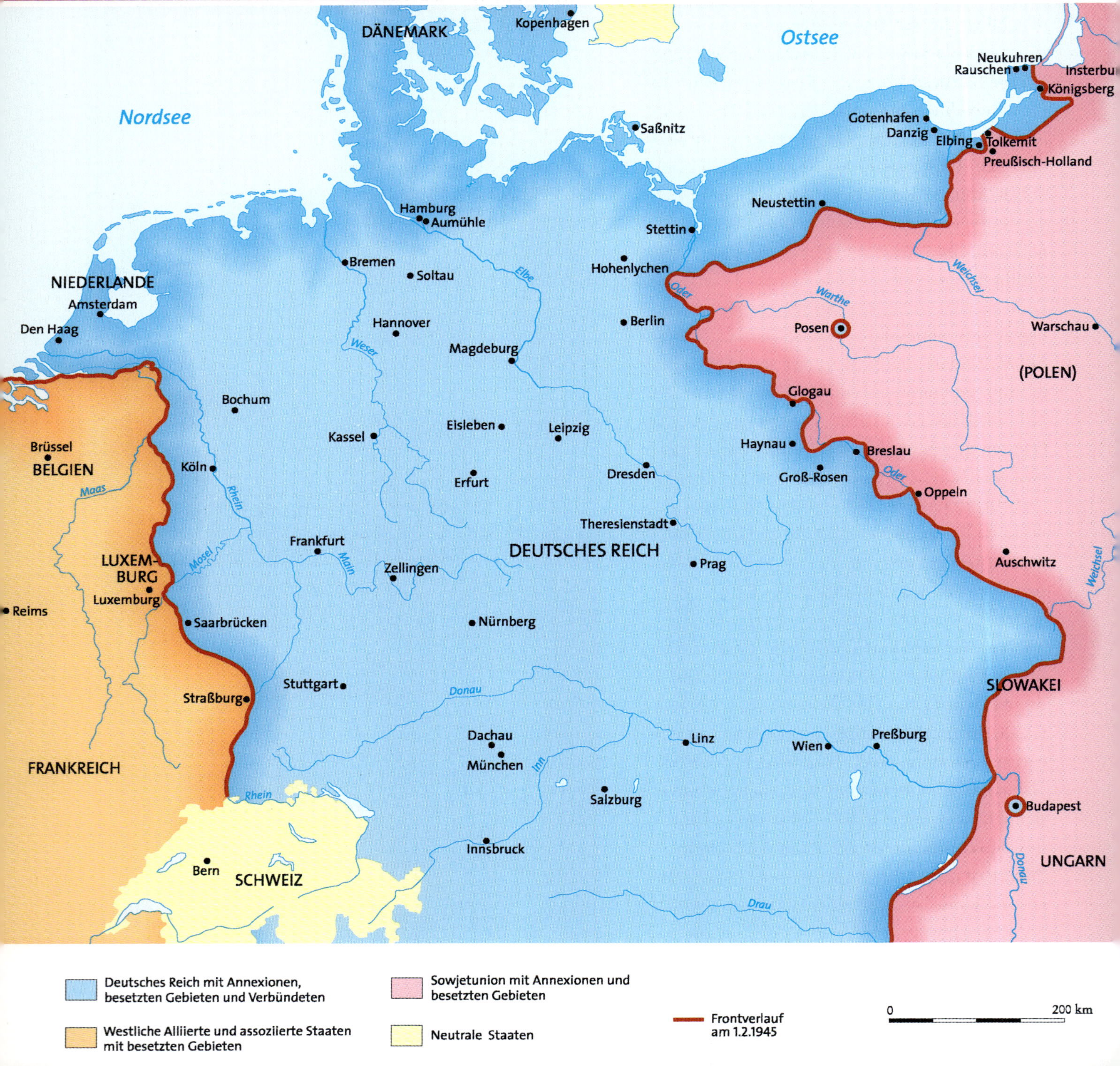

Verglichen mit dem vorherigen Monat war der Februar eine vergleichsweise »ereignislose« Zeit. Diesen Eindruck einer letzten Atempause für das angeschlagene Deutsche Reich suggeriert zumindest die militärische Lagekarte. Nach dem alliierten Sieg in den Ardennen waren die deutschen Verbände wieder auf ihre Ausgangsstellung zurückgeworfen. Danach aber gab es im Westen nichts Neues. Im Februar 1945 verlief die Front hier noch immer weitgehend entlang der alten Reichsgrenze. Außerdem befanden sich neben Holland und Nordbelgien auch Norwegen und Dänemark zu Beginn des Februar 1945 nach wie vor in deutscher Hand – ebenso an der Südflanke ganz Oberitalien.

Daher versuchten die westlichen Alliierten in diesem Monat, den stagnierenden Landkrieg in der Luft zu kompensieren. Der verheerende Angriff auf Dresden am 13./14. Februar ist nur das bekannteste Beispiel für einen Bombenkrieg, der nun viele Städte bis auf ihren Kern verwüstete. Goebbels hatte vor genau zwei Jahren den »totalen Krieg« proklamiert. Spätestens jetzt musste allen »Volksgenossen« klar sein, was sich hinter dem Begriff verbarg.

Auch an der Ostfront kam es im Februar 1945 zu keinen großen Veränderungen. Nach den dramatischen Durchbrüchen im Januar brauchten die sowjetischen Massenheere Zeit, um sich neu zu formieren. Auch mussten die eroberten Gebiete neu organisiert werden. Daher konnten sich die Deutschen sowohl in Kurland als auch in Ostpreußen vorerst noch halten. Auch in Pommern gewannen die sowjetischen Angriffsverbände nur langsam Raum. Dafür konnten sie große Teile Schlesiens bis zur Neiße besetzen.

Und auch auf dem Balkan gelang ihnen ein entscheidender Erfolg, der zum Ausgangspunkt einer neuen Entwicklung wurde: Budapest musste vor der sowjetischen Übermacht kapitulieren. Damit war das Deutsche Reich auch von Südosten unmittelbar bedroht. Zugleich hatten die Sowjets endgültig klargestellt, wer künftig den Balkan beherrschen würde.

Dennoch zog die deutsche Führung noch immer keine Konsequenzen. Im Osten war es bereits zur großen Katastrophe gekommen, im Westen stand der militärische Kollaps unmittelbar bevor, und in der Luft begann das alliierte Hoheitsgebiet ohnehin wenige Meter über dem Erdboden, wie es damals im Volksmund hieß. Trotzdem bäumten sich Hitler und seine Paladine mit Terror und Willkür gegen ihren Untergang auf.

Gerade in diesem scheinbar »ruhigen« Monat trafen die kommenden Sieger folgenreiche Entscheidungen. Vom 4. bis 12. Februar skizzierten die drei alliierten Staatsführer Stalin, Churchill und Roosevelt in Jalta auf der Krim den Entwurf einer neuen Weltordnung. Zu einem wirklichen Miteinander kam es nicht. Nur über die Gründung von »Vereinten Nationen« und die Beherrschung Deutschlands durch einen Alliierten Kontrollrat bestand Einigkeit. Ansonsten wurde um »Interessenzonen« gerungen. Dazu gehörte auch die West-Verschiebung Polens, das nun offiziell eine »Provisorische Regierung« hatte. Bereits am 5. Februar übernahm das neue Polen die Verwaltung alter deutscher Gebiete. Der Krieg war im Februar 1945 noch längst nicht zu Ende, aber die Strukturen der Nachkriegszeit begannen sich schon jetzt deutlich abzuzeichnen.

Donnerstag

1

Februar

Tag 98

Dieter Borkowski: Tagebuch eines Flakhelfers (I)

Dieter Borkowski ist gerade 16 Jahre alt – trotzdem muss er in Berlin die alliierten Bomberflotten bekämpfen. Nacht für Nacht verbringt er als Luftwaffenhelfer an einem Geschütz auf einem Flakturm in Friedrichshain.

Schon seit Kriegsbeginn leisteten männliche Jugendliche im Alter ab 16 Jahren »Kriegshilfsdienste« – sie ersetzten in sozialen Einrichtungen, in der Landwirtschaft und in der Zivilverwaltung die zum Kriegsdienst eingezogenen Männer. Auch bei der Wehrmacht bedienten sie Fernschreiber, erledigten Büroarbeiten und wurden als Kuriere verwendet.
Als sich immer deutlicher abzeichnete, dass die »Reichsverteidigung« der alliierten Luftoffensive nicht mehr gewachsen war, wurden ab Januar 1943 viele 16- bis 18-Jährige als »Luftwaffenhelfer« an Flakgeschütze, Scheinwerfer und Horchgeräte gestellt. Aus dem »Kriegshilfsdienst« bei der Luftwaffe wurde für etwa 150 000 Jugendliche ein militärischer Kampfeinsatz, den tausende mit dem Leben bezahlten.

Auch Dieter Borkowski war am 1. August 1944, genau drei Monate vor seinem sechzehnten Geburtstag, als Luftwaffenhelfer zur Wehrmacht einberufen und auf Adolf Hitler vereidigt worden. Nun kämpft er, mit einer blaugrauen Uniform und einem Stahlhelm versehen, in einem Geschützturm in Berlin-Friedrichshain gegen die »Fliegenden Festungen« der Alliierten. Am 1. Februar 1945 schildert er in seinem Tagebuch seinen Alltag:

»Unerträglich werden uns die Nächte, in denen die feindlichen Flieger zweimal kommen. Oft sind es jetzt die englischen Schnellbomber vom Typ ›Moskito‹, die so hoch fliegen, daß wir sie kaum noch erreichen. […] Die Kanoniere am Geschütz ›Cäsar‹ vom K[anonier] 1 bis zum K 9 hören auf den Geschützführer, der die Feuerbefehle über seinen Kopfhörer aus der ›B 1‹, dem Befehlsstand des Batteriechefs, erhält. Vorher klingelt die Feuerglocke und gibt dem K 3, dem Ladekanonier, das Signal zum Laden. Wir stehen voller Erwartung (und ich muß es zugeben, auch voller Angst) um das Zwillingsgeschütz herum. Kommt das Kommando ›Gruppenfeuer-Gruppe‹, donnern die acht schweren Rohre so laut, daß man minutenlang taub ist. Der Flakturm scheint zu zittern, obwohl er ja aus Eisenbeton ist. Noch unten, wo die sich vor den Bomben retten wollenden Zivilisten im ersten, zweiten, dritten und vierten Stockwerk sitzen, zuckt man bei jeder Salve zusammen. Wenn die uns hier oben unter freiem Himmel auf der Turmplattform sehen könnten! K 1 und K 2 sind die Höhen- und Seitenrichtkanoniere, der K 6 bedient die Zünderstellmaschine. Die ›Proleten‹ in der Batterie sind die Munitionskanoniere K 4, K 5, K 7, K 8 und K 9, die schwerste Arbeit leisten. Schließlich wiegt jede Granate mit Kar-

++ Luftangriffe auf Mannheim, Ludwigshafen, Düsseldorf, Köln und Graz +++ General Ritter von Hauenschild für die Verteidigung von Berlin bes

tusche etwa vierzig Pfund. [...] Ich vermute, selbst wenn ich einmal ohnmächtig werden sollte, bete ich das Sprüchlein noch wie einen Rosenkranz herunter: ›Der K 2 stellt laufend mit Hilfe der Seitenrichtmaschine die vom Kommandohilfsgerät durchgegebenen Seitenrichtwerte am Seitenteilkreis ein und beobachtet den Umdrehungsanzeiger!‹ Allerdings, in solchen Nächten wie der letzten vergißt man Müdigkeit und Winterkälte. Vierzig Salven hatten die acht Rohre geschossen.«

»Wir sind stolz, bei der letzten Schlacht um das Reich noch dabeizusein. Niemand soll uns feige nennen dürfen« – diesen Satz hatte Dieter Borkowski am Tag seiner Vereidigung notiert. Damals war er zuversichtlich gewesen: »Auch wenn die Lage an allen Fronten ernst ist, Deutschland und wir, seine Jugend, werden jede Bewährungsprobe bestehen.« Und selbst in jener Nacht zum 1. Februar 1945 scheint es noch Hoffnung zu geben: »In den Kopfhörern meldet sich eine harte Stimme: ›Reichsmarschall [Göring] an alle: Heute, Soldaten, Offiziere und Luftwaffenhelfer meiner Flak, ist auch für euch ein besonderer Tag. Erstmals setzt meine Luftwaffe einen neuen Jägertyp ein, das schnellste Flugzeug der Welt, die Me 163, mit der wir die alliierten Bomber vom Himmel verjagen werden – es hagelt bereits Abschüsse ... Heil dem Führer!‹«

»Irrsinniges Jubeln« herrscht unter den Jugendlichen auf dem Geschützturm, in das sich jedoch schnell erste Zweifel mischen. Entwarnung kann vorerst nicht gegeben werden. Nur drei Tage später werden alle seine Kameraden bei einem Luftangriff getötet, während er selbst durch einen Zufall gerade nicht im Flakturm ist und überlebt.

Dieter Borkowski,
geboren am 1. November 1928 in Berlin, war nach dem Krieg Mitarbeiter Erich Honeckers und am Aufbau der Freien Deutschen Jugend (FDJ) in der DDR beteiligt. Nach dem Aufstand vom 17. Juni 1953 wurde er aus der SED ausgeschlossen.
Wegen angeblicher Spionage inhaftiert, kam er 1972 nach einem Gefangenenaustausch in die Bundesrepublik, wo er bis zu seinem Tod am 22. Februar 2000 als Historiker, Journalist und Schriftsteller tätig war.

Hinrichtungen in Berlin-Plötzensee

Seit dem vergeblichen Anschlag auf Hitler am 20. Juli 1944 hat die politische Opposition in Deutschland keine echte Chance mehr. Die Attentäter, ihre Helfer und ihr Umfeld werden verfolgt, verhaftet, gefoltert und abgeurteilt. Manche warten Monate auf ihren Tod. Am 2. Februar 1945 werden in Berlin drei Widerständler hingerichtet. Wer waren diese Männer?

Haftanstalt Plötzensee im Nordwesten von Berlin: Die unscheinbaren, lang gestreckten Bauten sind ein zentraler Teil des nationalsozialistischen Terrorapparats. Zwischen 1933 und 1945 werden hier 2891 Menschen exekutiert. Einige wenige sind gewöhnliche Verbrecher. Die »Schuld« der meisten Delinquenten ist eine andere: aktiver Widerstand, stille Opposition oder auch nur abweichendes Verhalten gegenüber dem Regime Hitlers.
Auch die drei Männer, die am frühen Morgen des 2. Februar 1945 dem letzten Tag ihres Lebens entgegensehen, haben keinem Menschen etwas zu Leide getan. Aber sie haben alle drei ihre Geschichte, eine Geschichte, die sich nicht in die Politik und Ideologie des »Dritten Reiches« einfügen lassen wollte.

Der Ort der Hinrichtungen: Haftanstalt Plötzensee, heute Teil der Gedenkstätte Deutscher Widerstand

Carl Friedrich Goerdeler, geboren 1884, war vermutlich das politisch bedeutendste Mitglied dieser kleinen Gruppe von Todgeweihten. Er war nicht mehr und nicht weniger als der designierte Nachfolger Hitlers. Ihm hatten die Verschwörer des 20. Juli die Rolle des künftigen Reichskanzlers zugedacht. Goerdeler empfahl sich für dieses höchste Amt durch seine politischen Überzeugungen und Erfahrungen. Lange Zeit war er der eigentliche Motor des nationalkonservativen Widerstandes. Zugleich gab es nur wenige in diesem oppositionellen Netzwerk, die über eine ähnliche Verwaltungserfahrung verfügten. Als Mitglied der Deutschnationalen Volkspartei war der altgediente Kommunalbeamte 1930 Oberbürgermeister von Leipzig geworden. Ein Jahr später fungierte er bereits in einer Reichsfunktion, als Reichskommissar für

die Überwachung der Preise. Es spricht für sich, wenn Goerdeler beide Posten nach 1933 zunächst behielt. Allerdings spricht es ebenfalls für sich, dass er beide Stellungen nach nur wenigen Jahren verlor, da er sich mit den neuen Machthabern überwarf: wegen wirtschaftspolitischer Bedenken 1935 als Reichspreiskommissar, wegen seines Protestes gegen die Entfernung eines Felix-Mendelssohn-Denkmals 1937 als Leipziger Oberbürgermeister. Dennoch blieb Goerdeler politisch aktiv: Er engagierte sich als einer der ganz wenigen führenden Politiker in Deutschland gegen Hitler. Nach dem 20. Juli wurde ihm das zum Verhängnis. Zunächst untergetaucht, wurde er denunziert und am 12. August verhaftet. Die Denunziantin Helene Schwärzel erhielt eine Belohnung von einer Million Reichsmark.
Auch Johannes Popitz, ebenfalls Jahrgang 1884, kam aus der Verwaltung. Er hatte bereits sehr früh im Reichsfinanzministerium Karriere gemacht. Nach Hitlers Machtergreifung passte er sich den neuen Verhältnissen zunächst an. Im April 1933 wurde er preußischer Finanzminister, später auch Reichsminister ohne Geschäftsbereich. Die »Reichskristallnacht« brachte die Wende: Popitz protestierte, ging nunmehr auf Distanz zum Nationalsozialismus und begann sich der Opposition um Goerdeler anzunähern. In den Regierungsplänen der Attentäter war er als Finanzminister der neuen Reichsregierung eingeplant.
Der dritte Todeskandidat war der Jesuitenpater Alfred Delp, geboren 1907. Dieser Mann der Kirche stand für einen anderen Teil des deutschen Widerstands. Als Mitglied des »Kreisauer Kreises«, einer Gruppe um Helmuth James Graf von Moltke und Peter Graf Yorck von Wartenburg, widersetzte er sich dem Nationalsozialismus vor allem aus ethisch-religiösen Gründen: »Brot ist wichtig. Freiheit ist wichtiger, am wichtigsten ist die ungebrochene Treue und die unverratene Anbetung.« In den Planungen des 20. Juli spielte Delp keine Rolle, wurde aber dennoch der Unterstützung des Staatsstreichs für schuldig befunden. Damit sollte ein besonders scharfsinniger Widersacher des Regimes beseitigt werden.

Ein Jesuitenpater im Widerstand: Alfred Delp am 11. Januar 1945 vor dem Volksgerichtshof in Berlin

Diese drei Aufrechten gehen nun ihren letzten Gang: Vom so genannten »Todeshaus« werden sie von zwei Justizwachtmeistern, denen man dafür eine Sonderzuteilung von acht Zigaretten gewährt, in den Hinrichtungsschuppen geführt. Die Delinquenten tragen Holzpantinen, ihre Hände sind hinter dem Rücken gefesselt. Das Fallbeil bleibt unbenutzt: Die Verurteilten, denen auf besondere Anordnung Hitlers jeder seelsorgerische Beistand verweigert wird, werden nacheinander erhängt. Ihr Tod ist langsam und qualvoll, für die wenigen Zeugen ist er nur schwer zu ertragen. Auch die einbestellten Kameraleute, die auf persönlichen Befehl Hitlers die Hinrichtung filmen sollen, weigern sich, das grausige Schauspiel zu dokumentieren. Selbst den Leichen sucht man die Würde zu nehmen. Sie bleiben »unter Verschluss« und werden den Angehörigen nicht übergeben. Diese haben allerdings die Kosten der Exekution zu tragen.

Samstag

3

Februar

Tag 96

Tod Roland Freislers – »Freispruch« für Schlabrendorff

Fabian von Schlabrendorff steht vor Roland Freisler, dem »Blutrichter« der NS-Diktatur. Das Urteil gegen den Widerständler scheint sicher: Tod durch den Strang. Doch dann kommt alles ganz anders. Der 3. Februar 1945 wird für Schlabrendorff zum Glückstag.

Hoch- und Landesverrat: So lautet die Anklage gegen Fabian von Schlabrendorff. Schon tags zuvor hat man in einem Schauprozess vor dem Volksgerichtshof vier Angehörige des Widerstands zum Tode verurteilt, darunter Klaus Bonhoeffer, den Bruder Dietrich Bonhoeffers. Am Morgen des 3. Februar soll das Spektakel fortgesetzt werden, das wenig mit Rechtsfindung zu tun hat, aber viel mit Propaganda und Politik. Das Urteil des Präsidenten Dr. Roland Freisler, thronend vor Hitlerbüste und Hakenkreuzfahne, dahinter eine versteckt eingebaute Kamera, ist absehbar.
Die Hauptverhandlung läuft bereits, als plötzlich Luftalarm gegeben wird. Die US-Luftwaffe fliegt an diesem Vormittag einen ihrer schwersten Bombenangriffe auf die Reichshauptstadt: 3000 Menschen werden dabei sterben. Schlabrendorff erinnert sich: »Der Volksgerichtshof selbst war getroffen worden und stand in Flammen. Er wankte in seinen Fugen und brach auseinander!« Alles eilt in den Luftschutzbunker. Roland Freisler erreicht ihn nicht mehr, er wird tödlich getroffen. »Mein Pflichtverteidiger erzählte mir später, Freisler habe noch meine Strafprozessakten in der Hand gehalten.« Der Tod des gnadenlosen Richters führt zu einer unverhofften Wende im Fall Schlabrendorff.

Zwar werden die Verhandlungen wieder aufgenommen, doch fehlt Freislers Nachfolgern sein demagogisches Talent und auch sein Vernichtungswille. Schlabrendorff wird aus Mangel an Beweisen freigesprochen.

»Freispruch« war jedoch nicht gleichbedeutend mit »Freiheit«. Die Gerichtsurteile konnten

Berlin versinkt im Feuersturm, aber die nationalsozialistische Justiz arbeitet weiter

nachträglich »korrigiert« werden – etwa dann, wenn das »gesunde Volksempfinden«, so die perfide Argumentation, einen Freispruch nicht hinnehmen könne. Anwälte, die das befürchteten, plädierten deshalb ganz bewusst auf eine Gefängnisstrafe und nicht auf Freispruch. Auch für Schlabrendorff war die Gefahr nach seinem Prozess noch nicht überwunden. Er wurde in »Schutzhaft« genommen und verbrachte die letzten Kriegsmonate im Konzentrationslager Dachau. Dennoch: Der Tod Freislers hatte ihm das Leben gerettet.

Prozess vor dem Volksgerichtshof: Präsident Roland Freisler mit den Verteidigern der angeklagten Hitler-Attentäter

Wie war der spätere Bundesverfassungsrichter Fabian von Schlabrendorff (1907–1980) in diese lebensbedrohliche Situation geraten? Schon früh hatte er zum Widerstand gefunden. Noch vor Kriegsbeginn nahm er Verbindung zu Winston Churchill auf (»Ich bin kein Nazi. Ich bin Patriot.« Churchill: »Ich auch«). Als Adjutant Henning von Tresckows knüpfte er während des Krieges Kontakte zu weiteren Widerständlern. Am 14. März 1943 beteiligte sich Schlabrendorff an einem Attentatsversuch auf Hitler, der wie so viele andere misslang. Am 17. August 1944, vier Wochen nach den Ereignissen des 20. Juli, wurde der Jurist und Reserveoffizier verhaftet. Er kam vor den Volksgerichtshof in Berlin.

An diesem Gericht, das schon 1934 geschaffen worden war, wurde über die Fälle von Hoch- und Landesverrat entschieden. Dabei urteilte der Volksgerichtshof in erster und letzter Instanz. Rechtsmittel waren nicht zugelassen. Hitler selbst ernannte alle Richter. Roland Freisler (1893–1945), als Nachfolger Otto Thieracks seit 1938 Präsident des Volksgerichtshofs, prägte wie kein zweiter die Geschichte dieser Institution, die zu einem der wichtigsten Instrumente für den Justizterror der Nationalsozialisten wurde: Waren 1940 »nur« rund fünf Prozent aller vom Volksgerichtshof gefällten Entscheidungen Todesurteile, so sorgte Freisler dafür, dass diese Quote drastisch anstieg. Insgesamt wurden vom Volksgerichtshof über 5000 Todesurteile gefällt.

Der promovierte Jurist Freisler hatte sich nach anfänglicher Sympathie für den Bolschewismus schon bald den Nationalsozialisten angenähert. 1925 trat er der NSDAP bei, für die er 1932 einen Sitz im Reichstag erhielt. Als Staatssekretär im Reichsjustizministerium setzte er sich dann ab 1934 vehement für die »Beschleunigung« der Justiz ein, was nichts anderes hieß als die Abschaffung des Rechtsstaats. Seine Verhandlungen am Volksgerichtshof führte er als Richter und Ankläger in einer Person. Besonders berüchtigt geworden ist seine Rolle bei den Schauprozessen gegen die Widerständler des 20. Juli, wo er nur noch als Hitlers »Blutrichter« fungierte. In einem seiner Urteile heißt es: »Wer es wagt zu erklären, er könne die Hand an unseren Führer legen, hat damit sein Urteil selbst gesprochen. Dann muß er eben aus unserer Mitte ausscheiden.«

Beginn der Konferenz von Jalta

In Jalta auf der Schwarzmeerhalbinsel Krim kommen die drei führenden alliierten Politiker an einen Tisch, um über das künftige Schicksal Europas zu entscheiden. Die Kapitulation Deutschlands ist abzusehen, auch wenn noch niemand den genauen Zeitpunkt kennt. Unter strengster Geheimhaltung beginnen Churchill, Roosevelt und Stalin die Verhandlungen, deren Ergebnisse die Welt für Jahrzehnte prägen werden.

Die Spuren der Verwüstung, welche die deutschen Truppen bei ihrem Abzug vor nunmehr zehn Monaten hinterlassen haben, sind unübersehbar: kaum ein Gebäude im vorfrühlingshaften Jalta, das nicht beschädigt wäre. Die Sorge des britischen Premierministers Winston Churchill, auf den von ihm so geschätzten Komfort verzichten zu müssen, bewahrheitet sich indes nicht: Die Führer der alliierten Kriegsmächte logieren rundum versorgt in den wenigen intakten Palais der Stadt. Churchill erinnert sich später: »Einmal bewunderte [Sir Charles] Portal ein großes Aquarium mit Wassergewächsen, bemerkte aber nebenbei, dass er die Fische vermisse. Zwei Tage später traf eine Sendung Goldfische ein.« Die übrigen Mitglieder der amerikanischen und der britischen Delegation – jeweils etwa 700 Personen – sind hingegen in nahen Gasthäusern teils zu sechst in einer Kammer untergebracht.

Der US-Präsident Franklin D. Roosevelt ist bereits vom Tod gezeichnet. Um ihn zu schonen, tagt man in seinem Quartier, dem luxuriösen Palais Liwadija in einem Vorort des mediterranen Jalta. Die Verhandlungen – vom 4. bis zum 11. Februar – sind langwierig, der Umgang zwischen den Führern der designierten Siegermächte jedoch durchaus respektvoll. Neben militärischen Fragen geht es um nicht weniger als die Aufteilung der Kriegsbeute. In der Sache freilich wird hart verhandelt. Denn die Zeit eilt: »Onkel Joe«, wie Josef Stalin von den Amerikanern und Briten hinter vorgehaltener Hand genannt wird, hat durch das rasche Vorrücken seiner Roten Armee in Europa schon viele vollendete Tatsachen geschaffen. Trotzdem geben die beiden führenden westlichen Politiker, insbesondere Churchill, das Spiel noch nicht verloren.

Winston Churchill, Franklin D. Roosevelt und Josef Stalin präsentieren sich in Jalta der Presse

In zähen Verhandlungen kommt man schon bald zu konkreten Ergebnissen. In Sachen koordinierter Kriegführung einigen die »Großen Drei« sich schnell: Gegen massive Zugeständnisse erklärt sich Stalin bereit, in den Krieg mit Japan einzutreten. Und auch in der Frage der Weltorganisation, die den gescheiterten Völkerbund ablösen soll, endet das Tauziehen einvernehmlich: Als ständige Mitglieder im geplanten Sicherheitsrat setzt Churchill Frankreich, Stalin dagegen China durch. Auch die künftige Aufteilung des Balkan, schon zuvor im Stile kolonialer Großmachtpolitik auf einer Landkarte abgesteckt, wird stillschweigend hingenommen. Ernsthaften Zündstoff enthält erst die Frage nach der Zukunft Polens. Die Westverschiebung des Landes auf Kosten des Deutschen Reiches ist zwar seit dem Treffen der drei Staatsoberhäupter in Teheran im Spätherbst 1943 beschlossene Sache. Doch wer soll Polen in Zukunft regieren? Die Positionen könnten gegensätzlicher nicht sein: Churchill will die Londoner Exilregierung in Warschau einsetzen, Stalin beharrt auf dem prosowjetischen provisorischen Regime. Eine unerwartete Allianz beendet den Streit: Amerikaner und Russen einigen sich, Großbritannien wird überstimmt. Fast zum Eklat kommt es schließlich bei der Diskussion über mögliche Reparationszahlungen. Wieder sind es Churchill und Stalin, deren Interessen aufeinander prallen. Will letzterer durch Sachleistungen nicht nur sein Land wieder aufbauen, sondern auch seinen Einfluss in Deutschland durch Zugriff auf die Industrie in den Westzonen dauerhaft sichern, so lehnt Churchill dies kategorisch ab. Die Wogen schlagen hoch. Droht der Abbruch der Verhandlungen? Nur mit Mühe und vielen beschwichtigenden Worten gelingt es Roosevelt, die Gemüter zu beruhigen

Der Tagungsort: Nikolaus II., der letzte Zar, ließ den »Weißen Palast« im Park von Liwadija als Sommerresidenz errichten

und das strittige Thema auf ein späteres Treffen zu vertagen.

In Deutschland erfährt man derweil nur wenig von diesem zentralen Treffen. Goebbels notiert resignierend am 13. Februar: »Es ist bezeichnend für die Güte unserer Diplomatie und unseres Geheimdienstes, daß wir über die Dreierkonferenz nicht das Geringste erfahren können und deshalb lediglich auf die Vermutungen der Auslandspresse angewiesen sind.« Die von den Jalta-Mächten beschlossene Geheimhaltung ihrer Ergebnisse bis zum Ende der Konferenz funktioniert bestens, und so kann der Reichspropagandaminister sich noch der Hoffnung hingeben, Churchill könnte bei »günstigem« Verlauf der Konferenz die Allianz der deutschen Kriegsgegner sprengen. Eine Hoffnung, die freilich unerfüllt bleibt. Im Abschlusskommuniqué von Jalta mit Datum vom 11. Februar geloben die Teilnehmer einvernehmlich, »Garantien zu schaffen, daß Deutschland nie wieder imstande sein wird, den Weltfrieden zu brechen«. Weiter heißt es: »Es ist nicht unser Ziel, das deutsche Volk zu vernichten. Nur dann, wenn der Nazismus und Militarismus ausgerottet sein werden, wird für das deutsche Volk Hoffnung auf ein würdiges Leben und einen Platz in der Völkergemeinschaft bestehen.«

Montag

5

Februar

Tag 94

Polen übernimmt deutsche Ostgebiete

Die Bevölkerung in den deutschen Ostgebieten flieht massenhaft vor der Roten Armee. Diejenigen, die bleiben, erwartet Ermordung, Vertreibung oder Deportation. Die von den westlichen Alliierten geduldete Westverschiebung Polens macht Millionen von Menschen heimatlos.

Seit Herbst 1944 bedrohte die Rote Armee Ostpreußen. Bereits damals setzte die Flucht nach Westen ein. Aber erst der Beginn der sowjetischen Großoffensive Mitte Januar 1945 wurde zur Zäsur. Der Flüchtlingsstrom der Deutschen erreichte nie gekannte Ausmaße. Ob aus Danzig, West- und Ostpreußen, Ober- und Niederschlesien, Hinterpommern oder Ostbrandenburg: Zwischen vier und fünf Millionen Menschen setzten sich mit zahllosen Trecks in Bewegung. Viele sollten die Flucht in der winterlichen Kälte nicht überstehen. Hunderttausende starben an Entkräftung oder erfroren, ertranken in den eisigen Fluten der Ostsee oder gerieten zwischen die Fronten.

Der Flucht folgte die Vertreibung der Deutschen, die noch in den östlichen Gebieten des Deutschen Reichs geblieben waren. Der Präsident der provisorischen kommunistischen Regierung Polens, Bolesław Bierut, gab am 5. Februar bekannt, dass Ostpreußen und Schlesien ab sofort unter der Verwaltung seines Landes stünden. Damit sollten die Westmächte vor vollendete Tatsachen gestellt werden, denn zur selben Zeit tagte die Konferenz von Jalta. Allerdings hatte es schon seit der Konferenz von Teheran im November 1943 für Roosevelt und Churchill außer Frage gestanden, dass Stalin nach dem Krieg die polnischen Ostgebiete beanspruchen würde und man dieser Forderung nachgeben müsse. Einer »Entschädigung« Polens, dem ersten Opfer der nationalsozialistischen Kriegspolitik, stimmte man daher zu. Das nördliche Ostpreußen und diejenigen ostpolnischen Gebiete, die bereits im Herbst 1939 von sowjetischen Truppen besetzt worden waren, sollten endgültig an die Sowjetunion fallen. Polen sollte im Gegenzug die »früher deutschen Gebiete« östlich von Oder und Neiße erhalten. Die Deutschen wurden damit nicht zu den einzigen Vertreibungsopfern am Ende des Zweiten Weltkriegs. Polen hatte einen Bevölkerungsaustausch mit Stalin vereinbart, in dessen Folge Ukrainer aus Südostpolen in die Sowjetunion umgesiedelt wurden, während Polen in großer Zahl aus den »Kresy« – den ehemals polnischen Ostgebieten – in die neu hinzugewonnenen Westgebiete transferiert wurden. Für die betroffenen Menschen auf allen Seiten hatten die Landverschiebungen schwerwiegende Konsequenzen: Sie mussten für immer ihre Heimat verlassen.

Der »Bevölkerungstransfer« sollte eigentlich »ordnungsgemäß und auf humane Weise« stattfinden. Nach den Schrecken des Krieges und der

+++ Der Bürgermeister von Königsberg/Neumark, Kurt Flöter, wird wegen des Verlassens seiner Stadt gehängt +++ Rote Armee erobert Grottkau

deutschen Besatzung war die Umsiedlung jedoch in Staaten wie Polen und der Tschechoslowakei oft nichts anderes als eine Abrechnung mit den Deutschen. Verschiebungen ganzer Bevölkerungsgruppen waren seit dem Ersten Weltkrieg als Lösung von Minderheitenproblemen in Europa allgemein anerkannt und akzeptiert. Winston Churchill konnte daher auf breite Zustimmung hoffen, als er am 15. Dezember 1944 in einer Unterhausrede sagte: »Die Vertreibung ist – soweit wir es zu überschauen vermögen – das befriedigendste und dauerhafteste Mittel. Es wird keine Mischung der Bevölkerung geben, wodurch endlose Unannehmlichkeiten entstehen wie im Fall von Elsaß-Lothringen. Es wird gründlich aufgeräumt.«

Heimatlos: Ankunft von Vertriebenen aus den ehemals ostdeutschen Gebieten

Dieses »gründliche Aufräumen« entwurzelte Millionen von Menschen und zerstörte jahrhundertealte Kulturen. Die Betroffenen verloren nicht nur ihr Hab und Gut, sondern konnten häufig nicht einmal das nackte Leben retten. Wie viele Menschen auf der Flucht oder bei der Vertreibung starben, ist noch immer ungeklärt. Das Bundesarchiv hat die Opfer der Gewalttaten auf mehr als 600 000 Menschen geschätzt, von denen etwa 400 000 aus den Gebieten östlich von Oder und Neiße stammten. Von ihnen ist vermutlich die Hälfte als Deportierte in der Sowjetunion umgekommen. Doch kosteten Flucht und Vertreibung sehr viel mehr Menschen das Leben. Hunger, Kälte, Krankheiten, die militärischen Kämpfe sowie die Strapazen der Flucht forderten noch einmal hunderttausende von Toten unter der Bevölkerung. Die genaue Zahl ist umstritten, doch vieles spricht dafür, dass infolge von Flucht und Vertreibung zwischen 1,8 und 2,2 Millionen Deutsche umgekommen sind. Allein diese Dimensionen vermitteln eine Vorstellung von der Katastrophe, die damals über die deutschen Ostgebiete hereinbrach.

Luftangriffe auf Bonn und Bad Godesberg sowie Regensburg, Salzburg, Rosenheim und Villach +++ In Swinemünde warten 52 000 Flüchtlinge +

Dienstag

6

Februar

Tag 93

Schweizer »Protest« gegen die deutsche Judenpolitik

Die Schweiz bleibt im Zweiten Weltkrieg neutral, muss sich aber dennoch mit den Verhältnissen arrangieren. Einige Schweizer Spitzenpolitiker besitzen seit 1942 Informationen über den Holocaust. Trotzdem schweigt die Schweiz. Erst im Februar 1945 beginnt man über einen formalen Protest nachzudenken.

Im Sommer 1940 schloss sich ein Ring um die Alpenrepublik im Zentrum Europas. Von allen Seiten war die Schweiz von Deutschland und seinen Verbündeten umgeben. Dies sollte bis Herbst 1944 andauern. Das einst kämpferische Land, dessen Soldaten früher in ganz Europa hohes Ansehen genossen hatten, gehörte wie auch der Vatikan oder Schweden zu den »neutralen« Staaten. Die dauerhafte Neutralität und territoriale Integrität der Schweiz waren bereits 1815 auf dem Wiener Kongress völkerrechtlich beschlossen worden. Allen Krieg führenden Staaten war es fortan verboten, sie zu durchqueren oder auf ihrem Hoheitsgebiet zu kämpfen. Nach Ausbruch des Zweiten Weltkriegs befürchtete die Schweiz, dass genau dies geschehen könnte. Diese Furcht war nicht unbegründet: Die Operation »Tannenbaum«, ein Eventualitätsplan für eine schnelle Besetzung des Nachbarstaates, stand tatsächlich auf der Agenda des deutschen Generalstabs. Vor allem 1940/41 wurde die Lage immer gefährlicher. Dennoch blieb eine Invasion der Schweiz aus. Bis auf Luftkämpfe im Frühling 1940, als deutsche Geschwader auf dem Weg nach Frankreich die Abkürzung über die Westschweiz nahmen, gab es während der Jahre 1939 bis 1945 keine nennenswerten kriegerischen Handlungen mit dem Deutschen Reich.

Im Gegenteil: Schon allein die zunehmend isolierte Lage der Schweiz führte dazu, dass man die engen Wirtschaftsbeziehungen zu den Deutschen auch nach Kriegsbeginn fortsetzte. Für diesen Handel, zu dem auch Waffenexporte zählten, wird die Schweiz bis heute kritisiert. Diese Kritik geht teilweise so weit, die Wirtschafts- und Finanzkraft der Schweiz als unentbehrlich für die deutsche Kriegführung im Zwei-

Blick zu einem unheimlichen Nachbarn: Ein Schweizer Grenzsoldat beobachtet den Konstanzer Bahnhof

+++ Uraufführung des Films »Die Jahre vergehen« in Dresden +++ Luftangriffe auf Berlin, Magdeburg und Chemnitz +++ Die SA-Gruppe D

ten Weltkrieg zu bezeichnen. Das ist gewiss übertrieben. Doch bestand zweifellos eine gewisse gegenseitige Abhängigkeit. Die Schweiz konnte sich nicht selbst versorgen und ihre Bürger mussten während des Krieges von ähnlich knappen Rationen leben wie die Angehörigen der kriegführenden Staaten. Ohne deutsche Lieferungen hätte die Schweiz kaum überleben können. Die Schweizer Waffenausfuhr nach Deutschland wurde erst eingestellt, als alliierte Truppen im September 1944 die eidgenössischen Grenzen erreichten.

Jüdische Emigranten bei ihrer Ankunft in der Schweiz

Ein weiterer Kritikpunkt betrifft die Schweizer Flüchtlingspolitik. Auch wenn sich die Schweiz während des Zweiten Weltkriegs weitgehend an das internationale Recht sowie die Regeln der Neutralität hielt, bleibt unverständlich, dass man »rassisch« verfolgten Menschen den Flüchtlingsstatus verwehrte, während »politische« Flüchtlinge leichter Aufnahme fanden. Zumindest die Schweizer Politiker erhielten immer genauere Informationen über die Judenverfolgung und die Gefahren, die diesen Menschen im deutschen Machtbereich drohten. Dennoch war es die Schweiz, welche die deutschen Behörden aufforderte, die Pässe deutscher Juden mit dem »J«-Stempel zu versehen. Die heute unbegreifliche Initiative wurde ebenso sorgsam vor der Öffentlichkeit verborgen wie die wohl schrecklichste Entscheidung der Schweizer Regierung: die Abweisung von etwa 20 000 Juden, die 1942 verzweifelt versuchten, den Nazis zu entkommen. Formal entsprach dieses Verhalten dem internationalen Recht. Noch 1967 rechtfertigte die schweizerische Delegation bei einer Flüchtlingskonferenz in Genf die Aktion: »Nach dieser Auslegung waren Staaten nicht gezwungen, großen Personengruppen, die den Flüchtlingsstatus beanspruchten, die Überquerung ihrer Grenzen zu erlauben.« Doch kann eine solche Argumentation nicht darüber hinwegtäuschen, dass das Vorgehen der Schweizer Regierung symptomatisch für ihre Haltung gegenüber der Judenverfolgung und dem Holocaust war. Während sie einer im internationalen Vergleich überdurchschnittlichen Zahl von »politischen« Flüchtlingen Asyl gewährte, stellte man sich angesichts der Verfolgung der Juden lange Zeit blind und taub.

Erst am 6. Februar 1945 rang sich das »Politische Departement« – heute das Schweizer Außenministerium – auf schwedische Anregung zu einer harmlosen Protestnote gegen die deutsche Judenpolitik durch. Über den Schweizer Botschafter in Berlin sollte die deutsche Regierung aufgefordert werden, »den Judenmorden ein Ende zu bereiten, die, wie es scheint, in letzter Zeit wieder aufgenommen wurden«. Diese Note wurde indes nie überreicht. Selbst in dieser Situation hielten die Schweizer Politiker es offenbar für besser, die Dinge treiben zu lassen und ein Ende des Krieges abzuwarten.

Mittwoch

7

Februar

Tag 92

Zerstörung von Hammerfest – Die deutsche Besatzung in Norwegen

Der Krieg hat längst die deutschen Grenzen erreicht. Dennoch sind immer noch große Teile Europas von der Wehrmacht besetzt. Doch auch in der Fremde geraten die Deutschen immer mehr unter Druck. Am 28. Oktober 1944 ergeht der Befehl des Wehrmachtführungsstabs zur »Evakuierung« Nordnorwegens:

Auf Grund der geringen Bereitwilligkeit der nordnorwegischen Bevölkerung zur freiwilligen Evakuierung hat der Führer den Vorschlägen des Reichskommissars für die besetzten norwegischen Gebiete zugestimmt und befohlen, daß die gesamte norwegische Bevölkerung ostwärts des Lyngenfjordes im Interesse ihrer eigenen Sicherheit zwangsweise zu evakuieren und alle Wohnstätten niederzubrennen bezw. zu zerstören sind. Ob[erbefehlshaber] Nordfinnland ist dafür verantwortlich, daß der Führerbefehl rücksichtslos durchgeführt wird. Hierdurch allein kann vermieden werden, daß der Russe mit starken Kräften, gestützt auf die Wohnstätten und die ortskundige Bevölkerung, unseren Absetzbewegungen noch im Winter folgt und in Kürze vor der Lyngenstellung erscheint. Mitleid mit der Zivilbevölkerung ist nicht am Platze.«

Ein menschenleeres und verwüstetes Nordnorwegen, so das Kalkül des obersten deutschen Kriegsherrn, könnte vielleicht einen sowjetischen Angriff im äußersten Norden noch aufhalten – zumindest im Winter. Und ein solcher Angriff war zu befürchten: Finnland hatte bereits am 19. September 1944 einen Waffenstillstand mit der Sowjetunion geschlossen, so dass

Auf verlorenem Posten: ein deutscher Soldat im äußersten Norden Norwegens

+++ Luftangriffe auf Wien und Essen +++ Deutsche Truppen brechen aus der Stadt Thorn aus +++ Nach einem Befehl des Heerespersonal

sich die deutschen Kräfte nach Norwegen zurückziehen mussten. Eine bedrohliche Entwicklung im äußersten Norden wollte man um jeden Preis vermeiden. Auch hier, bei einem Volk, das nach den rassistischen Kriterien des Nationalsozialismus als »Brudervolk« galt, hinterließen die Deutschen nichts anderes als »verbrannte Erde«.

1945 standen in Norwegen immerhin noch 350 000 deutsche Soldaten. Die hohe Truppenkonzentration war nicht nur in der militärstrategischen Bedeutung Norwegens begründet. Auch seine Bodenschätze machten es für die deutsche Rüstungswirtschaft unentbehrlich. Am 9. April 1940 hatte die Wehrmacht das neutrale Land überfallen. Unternehmen »Weserübung« hieß das in der Sprache des Militärs. Die geplante »friedliche« Besetzung scheiterte – anders als in Dänemark – am Widerstand der norwegischen Regierung. Verlustreiche Kämpfe über zwei Monate hinweg waren die Folge.
Noch vor Ende der Kampfhandlungen bestimmte Hitler am 21. April 1940 den Essener Gauleiter Josef Terboven zum Reichskommissar in Norwegen. Nachdem König Håkon VII. und die norwegische Regierung in Großbritannien Exil gefunden hatten, setzten die Deutschen eine Marionettenregierung unter Führung des norwegischen Faschisten Vidkun Quisling an ihre Stelle. Höchste Priorität hatte die Sicherung der ökonomischen Ressourcen für die deutsche Kriegswirtschaft sowie die Abschirmung der Transportwege. Narvik war einer der wichtigsten Häfen, über den 40 Prozent des deutschen Erzimports aus Schweden abgewickelt wurden.
Zu den Zielen der deutschen Okkupanten gehörte auch eine Neuordnung der norwegischen Gesellschaft, die nach nationalsozialistischem Muster erfolgen sollte. Zum Schrittmacher sollte Quislings Partei werden, die »Nasjonal Samling« (Nationale Sammlung). Für diese Splitterpartei schlug nun die große Stunde. Wie die NSDAP war auch Quislings Partei völlig auf ihren »Fører« ausgerichtet; ihr Programm war vor allem antimarxistisch und völkisch-rassistisch. Das große Vorbild war die Wikingerzeit, die als Ausdruck reinsten Germanentums galt. Während alle anderen politischen Gruppierungen verboten wurden, erklärte man die »Nasjonal Samling« zur »staatstragenden« Partei. Sie sollte die »nationale Revolution« im Lande herbeiführen. Tatsächlich entstanden schon bald – mit tatkräftiger deutscher Unterstützung – Parteiformationen nach nationalsozialistischem Vorbild wie »Hird« (SA) oder »Nasjonal-Samling-Jugend« (HJ). Gleichzeitig begann die Rekrutierung von Norwegern für die Waffen-SS.

Das Quisling-Regime widersetzte sich der Deportation und Ermordung von 750 norwegischen Juden ebenso wenig wie dem »Führerbefehl« zur Evakuierung Nordnorwegens. Damit erwies diese angeblich so »nationale« Regierung ihrem Land einen schlechten Dienst. An die 11 000 Wohnhäuser wurden zerstört und etwa 50 000 Menschen zwangsevakuiert. Auf ihrem Rückzug aus dem Norden des Landes zerstörten die deutschen Truppen am 7. Februar 1945 auch das Städtchen Hammerfest an der Nordspitze Europas. Lakonisch vermeldete ein militärischer Lagebericht: »Ruhiger Verlauf des Tages. Hammerfest wurde nach Zerstörung aller Anlagen geräumt. Marsch- und Transportbewegungen laufen planmäßig.«

künftig Entlassungen von Offizieren nicht mehr möglich; notfalls müssen »Stellungen unterhalb des Dienstgrads angenommen werden« ++

Evakuierung des Konzentrationslagers Groß-Rosen

Das KZ Groß-Rosen ist hoffnungslos überfüllt. In den letzten Monaten hat man zehntausende von Häftlingen aus dem Vernichtungslager Auschwitz hierher gebracht. Doch nun wird auch das schlesische Lager evakuiert. Mitten im Winter formieren sich die völlig entkräfteten Insassen zu den berüchtigten »Todesmärschen«.

Auch der Häftling Walter Löbner kam von Auschwitz zunächst nach Groß-Rosen: »Unser Weg führte uns über Hotzenplotz, Neiße, Reichenbach, Langenbielau, an der Nordflanke des Eulen- und Riesengebirges vorbei, nach Groß-Rosen. Nach zweitägigem Aufenthalt in diesem überlagerten und aller Hygiene hohnsprechenden Lager, wo hunderte und tausende entkräfteter Häftlinge zugrunde gingen, wo zum ersten Mal seit der Evakuierung von Auschwitz nach fast drei Wochen ein bißchen Suppe gereicht wurde, ging es im Bahntransport nach Dora/Mittelbau […].«

Schon im Spätsommer 1944 hatte man in Auschwitz mit der Evakuierung des Lagers begonnen, aber erst jetzt, im tiefsten Winter, läuft sie auf Hochtouren. Das Hauptaufnahmelager ist das KZ Groß-Rosen in Schlesien. Als die Auschwitz-Häftlinge nach einer Odyssee durch den bitterkalten schlesischen Winter eintreffen, bietet sich ihnen ein furchtbares Bild. Groß-Rosen hatte schon vorher den Ruf, eines der schlimmsten Konzentrationslager zu sein. Nun ist ausgerechnet dieses Lager durch Massen neuer Häftlinge überfüllt. Die Zustände sind unbeschreiblich: Selbst in unfertigen Baracken, denen die Dächer fehlen, drängen sie sich ohne Decken und wärmende Kleidung dicht an dicht auf nacktem Steinboden. In einen Block, der eigentlich für 200 Menschen gedacht war, hat man 1800 Häftlinge gepfercht. Ein beißender Gestank von menschlichen Exkrementen liegt über allem – im neuen Teil des Lagers sind noch nicht einmal die sanitären Anlagen in Betrieb. Die Verpflegung ist entsprechend: Brot, drei Löffel »Marmelade«, dreimal pro Woche einen halben Liter Suppe. Feste Essenszeiten gibt es nicht. Viele erkranken schwer – doch eine nennenswerte Versorgung ist im hoffnungslos überforderten Krankenrevier kaum zu erwarten.

Groß-Rosen wurde am 2. August 1940 eingerichtet. Seine Insassen zwang man zu Schwerstarbeit im örtlichen Granitsteinbruch, die viele nicht überlebten. Ein Vernichtungslager wie Auschwitz war Groß-Rosen nicht, doch ab 1944 wurden die Zustände immer bedrückender. Das Lager wurde nochmals ausgebaut und etwa einhundert Nebenlager errichtet, so dass immer mehr Häftlinge – hauptsächlich Juden sowie nichtjüdische Polen und Sowjetbürger – hierher deportiert werden konnten. Insgesamt durchliefen ungefähr 125 000 Menschen das KZ Groß-Rosen und seine Nebenlager.
Als im Sommer 1944 die deutsche Front im

++ Britisch-kanadische Offensive bei Nimwegen +++ Paraguay erklärt Deutschland den Krieg +++ Luftangriffe auf Wien, Kleve und Magdeburg

Das Tor zum Konzentrationslager Groß-Rosen (heute Rogoznica in Polen), aufgenommen 1961

Osten zusammenbrach, bekam das Lager eine neue Funktion. Auschwitz, das schrecklichste aller Vernichtungslager, wo man mindestens 1 100 000 Menschen ermordete, wurde aufgelöst. Groß-Rosen wurde zu einem der wichtigsten Ziele oder Zwischenziele der Evakuierung. Bei Beginn der endgültigen Räumung von Auschwitz am 17. Januar 1945 befanden sich dort noch etwa 67 000 Häftlinge. Von den 58 000 Evakuierten starben 15 000 während des Transports. Die Rote Armee befreite am 27. Januar nur noch 9000 Menschen, »lebende Skelette«.

Am 8. Februar beginnt auch in Groß-Rosen die Evakuierung. Die Nebenlager werden teilweise zu Fuß geräumt. Es liegt Schnee, der Wind ist eisig, nachts schlafen die ausgezehrten Häftlinge in Scheunen oder im Freien. Ständig müssen Umwege genommen werden, denn die Straßen sind von Flüchtlingen oder militärischen Kolonnen verstopft. Für viele endet der Marsch tödlich. Wer nicht mehr kann, wird von den Wachen erschossen. Massengräber säumen den Weg der Evakuierung. Insgesamt kommen mindestens 10 000 Häftlinge ums Leben. Auch bei den Bahntransporten ist der Tod ein ständiger Begleiter. Ein Häftling berichtet:

»[…] wir Häftlinge [wurden] wie Schlachtvieh in die Waggons getrieben. […] Wir standen im strengsten Winter in den Waggons ohne Dach so eng eingepfercht, daß wir uns kaum bewegen konnten. Während der mehrtägigen Tag- und Nachtfahrt von Groß-Rosen nach Mauthausen sind unterwegs zahllose Häftlinge vor Entkräftung gestorben. Da die Leichen während der Fahrt nicht aus den Waggons herausgeholt wurden, standen wir praktisch auf den Toten. Ich kann mich noch erinnern, daß während der Nacht viele Häftlinge von den Waggons herabsprangen, um zu fliehen. Die Posten, die mit Scheinwerfern ausgerüstet waren, schossen dann mit Maschinenpistolen auf die Flüchtenden. Man hörte praktisch während der Dunkelheit über dem gesamten Güterzug ein pausenloses Schießen.«

Die Kriegsmarine hat jetzt 260000 Flüchtlinge evakuiert +++ Heinrich Himmler gibt »Sühnemaßnahmen« gegen Bromberger Beamte bekannt +++

Freitag

9

Februar

Tag 90

Volksopfer-Sammlung

In Deutschland werden die letzten Kräfte mobilisiert und zum »Volkssturm« zusammengefasst. Doch für dieses letzte Aufgebot fehlt die nötige Ausrüstung. Daher sammelt man seit Dezember 1944 Kleidung – auch Uniformen von Staat und Partei – für das »Volksopfer«. Manch einer gibt seine Uniform nicht ungern her – und auch andere wissen die Sammlung für ihre Zwecke zu nutzen.

Sieh nochmals nach!«, lautet die Schlagzeile in Wiener Zeitungen. Volkssturm und Wehrmacht benötigen dringend Nachschub an Kleidung – der Volkssturm hat nicht einmal reguläre Uniformen, sondern ist nur mit einem Armband gekennzeichnet. Uniformen, Mäntel oder Schuhe:

Aufruf zur Altpapiersammlung

Alles wandert in das »Volksopfer«, auch die zahllosen Uniformen, die im Dritten Reich für alle Funktionäre von Staat und Partei vorgeschrieben waren.

Schon im Dezember hatte die Parteikanzlei der NSDAP einen ersten Aufruf erlassen. Der Erfolg war durchschlagend: Viele Menschen waren anscheinend froh, noch vor dem Einmarsch der Alliierten ihre kompromittierende Uniform loszuwerden. Ein eifriger Beamter schrieb an seine Dienststelle: »Meine Beamtenuniform ist bei meiner Ausbombung teilweise vernichtet worden. Der Rest befindet sich in dem Ausweichquartier meiner Familie in Kochel (Obb.). Ich habe bereits die Weisung an meine Frau weitergegeben, daß sie die Uniformreste abgeben müsse.« Doch gab es auch Dienststellen, welche die groß angelegte Sammlung für sich zu nutzen versuchten, um sich ein Depot an Uniformen anzulegen. Der Staatssekretär im Reichsinnenministerium Wilhelm Stuckart war darüber empört. Am 9. Februar 1945 schrieb er an die Obersten Reichsbehörden:

»Der Leiter der Partei-Kanzlei hat dem Reichsminister und Chef der Reichskanzlei gegenüber festgestellt, daß dessen an die Obersten Reichsbehörden gerichtetes Rundschreiben [...] von einigen Stellen offenbar mißverstanden worden

+++ Das deutsche Lazarettschiff »General von Steuben« wird in der Danziger Bucht versenkt: über 2000 Tote +++ Luftangriffe auf Berlin, Magd

sei. Es sei von diesen Stellen versucht worden, sich durch die Einrichtung eigener Annahmestellen die Verwertung des Sammelgutes im eigenen Bereich zu sichern. Solche Maßnahmen widersprächen dem Sinn und Zweck des Volksopfers, das ausschließlich dazu diene, Wehrmacht und Volkssturm auszurüsten. Auf Wunsch des Leiters der Partei-Kanzlei bitte ich daher […], das Ergebnis etwaiger eigener Sammlungen im Rahmen des Volksopfers nach ihrem Abschluß dem Reichsbeauftragten der NSDAP für die Altmaterialverwertung zu melden und das Sammlungsaufkommen bis zu seiner Entscheidung über die Verwertung zur Verfügung des Reichsbeauftragten zu halten.«

Helfer verladen vor einer Volksopfer-Sammelstelle die gespendete Kleidung

Altmaterialsammlungen waren schon vor dem Krieg zur »nationalen Aufgabe« erklärt worden. Man hielt diese Aktionen für so wichtig, dass dafür extra ein Reichskommissar eingesetzt wurde, der als Sonderbevollmächtigter von Görings Vierjahresplanbehörde die Altmaterialverwertung organisierte. Sammlungen waren im Nationalsozialismus ein beliebtes Mittel, unpopuläre Steuern zu umgehen und den Bürgern dennoch Geld oder zumindest Wertsachen zu entziehen. Nach 1939 sollte mit Hilfe solcher Improvisationen die wirtschaftliche Autarkie des Deutschen Reichs im Krieg gesichert werden. Gesammelt wurde alles, was irgendwie verwertbar war: Papier, Gläser, Metalle, Knochen. Dazu kam im Rahmen des »Volksopfers« seit Dezember 1944 auch in großem Maße Altkleidung, die so genannten »Spinnstoffe«. Die Bedeutung dieser Sammlung – die letzte große in der NS-Diktatur – verdeutlicht schon allein die Tatsache, dass Reichspropagandaminister Goebbels als eine Art »Schirmherr« fungierte. Die Abgaben waren »freiwillig«, doch wurden Listen geführt, wer wie viel spendete. Knauserige Geber sahen sich schnell mit dem Vorwurf konfrontiert, die »Volksgemeinschaft« nicht ausreichend zu unterstützen. Wer nicht zu Hause war oder sich verleugnete, konnte mit einem erneuten Besuch der Eintreiber rechnen.
Organisiert wurden diese Sammlungen meist durch die »Nationalsozialistische Volkswohlfahrt« (NSV). Mit siebzehn Millionen Mitgliedern war sie die zweitgrößte NS-Organisation und widmete sich vor allem sozialpolitischen Aufgaben. Doch ging es dabei nicht so sehr um den Einzelnen, sondern um das Ganze, das Volk. Der Gedanke, für den »Schwachen« zu sorgen, war diesem Denken fremd. Entscheidend war vielmehr die Opferbereitschaft für die nationalsozialistische Volksgemeinschaft.
An eben diese Opferbereitschaft appellierten auch die großen Spendenaufrufe von Partei und Staat während der letzten Monate des Krieges. Auf dem Volkssturm, für den die Uniformen bestimmt waren, ruhten die letzten Hoffnungen, und so musste man ihn natürlich unterstützen. Die nationale Spendenbewegung, ehemals ein Instrument der Sozialfürsorge, hatte nun vor allem einen militärischen Beitrag zu leisten.

Samstag

10

Februar

Tag 89

Einnahme von Budapest durch die Rote Armee

Nicht nur im Osten und im Westen, sondern auch im Südosten sind die Deutschen in der Defensive. In Ungarn tobt der Kampf um die Hauptstadt Budapest. Am 10. Februar gelingt es der Roten Armee, die Kontrolle über die Stadt zu übernehmen und den Rest der deutschen und ungarischen Truppen auf den Gellertberg zurückzudrängen.

Der Ausblick von der Zitadelle über die Donau auf die Stadt ist deprimierend: Zu Füßen des Gellertbergs liegt das schwer zerstörte Budapest. Eineinhalb Monate mörderischer Straßen- und Häuserkampf liegen hinter der Stadt, die nun von sowjetischen und rumänischen Soldaten fast vollständig erobert ist. Nur noch 28 000 der ursprünglich 70 000 deutschen und ungarischen Verteidiger sind übrig geblieben und haben sich hierher, auf den Gellertberg, zurückgezogen.

Hitler hatte Budapest Anfang Dezember 1944 zur Festung erklärt. Die Verteidigung der Stadt war eine Prestigefrage. Doch auch strategische Faktoren spielten eine Rolle. Vor allem sollten möglichst viele sowjetische und rumänische Truppen gebunden werden, um den Vormarsch auf das Ölfeld von Zala und schließlich auf Wien zu verlangsamen oder gar zu stoppen. Außerdem war Ungarn nun mit der Slowakei und Kroatien einer der letzten europäischen Verbündeten des Deutschen Reichs. Rumänien, Bulgarien und Finnland hatten bereits im August und September 1944 die Fronten gewechselt. Und auch Ungarn stand angesichts der wankenden Ostfront längst nicht mehr bedingungslos zum Reich. Deshalb war das Land schon im März 1944 von deutschen Truppen besetzt worden. Als »Reichsverweser« Miklós Horthy mit der Sowjetunion über einen Waffenstillstand verhandelte, wurde er am 16. Oktober 1944 abgesetzt. Sein Nachfolger war Ferenc Szálasi, der fanatische und Hitler-treue Anführer der »Pfeilkreuzler«, wie sich die ungarischen Faschisten nannten.

Das von der Roten Armee eingekreiste Budapest bildete seit Anfang Januar 1945 das Zentrum der Kämpfe um Ungarn. In der Stadt lebten noch etwa 800 000 Menschen. 33 000 deutsche und 37 000 ungarische Soldaten versuchten sich gegen die etwa 156 000 Angreifer – unter ihnen auch Ungarn der so genannten roten Freiwilligen-

Zeit für Lektüre: Rotarmisten nach der Einnahme von Budapest

+++ Kanadische Truppen erobern Kleve +++ Feldpostsendungen dürfen nur noch 20 Gramm leicht sein: kein Paketversand mehr möglich

einheiten – zu behaupten. Beide Seiten lieferten sich in der Metropole eine erbitterte Schlacht, der am Ende insgesamt fast 130 000 Soldaten zum Opfer fielen. Die Kämpfe und der Hunger forderten aber auch etwa 38 000 Menschenleben aus der Zivilbevölkerung. Die Verteidiger standen auf verlorenem Posten: Die Übermacht des Gegners war erdrückend, und der Wehrmacht gelang es im Januar 1945 trotz mehrerer Versuche nicht, die eingeschlossene Stadt zu entsetzen.

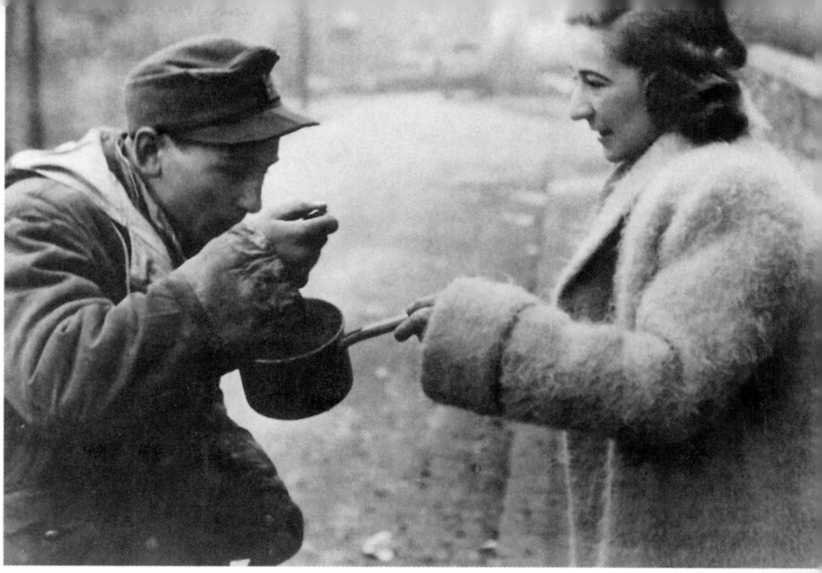

Kurze Pause im Inferno: Eine Ungarin versorgt einen Angehörigen der Waffen-SS während der Kämpfe in Budapest

Kapitulation oder Ausbruch, das ist die Entscheidung, die nun auf dem Gellertberg getroffen werden muss. Die Lage der Verteidiger ist verzweifelt. Sie haben kaum noch Munition und Verpflegung. Dennoch wagen sie am Abend des 11. Februar das Unmögliche: Sie versuchen auszubrechen. Sie rennen zu Fuß gegen eine vielfache Übermacht an und werden von Maschinengewehr- und Panzerfeuer regelrecht hingeschlachtet. Nur 700 der Ausbrechenden erreichen die 25 Kilometer entfernten deutschen Linien, fast 20 000 finden den Tod. Hauptmann Helmut Friedrich beschreibt rückblickend dieses Inferno:

»Leuchtkugeln erhellen die Dächer. Nach ihrem Verglühen steigert sich das Dämmerlicht in den Gassen zu absoluter Finsternis. Von allen Seiten strömen jetzt Landser auf die Straße nach Norden [...]. Das Gedränge auf der engen Straße wird immer größer. Alle tasten sich in der Finsternis nach vorn. [...] Dort, wo vielleicht in jedem Fensterloch ein Russe schußbereit lauert, dort soll der Ausbruch erfolgen [...]. Durch einen schmalen Spalt zwischen den schwarzen Konturen der Häuserreihen auf beiden Seiten schimmert es gleißend hell wie auf einem Großstadtboulevard in Friedenszeiten mit Leuchtreklame und glitzernden Schaufenstern. Unschwer läßt sich erahnen, daß der ganze Feuerzauber von Granaten, Leuchtspurgeschossen und einer Unzahl von Leuchtraketen stammt [...]. Dann rasen wir über den freien Platz. Es knallt und kracht, vor uns, neben uns, hinter uns. Handgranaten detonieren, MGs rattern, MPis knattern, Gewehrschüsse peitschen – Feuer rundum. Zum Denken bleibt keine Zeit. Der Selbsterhaltungstrieb überlagert Angst und Mut. Vor mir ein brennender Panzer. Voraus muß irgendwo ein Geschütz stehen, das in diese Menschenmenge schießt. Volltreffer auf Volltreffer. Wer getroffen wird, bleibt liegen. Wie Lemminge blindlings vorangetrieben sich ins Meer stürzend, so drängt hier eine Masse auf der Straße vorwärts, die, einst diszipliniert, nun ohne jede Ratio ins Verderben rennt.«

Die Schlacht um Budapest endet am 13. Februar mit der Kapitulation der letzten deutschen Einheiten. Letztlich kann der sowjetische Vormarsch auch hier nur um wenige Wochen aufgehalten werden. Am 4. April ist ganz Ungarn unter sowjetischer Kontrolle.

Kinderlandverschickung

Seit 1940 werden aus den deutschen Städten Kinder aufs »sichere« Land evakuiert. Dort soll sie der Luftkrieg nicht erreichen. Auch die zwölfjährige Margret Schröter muss ihre Heimatstadt Bochum verlassen. Sie wird bei einer Arztfamilie in Neustettin einquartiert. Der Krieg scheint fern. Doch als die Ostfront immer näher rückt, ist auch dieser Zufluchtsort gefährdet. Eine Odyssee beginnt.

Im Juli 1943 hatte alles angefangen. Damals wurde für die Schülerinnen der Bochumer Schiller-Oberschule für Mädchen ein Sonderzug bereitgestellt. Es hieß, der Unterricht in ihrer Heimatstadt sei nun zu gefährlich, ihre Schule könne von Bomben getroffen werden. In Pommern werde man sicher sein. Die kleine Margret hatte Glück: Ihre Mutter durfte sie nach Neustettin begleiten. Andere Mädchen, besonders die älteren, mussten die Reise allein antreten. Viele waren besorgt. »Niemand konnte wissen, ob man die Eltern wieder sah«, wird sich Margret Schröter später erinnern. Nach zweitägiger Fahrt im völlig überfüllten Zug – manche der kleinen Passagiere hatten die Nacht in den Gepäcknetzen verbringen müssen – erreichten die Kinder Neustettin. Die Mädchen wurden zu ihren neuen Quartieren gebracht. Wieder traf es Margret und ihre Mutter gut: Sie konnten das Gästezimmer einer Arztfamilie beziehen; nur das Bad mussten sie mit dem Dienstmädchen teilen.

Die Nationalsozialistische Volkswohlfahrt (NSV) wirbt für die Kinderlandverschickung

Margret Schröter war eines von über zwei Millionen Kindern, die während des Krieges unter dem Propagandaslogan »Der Führer sorgt für unsere Kinder« auf das Land evakuiert wurden. Besonders die Großstädte im Westen waren von den Bombenangriffen der Alliierten bedroht. Hitler selbst hatte die so genannte »Kinderlandverschickung« am 27. September 1940 angeordnet. Als sich ab Frühjahr 1943 der Luftkrieg immer mehr verschärfte, wurden viele Schulen geschlossen und in Gebiete verlegt, die als sicher galten. Auch dort ging die Indoktrination durch den Unterricht oder die NS-Jugendorganisationen wie Hitlerjugend und Bund Deutscher Mädel (BDM) weiter. Margret Schröter erinnert sich: »Wir hörten Nazi-Geschichten, ›Helden-Geschichten‹ in der Regel, lernten Nazi-Lieder und wurden im Allgemeinen mit dem Gedankengut der Nationalsozialisten vertraut gemacht. Uns wurde beigebracht, daß die Deutschen ein *›Herrenvolk‹* seien. […] An bestimmten Tagen, z. B. *›Führers Geburtstag‹*, mußten

+++ In der Eifel wird Prüm von Truppen der Waffen-SS zurückerobert +++ Der Sozialist Achiel van Acker wird belgischer Ministerpräsident

alle antreten […] und singend durch die Stadt marschieren.«

Stückgut: Kinder aus Berlin mit umgehängten Transportzetteln, 1943

Immerhin brachte der Umzug ins ländliche Pommern vorübergehend Sicherheit. Margret Schröter: »Die Zeit in Neustettin gefiel mir gut. Außer daß es einige Lebensmittel gar nicht, andere nur ganz selten gab, merkten wir nicht viel vom Krieg. Aber wir hatten keinen Hunger, und es gab auch nur ein- oder zweimal Fliegeralarm.« Spätestens Weihnachten 1944 kannte man aber nur noch ein Thema: die bedrohlich näher rückende Rote Armee. Bald war der Geschützdonner zu hören, und man ahnte, dass nun die ruhigen Tage in Neustettin zu Ende gingen. Ende Januar war es so weit: Die Kinder mussten Pommern wieder in Richtung Westen verlassen. Für Margret und ihre Mutter begann damit eine fast zweiwöchige Odyssee:

»Am Mittag des 29. Januar 1945 wurde tatsächlich ein Waggon an einen Truppentransportzug für uns angehängt, und wir wurden erst einmal Richtung Norden nach Belgard gezogen. […] Auf einmal blieben wir stehen, wir meinten auf freier Strecke, aber die Lok hatte gerade den Kleinbahnhof Schivelbein erreicht. Da standen wir dann 33 Stunden lang. […] Da ihre Kinder Hunger hatten, entschied sich nach langem Warten eine Frau, bei dem Bäcker, den wir vom Zug aus sehen konnten, nach Brot zu fragen. Wenige Minuten später fuhr der Zug weiter – ohne die Frau. Wie wir später erfuhren, gab es nur noch eine schmale Stelle südlich von Stettin, durch die wir zu diesem Zeitpunkt noch aus Pommern herauskonnten. […] Wir waren schon einige Tage unterwegs und wurden nun Richtung Berlin gefahren, bis dahin sollten es zehn Tage werden. […] Unser Waggon wurde auf ein Abstellgleis gelenkt. […] Daß in dieser Nacht auf dem Abstellgleis des Bahnhofs Berlin-Neukölln gerade ein Bombenangriff stattfand, ließ sich nicht überhören und übersehen. Der Feuerschein färbte alles glutrot, die Bomben schlugen um uns herum ein. Wir lagen alle auf dem Boden des Waggons mit dem Gesicht nach unten. […] Danach hieß es, wir sollten nach Elsterwerda verfrachtet werden. Als wir da ankamen, wollte man uns nicht, oder der Russe war da auch schon nahe, ich weiß es nicht. Nächstes Ziel: Riesa, etwas weiter südwestlich. Da konnten wir aber auch nicht aussteigen, wurden gelegentlich irgendwo abgestellt, dann wieder weitergezogen, bis wir endlich in Eisleben aussteigen konnten und dort in zwei Klassenzimmern einer Schule *›vorläufig‹* untergebracht wurden. Es muß der 11. oder 12. Februar gewesen sein.«

Berliner Kinder bei der Abfahrt auf das vermeintlich sichere Land, Februar 1944

Montag

12

Februar

Tag 87

Ilse Graßmann: Tagebuch einer Hausfrau (I)

Ilse Graßmann lebt als Hausfrau und Mutter von vier Kindern in Hamburg. Vor knapp einem Monat ist sie in ihr neues Haus in Aumühle eingezogen. Ihr Mann Kurt ist Soldat, doch mit seiner Stationierung in Lübeck hat er es vergleichsweise gut getroffen. Trotzdem macht sich Ilse Graßmann Sorgen um ihn und ihre Verwandtschaft.

»12. Februar 1945. Ich habe heute auf Umwegen aus Haynau [in Niederschlesien] einen Brief von Lilo, der Tochter von Onkel Erwin, erhalten, ein Brief, der mich sehr erschüttert hat. Sie schreibt, wie sich dort alles seit dem letzten Jahr verändert hat. Onkel Erwin hat seinen Laden schließen müssen und ist zum Volkssturm eingezogen worden. Bruno, ihr kleiner fünfzehnjähriger Bruder, ist beim Arbeitsdienst in Grünberg an der Oder und wahrscheinlich schon im Einsatz. Das Haus ist voll von Einquartierung, Flüchtlinge und Soldaten. Tante Meta ist völlig mit den Nerven runter. Die Veränderung aller Verhältnisse und der Gedanke an Flucht läßt sie verzweifeln. Durch Lilo läßt sie fragen, ob es nicht ein Plätzchen in Aumühle für sie gäbe, falls sie fliehen müßten. Ja, wer hätte dies im vorigen Jahr gedacht. Die Erde dreht sich und alles, was darauf ist, auch. Ich habe gleich geschrieben, aber wann kommt der Brief an? Lilos Brief war 10 Tage unterwegs. Telegramme schicken ist nicht möglich. Der Postbeamte hat mir erklärt, in Liegnitz wird schon gekämpft und Haynau ist zum Frontgebiet erklärt. Sicher werden sie schon auf dem Weg zu uns sein. [...]

Kurt hat seine Versetzung bekommen. Er ist mit seiner Einheit nach Munsterlager bei Soltau verlegt worden. Dort ist ein großes Gefangenenlager. Er ist mit seinen Leuten eingeteilt worden, französische Offiziere zu bewachen. Die Unterbringungsmöglichkeiten für die Wachmannschaften sind offenbar sehr begrenzt. Er ist in einem Bauernhof untergekommen. Die Schlafräume sind im ehemaligen Pferdestall. Die Verpflegung ist sehr eintönig und knapp. Ein großes Problem ist für ihn frische Wäsche, so merkwürdig sich das für einen Soldaten anhört. Durch einen alten Freund, der beim Bataillonskommando in Börnsen stationiert ist, nur wenige Kilometer von Aumühle entfernt, wird ein kleiner Kurierdienst eingerichtet. Jede Woche schickt er seine schmutzige Wäsche nach Börnsen, wo sie Martin [der 15jährige Sohn] abholt, was bei Temperaturen unter null Grad immer ziemlich anstrengend ist. Einmal habe ich ihn begleitet.«

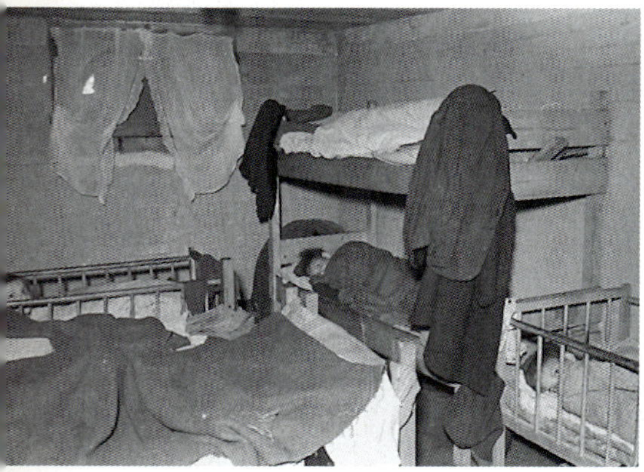

Bombenangst und Platzmangel: Die Luftschutzkeller werden zu Schlafräumen – aber auch zu Gräbern

+++ Reichsinnenministerium beschließt Evakuierung von Niederschlesien +++ In Deutschland werden die Lebensmittelrationen um 11 % gekürzt +

Das Schicksal von Ilse Graßmann war charakteristisch für die Erlebnisse vieler deutscher Hausfrauen in dieser Zeit. Nachdem ihr Mann eingezogen war, hatte sie sich allein um drei Kinder im Alter von fünf bis 15 Jahren zu kümmern. Ihre Sorgen, von denen sie sich in ihrem Tagebuch zu befreien suchte, galten vor allem ihrem Mann und ihrem vierten Kind, dem ältesten Sohn, der mit seinen 19 Jahren seit Februar 1944 ebenfalls in der Wehrmacht diente. Wenigstens hatte ihr Mann das Glück, nicht an der Front, sondern in der Heimat, recht nahe an seinem Wohnort, eingesetzt zu werden. Dennoch musste Ilse Graßmann mit der ständigen Sorge leben, dass ihr Mann doch noch an die Front käme – oder die Front zu ihm. Trotzdem ging es der Familie Graßmann im Vergleich zu vielen anderen noch gut: Sie lebte im eigenen, unzerstörten Haus und hatte nach den verheerenden alliierten Luftangriffen – den berüchtigten Hamburger Bombennächten – am Stadtrand eine relative Sicherheit vor den feindlichen Fliegern gefunden.

Ein weitaus härteres Los stand den Verwandten in Niederschlesien bevor. Ihre Flucht schien nur noch eine Frage der Zeit. Wann würde die Tante vor der Tür stehen? Was sollte aus den Verwandten werden? Würde ihnen überhaupt die Flucht gelingen? Post und Fernmeldewesen waren in den letzten Kriegsmonaten völlig überfordert. Telefonate in die vom Feind bedrohten oder bereits besetzten Gebiete waren nahezu unmöglich. Die meisten Leitungen waren zerstört oder von der Wehrmacht in Beschlag genommen. Auch die Laufzeit eines Briefes konnte sich leicht auf mehrere Wochen ausdehnen, wenn er überhaupt ankam. Auch im Privaten verloren die Deutschen immer mehr den Kontakt und den Überblick.

Ilse Graßmann
wurde am 8. April 1909 in Posen geboren und verbrachte dort die Kindheit.
1923 zog sie mit ihrer Familie nach Hamburg, wo sie 1926 heiratete.
Im Juli 1943 begann sie, ihre Kriegserlebnisse an der »Heimatfront« aufzuschreiben.
Ilse Graßmann lebt noch heute in Aumühle bei Hamburg, in dem Haus, das sie in den letzten beiden Kriegsjahren selbst erbaute.

Dienstag

13

Februar

Tag 86

Dresden (I)

In der Nacht vom 13. auf 14. Februar beginnt der größte konventionelle Brandbombenangriff, den es je in Europa gegeben hat. Das Resultat ist fürchterlich und übertrifft fast alles bisher Erlebte. Mit geradezu unheimlicher Schnelligkeit und Präzision wird Dresden ausgelöscht.

Dresden, 13. Februar 1945, 22.06 Uhr. Die örtliche Luftschutzleitung warnt über Drahtfunk: »Achtung! Achtung! Achtung! Die Spitzen der großen feindlichen Bomberverbände haben ihren Kurs geändert und befinden sich jetzt im Anflug auf das Stadtgebiet. Es ist mit Bombenabwürfen zu rechnen. Die Bevölkerung wird aufgefordert, sich sofort in die Luftschutzräume zu begeben.« 253 Bomber der 5. britischen Bomberflotte nähern sich Dresden. Sie treffen auf keinen Widerstand: keine Flakscheinwerfer, kein Flakfeuer, keine Luftkämpfe mit deutschen Nachtjägern. Um 22.13 Uhr fallen die ersten Bomben. Zwei Minuten später hört man die letzte Funkmeldung der Örtlichen Luftschutzleitung: »Achtung! Achtung! [...] Bombenabwürfe über dem Stadtgebiet. Volksgenossen, haltet Sand und Wasser bereit!« Danach sind alle Nachrichten- und Telefonleitungen unterbrochen. Dresden wird schwer getroffen, die Schäden sind verheerend. Gegen 22.21 Uhr meldet der »Masterbomber« der Briten – er koordiniert den Angriff – an das »Verbindungsflugzeug eins«: »Geben Sie nach Hause durch: Ziel erfolgreich angegriffen. Stop. Hauptplan. Stop. Durch Wolkendecke. Stop.« Bis 22.28 Uhr gehen weitere Bomben auf Dresden nieder. Um 22.30 Uhr befinden sich alle Verbände der 5. Bomberflotte auf dem Rückflug. Knapp eine Stunde später heißt es »Entwarnung« für Dresden. Aber die Innenstadt brennt lichterloh.

Der erste Angriff der Royal Air Force hat zwar schwere Schäden angerichtet, doch noch ist längst nicht jenes Ausmaß an Zerstörung erreicht, das man heute mit Dresden verbindet. Überall in der Stadt beginnt man mit den Löscharbeiten. Der britische Air Marshall Arthur Harris will das mit einem zweiten Angriff vereiteln und so für das völlige Niederbrennen der Stadt sorgen. 529 weitere Maschinen der 1., 3. und 6. britischen Bomberflotte sind bereits im Anflug. Schon 120 Kilometer vor Dresden können sie »auf Sicht« fliegen: Die Stadt ist zu einem Markierungsfeuer geworden. Um 1.07 Uhr ertönen zum zweiten Mal in dieser Nacht in den Vororten Dresdens die Alarmsirenen – im Zentrum sind sie mittlerweile ausgefallen. Als um 1.28 Uhr der »Masterbomber« und kurz darauf sein Stellvertreter eintreffen, tobt in Dresden noch immer ein Feuersturm. Jede Gegenwehr ist zusammengebrochen, die britischen Luftwaffenoffiziere können schalten und walten, wie sie wollen: Soll man das bereits in Flammen stehende Stadtgebiet noch einmal bombardieren, um es völlig zu vernichten? Beschlossen wird eine

+++ Die polnische Exilregierung in London nennt die Beschlüsse der Konferenz von Jalta »fünfte Teilung« Polens +++ Luftangriffe auf Wien, C

Schreckliche Aufräumarbeiten: Die Opfer des Nachtangriffs sind bis zur Unkenntlichkeit verbrannt

Ausdehnung des Angriffs. Zuerst links, dann rechts der brennenden Innenstadt, so werden die Piloten per Funk angewiesen, sollen die Bomben abgeworfen werden. Und anschließend: nochmals über dem bereits lichterloh brennenden Zentrum! Um 1.30 Uhr beginnt der eigentliche Angriff, nach 25 Minuten ist alles vorbei. Dresden, schon bei der ersten Angriffswelle schwer verwüstet, erhält den »Todesstoß«.
Trotzdem geht die Bombardierung der Stadt weiter. Nun folgt ein Tagangriff, auf den sich die amerikanische Luftwaffe spezialisiert hat. Ihr Ziel: hunderte von Güterwaggons und dutzende von Lokomotiven, die bislang unversehrt auf dem Verschiebebahnhof Friedrichstadt westlich des Stadtgebiets stehen. Diesmal sind es die »Fliegenden Festungen«, insgesamt 292, die am Mittag des 14. Februar über Dresden einfallen. Wieder sind die Deutschen nicht in der Lage, sich dagegen zu wehren. Noch einmal gehen mehr als 1800 Sprengbomben und 136 800 Stabbrandbomben über Dresden nieder, viele davon – aufgrund der schlechten Sichtverhältnisse – wieder über Wohngebieten. Die Schäden am Rangierbahnhof bleiben hingegen überschaubar.

Die alliierten Bombenangriffe auf Dresden trafen eine Stadt, die den Krieg bislang weitgehend unbeschädigt überstanden hatte. Die Zerstörung des unverteidigten und mit Flüchtlingen überfüllten »Elbflorenz« mit seinem barocken Stadtensemble ließ sich militärisch nur noch schwer begründen, denn die Niederlage Deutschlands stand bereits fest. Diese verheerenden Luftangriffe sind daher – ähnlich wie die Bombardierung Coventrys am 14. November 1940 durch 450 deutsche Bomber – zu einem Symbol für den militärisch weitgehend sinnlosen Luftkrieg gegen die Zivilbevölkerung geworden.
Rund 650 000 Bomben gingen auf die sächsische Hauptstadt nieder. Das Inferno erstreckte sich über sieben Kilometer in Ost-West-Richtung und fünf Kilometer in Nord-Süd-Richtung. Wie viele Menschen in diesem Flammenmeer starben, lässt sich nicht mehr ermitteln. Vieles spricht für eine Opferzahl von 25 000 bis 35 000 Toten. Der Polizeipräsident von Dresden bezifferte im März 1945 die Zahl der Toten auf 25 000. Dagegen sind Behauptungen, bei dem Angriff seien an die hunderttausend Menschen ums Leben gekommen, mit Sicherheit übertrieben.

tgart, Mainz und Hannover +++ Passfotos werden zum Zweck der Rohstoffersparnis normiert; künftig gilt das Format 37 x 52 Millimeter +-

Dresden (II)

Die Besatzungen der britischen und amerikanischen Bomber erleben den Angriff auf Dresden als militärische Operation. Für sie ist der »Raid« ein Erfolg. Kaum ein Bomber geht verloren. Aber was ist mit den Menschen, die am Boden sind und sich mitten im Zielgebiet des alliierten Luftangriffs befinden?

Als die Sirenen erneut ertönten, blickten wir, meine Freundin und ich, uns entsetzt an – das konnte doch nicht wahr sein? […] Sie kamen also doch ein zweites Mal. Mit zitternden Knien gingen wir in den Keller hinunter. […] Die Wände schwankten, der Boden zitterte, das Licht ging aus, und unsere schwere Eisentüre wurde vom Luftdruck aufgerissen. […] Doch schließlich hörte der Erdboden auf zu zittern. […] Unser Keller hatte gehalten! […] Ich machte einen letzten Versuch, alle zu überzeugen, daß sie den Keller verlassen sollten, denn andernfalls würden sie ersticken: doch sie wollten nicht. Und so ging ich als einzige fort – und alle Leute in dem Keller erstickten. […] Ein Hexenkessel erwartete mich draußen: keine Straße, nur Schutt. […] Plötzlich falle ich in ein großes Loch hinein – einen Bombenkrater, etwa sechs Meter breit und zwei Meter tief, und ich lande dort unten auf drei Frauen. Ich ziehe sie an den Kleidern und beginne sie anzuschreien, sie müßten hier herauskommen – doch sie rühren sich nicht mehr. Ich glaube, dieses Erlebnis versetzte mir einen schweren Schock; es war, als hätte ich jede Empfindungsfähigkeit verloren. Rasch klettere ich über die Frauen, schleife meinen Koffer hinter mir her und krieche auf allen vieren aus dem Krater. Links neben mir sehe ich plötzlich eine Frau. Ich sehe sie noch heute und werde sie nie vergessen. Sie trägt ein Bündel in den Armen. Es ist ein Kleinkind. Sie läuft, sie fällt, und das Kind fliegt im Bogen ins Feuer. Nur meine Augen nehmen das auf; ich empfinde nichts. Die Frau bleibt völlig unbeweglich auf dem Boden liegen. […] Plötzlich sehe ich wieder Leute, direkt vor mir. Sie schreien und fuchteln mit den Händen, und dann, zu meinem höchsten Schrecken und Erstaunen – sehe ich, wie einer nach dem anderen sich auf den Boden fallen zu lassen scheint. Ich habe das Gefühl, daß sie erschossen werden. […] Heute weiß ich, daß diese armen Menschen die Opfer von Sauerstoffmangel waren. Sie fielen in Ohnmacht und verkohlten dann … Irrsinnige Angst packt mich, und von da an sage ich mir unaufhörlich und immer wieder den einen Satz: ›Ich will nicht verbrennen – nein, nicht brennen – ich will nicht brennen!‹«

Die Augenzeugin Margret Freyer überlebte beide Nachtangriffe in zwei Kellern in der Altstadt. Nach dem ersten Bombardement hatte sie sich zum nahe gelegenen Haus einer Freundin durchgekämpft. Ihr Überleben verdankte sie nicht allein ihrer Entschlossenheit: Hätte sie keine festen Stiefel getragen, wäre sie auf dem in der

Hitze schmelzenden Asphalt womöglich wie viele andere von unten verbrannt.

Eine weitere Überlebende, Annemarie Bachmann, berichtet, wie sie den Morgen in diesem Massengrab erlebte:

»Es wurde nun langsam hell. [...] In meinem Kopf ging ständig ein Gedanke im Kreis: Was ist zu Hause, steht unser Haus noch? Wo ist Mutti? Ich fragte einige der Neuankömmlinge: ›Wie sieht es beim Hauptbahnhof aus?‹ Eine Frau antwortete: ›Wohnen Sie dort? Dort steht nichts mehr. Es ist alles dem Erdboden gleichgemacht.‹ Als Hilde und ich das hörten, gab es für uns kein Halten mehr. [...] Und nun begann die schrecklichste Stunde meines ganzen Lebens. Was wir auf unserem drei Kilometer langen Weg zum Bahnhof sahen, ist unbeschreiblich, entsetzlich. [...] Es sah aus wie eine Kraterlandschaft, und dann sahen wir die Toten. Verbrannte und angekohlte Leichen, auf die Hälfte zusammengeschrumpft. Ach lieber Gott! [...] Eine Anzahl Menschen saß auf dem Erdboden. Aber warum rührten sie sich nicht? Als wir uns näherten, sahen wir es: Sie waren alle tot. Der Luftdruck hatte ihre Lungen zerrissen. [...] Hier gab es keine Straßen mehr. Nur Haufen über Haufen von Schutt. Und als wir schließlich die zerbrochenen Trümmer unseres Hauses fanden, setzten wir uns auf das Geröll, völlig erschöpft, und weinten und weinten und weinten. ›Mutti, bist du drunter?‹ [...] Eine Gruppe von Armeepionieren, die Aufräumarbeiten machten, kam auf uns zu und ihr Offizier rief: ›Mädchen, was macht ihr hier? Ihr müßt sofort weg, es ist wieder Fliegeralarm. Ihr habt es nicht gehört, weil die Sirenen nicht funktionieren.‹ [...] Verzweifelt kämpften wir uns zum Bahnhof vor, wo die Leichen zu Haufen aufgeschichtet waren, zwei Meter hoch, fünf Meter breit, fünf Meter lang. Ein süßlicher Geruch schlug uns aus dem Haufen entgegen (der noch wochenlang über der Stadt hing), viele von ihnen waren als brennende Fackeln in die Wasserreservoires gesprungen, und immer mehr waren ihnen gefolgt, einer über den anderen, so daß sie alle ertranken.«

Wilhelm Rudolph (1889-1982), »Das zerstörte Dresden« (1952). Die Ruine der Frauenkirche wird zum Mahnmal

Ein einziges Trümmerfeld: Dresden, Lüttichhausstraße, nach dem Angriff

Die »Volksopfer«-Sammlung ist offiziell zu Ende, unter dem Motto »Volkstreue heißt Pflicht erfüllen« wird aber weitergesammelt +++-

Donnerstag

15

Februar

Tag 84

Standgerichte

Die fanatische Durchhaltepropaganda der Partei verfängt immer weniger. Den meisten Deutschen ist klar, dass der Krieg verloren ist. Die Kluft zwischen Führung und Bevölkerung wächst zusehends, denn die meisten wollen nur noch das eigene Leben retten. Darauf reagiert das Regime mit dem üblichen Mittel: Terror gegen das eigene Volk. Nun beginnt seine letzte Phase, die Phase der Standgerichte.

Die Härte des Ringens um den Bestand des Reiches erfordert von jedem Deutschen Kampfentschlossenheit und Hingabe bis zum Äußersten. Wer versucht, sich seinen Pflichten gegenüber der Allgemeinheit zu entziehen, insbesondere wer dies aus Feigheit oder Eigennutz tut, muß sofort mit der notwendigen Härte zur Rechenschaft gezogen werden, damit nicht aus dem Versagen eines einzelnen dem Reich Schaden erwächst.«

Mit dieser Einleitung erließ der Reichsminister der Justiz Thierack am 15. Februar 1945 die »Verordnung über die Errichtung von Standgerichten«. Offiziell waren die Standgerichte für alle Fälle von Defätismus, Wehrkraftzersetzung, Desertion und Sabotage zuständig. Doch konnte bei Kriegsende so ziemlich jedes Vergehen einen standgerichtlichen »Prozess«, dem jede Rechtsstaatlichkeit fehlte, nach sich ziehen. Der einzig vorgesehene Richterspruch im Fall von »erwiesener« Schuld war das Todesurteil. Der vorsitzende Richter – ihm zur Seite standen als Beisitzer je ein Vertreter der NSDAP und ein Offizier aus Wehrmacht, Waffen-SS oder Polizei – musste seine Urteile zwar theoretisch vom zuständigen Reichsverteidigungskommissar absegnen lassen; war dieser jedoch – der Normalfall in den letzten Kriegsmonaten – nicht erreichbar, konnte der Ankläger das Urteil selbst bestätigen und die Vollstreckung anberaumen. Überhaupt

Terror bis zuletzt: »Verräter« und »Deserteure« werden noch kurz vor der Befreiung ermordet

zeigten die Vertreter dieser Terrorjustiz kaum Bedenken. Ihre Urteile waren wenig mehr als juristisch notdürftig verbrämte Ermordungsbefehle. Der »Prozess« bestand meist im bloßen Ausfüllen von Formblättern. Auch für die nicht selten vor Ort zwangsrekrutierten Beisitzer war es riskant, auf Einhaltung verfahrensrechtlicher Mindeststandards zu pochen. Derlei Störungen des zügigen Ablaufs konnten als Sabotage ausgelegt werden und den Beisitzer selbst zum Opfer des Standgerichts werden lassen. Wie viele Menschen diesen Tribunalen zum Opfer fielen, lässt sich bis heute nicht einmal annähernd bestimmen.

Ein Beispiel: Unter dem Kommando von Major Erwin Helm erreicht das fliegende Standgericht am 28. März den Ort Zellingen im Unterfränkischen. Der örtliche Kommandeur des Volkssturmbataillons, ein Stabsarzt, erstattet Meldung: Das Haus des Bauern Karl Weiglein – als Sechzigjährigen hatte man ihn noch zum Volkssturm eingezogen – sei bei einer Brückensprengung beschädigt worden; daraufhin habe der Betreffende geäußert, die Verantwortlichen »gehörten aufgehängt«.

Weiglein hat mit diesen Worten sein eigenes Todesurteil vorweggenommen. »Der Mann wird gehängt!«, dekretiert Major Helm barsch, diktiert umgehend den Richtspruch und macht sich auf den Weg zu seinem Opfer. Ein Vorsitzender sowie zwei Beisitzer werden noch unterwegs bestimmt. Auf Verteidiger und Protokollführer verzichtet man in der Eile großzügig. Es ist schon spät abends.

Bei Weiglein angekommen, holt man den Bauern unverzüglich aus seinem Haus. Der Major drängt, doch die ortsansässigen Beisitzer fordern die Anhörung von Zeugen. Abgelehnt! Ohne Umschweife wird die Todesstrafe beantragt. Doch wieder stellen sich die Beisitzer quer und verweigern ihre Zustimmung. Erst als Major Helm ihnen droht, er werde auch sie vor das Standgericht bringen, lenken sie eingeschüchtert ein. Das Todesurteil wird verlesen und von Helm selbst – gerade noch Ankläger – bestätigt. Mittlerweile ist es halb zwei Uhr nachts, Gründonnerstag. Vom Küchenfenster aus beobachtet Weigleins Ehefrau Dora, wie der Major ihrem Mann ein Pappschild um den Hals hängt, auf dem zu lesen steht: »Wegen Sabotage der Wehrmacht und Meuterei zum Tode verurteilt«. Nur fünf Meter vom Haus entfernt steht der alte Birnbaum, der nun als Galgen dient. Dora Weiglein muss hilflos mit ansehen, wie ihr Mann wegen der Lappalie einer unbedachten Äußerung ermordet wird.

Amerikanische Soldaten nehmen im April 1945 bei Schweinfurt die Leiche eines erhängten deutschen Deserteurs ab

Jruguay erklärt Deutschland den Krieg +++ Die Rote Armee erobert Sagan, Tuchel und Konitz +++ Amerikaner greifen die Bucht von Manila an +

Freitag

16

Februar

Tag 83

Kürzung der Rationen

Trotz des Krieges ist es bislang gelungen, die eigene Bevölkerung gut zu versorgen. Erst zu Beginn des Jahres 1945 kommt es auch im Deutschen Reich zu drastischen Kürzungen der Lebensmittelrationen. Der »Völkische Beobachter« gibt in seiner Berliner Ausgabe vom 16. Februar der deutschen Hausfrau Tipps, wie auch mit wenig gut gekocht werden kann:

Die Kriegslage zwingt uns dazu, auf dem Gebiet der Ernährung Einschränkungen auf uns zu nehmen. […] Einige Hinweise sollen der Hausfrau bei der Neueinteilung helfen, und einige Rezepte für die verminderten Fleisch- und Fettrationen sollen ihr den Übergang erleichtern. 750 g Roggenbrot müssen in 4 Wochen eingespart werden, umgerechnet etwa 16 Schnitten. […] Wenn es aber weniger Brot gibt, so ist das Einsparen von 90 bis 100 g Marmelade gar keine so große Kunst. […] Von 1000 g Fleischmarken sind in vier Wochen 125 g einzusparen. […] Das Einsparen von Zucker wird man möglichst auf den Sektor des Backens legen. Backen wird doch ohnehin, schon um Gas oder Feuerung zu sparen, sehr eingeschränkt werden müssen. […] Nachstehend einige Rezepte …

Aufstrich mit Grieß

Ein Eßl. Fett, wenn vorhanden, etwas Zwiebel oder Porree, zwei Eßl. Grieß, Flüssigkeit, Majoran oder Schnittlauch, Salz. – Der Grieß wird in heißem Fett durchgeschwitzt – hat man Zwiebel oder Porree, so wird dieses zuerst in Fett durchgedünstet – dann wird die Flüssigkeit aufgefüllt, bis man einen geschmeidigen Brei erhält, und kräftig mit Salz, Majoran oder Schnittlauch abgeschmeckt.

Grütze oder Graupensuppe mit Wurst

100 g Grütze oder Graupen, Suppengemüse, 500 g frische oder 100 g Trockenkartoffeln, 2 l Wasser oder Brühe, Salz nach Geschmack, 50–100 g Mettwurst oder für 50 g frische Blutwurst. – Die vorher eingeweichte Grütze oder Graupen werden mit dem Wasser aufgesetzt und nach einer Viertelstunde die Kartoffeln und das Gemüse hinzugegeben. Eingeweichte Trockenkartoffeln gibt man erst nach einer halben Stunde mit dem Einweichwasser in die Suppe. Die in kleine Würfel geschnittene Wurst läßt man zum Schluß mit durchziehen und wertet mit gehackter Petersilie oder etwas roh geriebenem Gemüse die Suppe auf. An Stelle von Mett-

Hunger: Auch Bucheckern sind begehrt

wurst kann man auch frische Blutwurst verwenden.

Pellkartoffeln mit Blutwursttunke

1 kg Pellkartoffeln oder 200–250 g getrocknete Kartoffeln, 5 g Fett, Wasser nach Bedarf, Senf oder Majoran zum Abschmecken. – Die frische Wurst wird in das heiße Fett gegeben und gut durchgebraten. Dann gibt man soviel Wasser dazu, daß man eine Tunke erhält, und schmeckt mit Majoran oder Senf ab. Man gibt Pellkartoffeln hinzu. Verwendet man Trockenkartoffeln, so werden diese, nachdem sie mindestens zwei Stunden eingeweicht waren, im Einweichwasser etwa eine Viertelstunde gekocht und in die fertige Tunke hineingegeben.«

Mit solchen Zutaten und Mengen konnte eine Hausfrau im Februar 1945 noch rechnen. Die Gerichte waren einfach, machten aber noch satt. Trotzdem ließen die Ratschläge des »Völkischen Beobachter« erahnen, dass die fetten Jahre endgültig vorbei waren. Von einigen Engpässen im Jahr 1942 abgesehen, war die Ernährungslage im Reich bisher gut gewesen. In dieser Hinsicht war Deutschland wohl vorbereitet in den Krieg gegangen: Schon seit 1937 hatte man sich präzise und heimlich auf die Rationierung von Lebensmitteln, aber auch von Treibstoff, Kohle und anderen Versorgungsgütern eingestellt. Zudem waren die Vorratslager nach den guten Ernten der Jahre 1938 und 1939 reich gefüllt. Das NS-Regime nahm eine ausreichende Versorgung der Menschen sehr wichtig. Nur zu gut erinnerte man sich an die Hungerjahre während des Ersten Weltkriegs: Not und Entbehrung hatten für Unruhen gesorgt und die Kriegsmoral untergraben.
Seit Kriegsbeginn waren Fett, Fleisch, Butter, Milch, Käse, Zucker und Marmelade nur noch gegen Lebensmittelmarken erhältlich, ab dem 25. September 1939 wurden zudem Brot und Eier rationiert. Auf den Tisch kamen während der Kriegsjahre hauptsächlich Kartoffeln und Hülsenfrüchte, in der Küche dominierten Mehl und Zucker. Statt Kaffee trank man meist »Muckefuck«, ein aus Gerste oder Eicheln hergestelltes Ersatzgetränk. Auch Textilien waren nicht mehr frei erhältlich: Kleidung gab es nur noch gegen »Reichskleiderkarten«.
Die Vorräte sowie die eigene Produktion reichten nicht unbegrenzt. Schon bald war eine befriedigende Versorgung der Deutschen nur noch durch die Ausbeutung anderer Länder zu erreichen. Der Einsatz ausländischer Zwangsarbeiter bewahrte die deutsche Landwirtschaft vor dem Zusammenbruch. Und die besetzten Ostgebiete wurden für die deutschen Machthaber zu einem unerschöpflichen Reservoir an Rohstoffen und Lebensmitteln. Dass damit Unterernährung und Hungertod der einheimischen Bevölkerung einhergingen, passte in das zynische Kalkül der nationalsozialistischen Ideologen. Hier handelte es sich um Räume, die man ohnehin zum Teil »germanisieren« wollte.
Die Deutschen hatten jahrelang auf Kosten anderer gelebt. Doch nun begann der Hunger auf sie zurückzuschlagen.

Einsatz an der »Heimatfront«: Die NS-Frauenschaft schmiert im Februar 1945 Butterbrote

den »Schnorchel«, eine »Wunderwaffe«, welche die Versorgung der U-Boote mit Sauerstoff auch im getauchten Zustand ermöglicht +++

Deportation aus Westpreußen in die Sowjetunion

Seit dem 20. Januar wird Westpreußen zur Kampfzone. Viele der zurückgebliebenen deutschen Zivilisten werden als Zwangsarbeiter in die Sowjetunion verschleppt. Die Rekrutierung von Arbeitskräften ist der Sowjetunion in Jalta zugestanden worden. Zu den Deportierten gehört auch der Bauer Peter Koy aus Elbing:

»Am 17. Februar 1945, wir saßen gerade beim Mittagstisch, erschienen, wie schon oft, plötzlich fünf bewaffnete Russen bei uns. Sie durchsuchten das ganze Haus […] und forderten zwei Schwägerinnen von mir, die bei uns Zuflucht gesucht hatten, und mich auf, uns anzuziehen, für zwei Tage Verpflegung einzupacken, denn wir müssen sofort zwei Tage lang zur Arbeit.«

Das Lager Workuta in Nordrussland

Aus zwei Tagen werden zwei Wochen. In Preußisch Holland haben die neuen Machthaber ein so genanntes Zwischenlager eingerichtet, Frauen und Männer getrennt. Die Bedingungen sind katastrophal: »Die Verpflegung bestand während dieser Zeit aus täglich einer Tasse dünner Kartoffelsuppe, sonst gab es nichts. […] Morgens und abends wurden wir fünf Minuten auf den Hof gelassen, damit wir unsere Notdurft verrichten konnten. Für den Bedarf in der Zwischenzeit stand uns eine offene Tonne […] zur Verfügung. […] Die ersten Tage ging es noch; da aber immer mehr Leute hinzukamen, wurde der Platz immer kleiner und die Luft immer schlechter. Wenn man aus dem überfüllten Raum schwitzig und erhitzt ins Freie kam, konnte man leicht atmen, und man merkte dann erst, wie schlecht die Luft im Keller war, zumal die meisten Insassen der schlechten Ernährung wegen einen furchtbaren Durchfall hatten.«
All das hat System. Der Keller dient als Auffanglager, von dort werden die verhafteten Deutschen in die Sowjetunion verfrachtet. Die Auswahl der Personen ist meist willkürlich. Es geht ganz offensichtlich um die Erfüllung einer »Quote«. In einer langen Kolonne von Lastwagen geht es zum Bahnhof in Insterburg: »Auf den Straßen, Chausseegräben und Feldern lagen

noch gefallene Soldaten, Zivilisten, Pferde und umgekommene Kühe. Ebenfalls lagen dort Wagen, Panzer, Betten und anderer Hausrat herum.«

In Insterburg werden je 40 bis 50 Menschen in einen Viehwaggon gepfercht, dann beginnt der Transport in die Sowjetunion: »Während der Bahnfahrt gab es täglich einmal Verpflegung, die aus einer Scheibe Röstbrot und einer Tasse Wasser pro Mann und für alle Insassen des Wagens einem Pfund deutschen Schmelzkäse bestand, hin und wieder gab es auch einen Löffel Zucker. Das Wasser wurde irgendeiner Pumpe, Graben oder Teich entnommen. Vor der Ausgabe wurden die Toten herausgenommen und in einen hierzu mitgeführten leeren Waggon gebracht. Am Ende unserer Fahrt waren es 200 geworden.«

Gut einen Monat nachdem man Peter Koy verschleppt hat, erreicht der Zug einen Vorort Moskaus. An den folgenden Tagen werden die Insassen auf verschiedene Arbeitslager verteilt. Erste Station am 18. März: Kotlass bei Archangelsk im russischen Norden. Koy berichtet: »[…] die Türen wurden geöffnet, und eine Kommission, darunter eine russische Ärztin, suchte sich eine Anzahl noch arbeitsfähiger Leute für ein Arbeitslager aus.« Der Bauer aus Elbing hat Glück: Seine vom vielen Stehen im Zug noch wunden Füße bewahren ihn vor der oft furchtbaren Arbeit im Lager. Man setzt ihn zunächst in der Revierstube ein, später kommt er ins Krankenlager. Knapp ein halbes Jahr später, am 15. September, kehrt er nach Deutschland zurück.

Andere hatten weniger Glück als Peter Koy. Die Opferzahlen lassen sich nur schätzen, aber von insgesamt mehr als 400 000 deportierten deutschen Zwangsarbeitern aus den deutschen Ostgebieten dürften etwa 200 000 ums Leben gekommen sein. Einige konnten erst 1955 nach der Moskaureise Konrad Adenauers zurückkehren. Die Arbeitslager des Gulag mit ihren unmenschlichen Bedingungen, die über die ganze Sowjetunion verstreut waren, unterschieden sich von den deutschen Konzentrationslagern vor allem dadurch, dass man hier eher noch am Erhalt der Arbeitskraft interessiert war, während im deutschen Lagersystem das Prinzip »Vernichtung durch Arbeit« galt.

Fünf deutsche Frauen riechen nach ihrer Heimkehr aus einem sowjetischen Arbeitslager im Donez-Kohlenbecken an Seife, 1949

Bis Anfang März hatte die Rote Armee ganz Westpreußen besetzt. Am 30. März fiel schließlich jene Stadt, die zum äußeren Anlass für den Zweiten Weltkrieg geworden war: Danzig. Vor den heranrückenden sowjetischen Truppen flohen gut eine Million Westpreußen. Weitere eineinhalb bis zwei Millionen Deutsche wurden dann ab 1946 vertrieben. Die neue polnische Regierung beanspruchte auch dieses Gebiet für die eigenen Landsleute. Insgesamt kamen bei Flucht und Vertreibung aus Westpreußen wohl mehrere hunderttausend Menschen ums Leben.

Goethes Wohn- und Sterbehaus in Weimar wird von Bomben getroffen +++ In Posen toben heftige Straßenkämpfe mit der Roten Armee ++

Arthur Haulot: Tagebuch eines KZ-Häftlings (II)

Der Hunger in den Konzentrationslagern wird immer schlimmer. Das fördert das Fleckfieber, dem immer mehr entkräftete Häftlinge zum Opfer fallen. Als Rotkreuzpakete aus Belgien von der SS beschlagnahmt werden, riskiert Arthur Haulot eine Beschwerde beim Schutzhaftlagerführer:

»18. Februar 1945. Am Sonntag sehr interessanter Besuch beim Schutzhaftlagerführer. Einige ziemlich pikante persönliche Details. Gegenstand des Besuchs: die Regelung des Problems der Rotkreuzpakete. Seither funktioniert alles normal. Eine beträchtliche Anzahl von Landsleuten trifft ein, dann die Pakete. Im übrigen hat sich nichts verändert. [...] Absolut sicher ist jedoch, daß der Krieg fortdauert und wir immer noch hier sind. Was die Epidemie angeht, so nimmt sie ihren Lauf. Vastel geht es besser. Jakob hat es erwischt.«

Auch im Konzentrationslager Dachau sind die Verhältnisse unerträglich geworden. Die »Suppe«, die man an die Häftlinge austeilt, ist wässrig, das wenige Brot bereits schimmlig. Schon die offizielle Kalorienzuteilung deckt höchstens

»Der Tod ist ein Meister aus Deutschland« (Paul Celan, Todesfuge)

+++ Hitler erwägt die Kündigung der Genfer Konvention, »um dem Gegner zu bekunden, daß wir entschlossen sind, mit allen Mitteln bis

Arthur Haulot mit anderen KZ-Häftlingen, kurz nach der Befreiung

ein Drittel des eigentlichen Bedarfs. Alle leiden unter Mangelerscheinungen, viele werden zum Opfer des Fleckfiebers. Nahrungsdiebstähle aus der Küche, aber auch unter den Häftlingen sind an der Tagesordnung. In dieser Lage sind die Hilfspakete aus dem mittlerweile befreiten Belgien für die belgischen Häftlinge um Arthur Haulot eine der ganz wenigen Hoffnungen. Himmler sieht das nahe Ende, will seine Haut retten und hat auch in Belgien Kontakte zum Roten Kreuz aufgebaut. Der Umfang der Lieferungen ist genau geregelt und begrenzt, doch die Lebensmittel sind von bester Qualität. Für die meisten ist das eine Erinnerung an längst vergangene Zeiten. Viele Leben werden in diesen Winterwochen durch die Rotkreuzpakete gerettet.

Umso größer sind Wut und Verzweiflung, als die Lager-SS eine neue Lieferung einbehält und sich weigert, sie den hungernden belgischen Häftlingen auszuhändigen. Für die SS mag es nichts weiter sein als eine erneute Demonstration ihrer Macht – für die Inhaftierten geht es um die Existenz. Wenn Haulot in dieser Situation beim Schutzhaftlagerführer protestiert, dann ist dies ein Beweis für seinen Mut, aber auch ein Indiz dafür, dass die SS ihre Macht schwinden sieht und erstmals an Kompromisse denkt.

Der Schutzhaftlagerführer ist als zweiter Mann im Lager für die Häftlingsorganisation zuständig. Dieser SS-Funktionär ist die oberste Instanz bei der Kontrolle der Häftlinge. Damit hat er auch über ihre Versorgung mit Paketen zu entscheiden. Es ist nicht ungefährlich, sich mit einer Beschwerde an ihn zu wenden, denn seine Machtposition ist letztlich uneingeschränkt. Die Häftlinge haben großen Respekt vor dem Schutzhaftlagerführer, viele fürchten ihn. Haulots Stellung ist keineswegs stark. Trotzdem kann er diese kleine Auseinandersetzung im großen Kampf ums tägliche Überleben gewinnen. Auch jetzt noch ist Haulots Lage alles andere als sicher. Dabei handelt es sich in seinem Fall um einen Häftling, der eine hohe Position in der Lagerhierarchie einnimmt. Dass dennoch auch für ihn die Situation jederzeit umschlagen kann, verdeutlicht sein Tagebucheintrag vom 6. März 1945:

»Beinahe wäre ich wieder dem Schutzhaftlagerführer vorgeführt worden, aber diesmal als Beschuldigter wegen des Ausfalls auf Block 25, im Lager und während des Transportes. Aber die Sache geht gut aus. (Klopfen wir auf Holz!) Treffe René, den ich in Thiange kennengelernt habe, wieder. Ebenfalls Jean Allard. Neues von einigen Freunden [...] und Feinden. Libert wurde während einer Reportage niedergeschlagen! Gaston wurde verhaftet, Rahier freigelassen. Usw. Heute Ende einer Komödie in der Person des Herrn Baron Scheidel, die mich an den Rand einer Nervenkrise geführt hatte. Mit großem Getöse setze ich durch, daß er hinausgeworfen wird. Eine Stunde später werde ich zum Oberpfleger in Block 17 ernannt. ›Typhusrekonvaleszenten‹.«

Himmler trifft Bernadotte

Das Ende des NS-Regimes naht. Heinrich Himmler bemüht sich um einen Ausweg, vor allem für sich selbst. Ohne Hitler zu informieren, will er mit den Westalliierten in Verhandlung treten. Schweden soll vermitteln und hofft seinerseits auf Rettung der skandinavischen KZ-Häftlinge. Graf Bernadotte, Vizepräsident des Schwedischen Roten Kreuzes, berichtet von seinem geheimen Treffen mit dem »Reichsführer-SS«:

Nicht vergebens hatte ich gehofft: Himmler gewährte mir eine Unterredung. Am 19. Februar um 17 Uhr wurde ich […] abgeholt und fuhr mit ihm im Auto nach Hohenlychen hinaus, einem Riesenlazarett, 120 Kilometer nördlich von Berlin. […] In dieser bedrückenden Atmosphäre traf ich Heinrich Himmler, Chef der SS, der Gestapo und des gesamten deutschen Polizeiwesens, Reichsinnenminister und Oberbefehlshaber des Heimatheeres, den Mann, der durch seine Terrororganisationen die Politik auf eine bisher unerhörte Weise kriminalisiert hatte und nunmehr das wankende Dritte Reich am Rande des Abgrund mit eiserner Faust zusammenhielt. […] Als er plötzlich vor mir stand, mit der horngefaßten Brille, in der grünen Uniform der Waffen-SS, ohne irgendwelche Dekoration, wirkte er zunächst wie irgendein unbedeutender Beamter. Wäre ich ihm auf der Straße begegnet, ich hätte ihn nicht beachtet.«

Graf Folke Bernadotte im Jahr 1945

Es waren zwei sehr unterschiedliche Männer, die sich hier trafen: auf der einen Seite Folke Bernadotte Graf von Wisborg (1895–1948), Enkel König Oskars II. von Schweden und Vizepräsident des schwedischen Roten Kreuzes; auf der anderen Seite der berüchtigte Heinrich Himmler. Nun aber begann der »getreue Heinrich« genau das aufzugeben, worauf er immer besonders stolz gewesen war: seine absolute Loyalität gegenüber dem »Führer«. Hinter seinem Rücken versuchte er ein separates Waffenstillstandsabkommen vorzubereiten. Ohne die Vermittlung eines neutralen Staates war dies nicht möglich. Schweden hatte sich schon öfter als Plattform für geheime diplomatische Kontakte angeboten. Aber es verfolgte auch eigene

Heinrich Himmler (links im Auto) im Ghetto Lodz, Juni 1941, mit dem Vorsitzenden des Judenrats, Chaim Rukowski

Interessen, nämlich die Rettung skandinavischer Häftlinge aus deutschen Konzentrationslagern. Vielleicht konnte man, so Himmlers Überlegung, auf diesem Weg miteinander ins »Geschäft« kommen. Bernadotte berichtet weiter:

»Das Schwedische Rote Kreuz, so erklärte ich, sei sehr daran interessiert, die Erlaubnis zur Arbeit in den Konzentrationslagern zu bekommen, besonders dort, wo Norweger und Dänen interessiert seien. Himmler: ›Eine solche Lösung wäre gewiß von Vorteil und würde auf keine größeren Hindernisse stoßen.‹ [Bernadotte:] ›[…] und aus praktischen Gründen sollten alle Norweger und Dänen in je ein Lager zusammengeführt werden, so daß das Rote Kreuz es leichter hätte, den Gefangenen zu helfen. Die Gesamtzahl der Gefangenen, Norweger und Dänen, dürfte sich auf ungefähr 13 000 belaufen.‹ […] Himmler erklärte sich also einverstanden. Er nahm auch meinen Vorschlag an, daß Greise, Kranke und Mütter nach Norwegen zurückkehren sollten, nachdem sie in Lagern gesammelt waren. Er hatte selbst dagegen nichts einzuwenden, daß das Personal des Schwedischen Roten Kreuzes in die Lager eingelassen werde, um bei der Pflege der Gefangenen zu helfen.«

Himmlers Entgegenkommen war nicht humanitär bedingt. Angesichts der sich abzeichnenden Niederlage wollte er vor allem den eigenen Hals retten. Dafür riskierte er sogar eine mögliche Konfrontation mit Hitler. Nach einem ähnlichen Abkommen mit der Schweiz, das 1200 Häftlingen aus dem KZ Theresienstadt das Leben rettete, hatte der »Führer« mit einem Tobsuchtsanfall reagiert und weitere Transporte von Juden in das neutrale Ausland verboten. Dennoch gelang es Bernadotte, Himmler im weiteren Verlauf der Verhandlungen die skandinavischen Häftlinge gewissermaßen »abzuschwatzen«. Schon bald reiste schwedisches Rot-Kreuz-Personal – 250 Ärzte und Pfleger – mit 36 Bussen und 12 LKWs nach Deutschland, um Gefangene aus verschiedenen Konzentrationslagern einzusammeln. Insgesamt erreichte Bernadotte die Freilassung von über 20 000 skandinavischen Häftlingen.
Zu den von Himmler erhofften Gegenleistungen kam es jedoch nicht. Verhandlungen mit den Westalliierten kamen nicht zustande, denn die angehenden Siegermächte wollten nichts als die bedingungslose Kapitulation Nazi-Deutschlands akzeptieren. Heinrich Himmler, einer der Hauptorganisatoren der nationalsozialistischen Massenverbrechen, konnte seinen Kopf nicht mehr aus der Schlinge ziehen. Am 23. Mai 1945 beging er in britischer Gefangenschaft mit Hilfe einer Zyankali-Kapsel Selbstmord.
Graf Bernadotte wurde bald nach dem Krieg Präsident des Schwedischen Roten Kreuzes. Zum ersten Vermittler in der Geschichte der UNO gewählt, ging er 1948 nach Palästina. Dort wurde er am 17. September 1948 von militanten Führern der jüdischen Terroristengruppe »Lehi« erschossen, weil er den Anspruch palästinensischer Flüchtlinge auf Rückkehr in ihre Heimat unterstützt hatte.

…ruck; in Wien sind alle Bahngebäude beschädigt oder zerstört +++ Hitler gratuliert Sven Hedin telegraphisch zum 80. Geburtstag +++

Dienstag

20

Februar

Tag 79

Flucht aus Ostpreußen

Die Königsbergerin Käte Pawel und ihre Mutter sind als Ausgebombte im nah gelegenen Rauschen untergekommen. Doch auch hier sind sie längst nicht in Sicherheit. Als die sowjetische Offensive zur Evakuierung zwingt, bleibt nur noch eine Möglichkeit: die gefahrvolle Flucht über die Ostsee.

Ab dem 26. Januar war Ostpreußen vom übrigen Reich abgeschnitten. Bereits fünf Tage zuvor hatte die Rote Armee die Zugverbindung nach Königsberg unterbrochen. Auch im Städtchen Rauschen wurde das Leben immer schwieriger – zuerst wurde das Gas abgedreht, dann der Strom und schließlich das Wasser. Käte Pawel notierte am 7. Februar: »Wieder tolles Schießen in nächster Nähe! […] Wer noch ein Hitlerbild oder dergleichen hat, vernichtet es. Man richtet sich auf das Eintreffen der Russen ein.« Tags darauf erging – allzu lange hatte sich die NS-Führung dagegen gesträubt – endlich der Befehl zur Evakuierung Rauschens. Nur ein Weg stand noch offen: über das Meer, entweder zu Fuß über das Eis oder mit dem Schiff.

In letzter Minute: Einschiffung von Flüchtlingen und Soldaten in Ostpreußen

Als Käte Pawel und ihre Mutter Neukuhren erreichten, war die Hafenstadt an der Ostsee bereits von Flüchtlingen überfüllt. Bei klirrender Kälte – die Thermometer zeigten Temperaturen unter zehn Grad minus – und stets von Tieffliegerangriffen bedroht, warteten zahllose Menschen darauf, dass irgendein Schiff sie in Sicherheit bringen würde:

»10. Februar 1945. Noch immer ist kein Schiff im Hafen eingetroffen. Neukuhren ist gestopft voll mit Flüchtlingen. Manche richten sich in den verlassenen Wohnungen häuslich ein. […] Gegen 21 Uhr wird an die Tür gebullert: ›Alles fertigmachen! Abmarsch zum Hafen!‹ […] Unten am dunklen Hafen schiebt sich die Menge zu hunderten. […] 2 Stunden stehen wir so bis über die Knöchel im wässrigen Schnee des Hafens herum. Kinder haben ihre Eltern verloren und weinen. Endlich geht ein Gemurmel durch die Menge: Schiffe sind eingelaufen, die man

+++ In Ostpreußen werden die deutschen Truppen durch Seestreitkräfte unterstützt; trotzdem tritt die Rote Armee zum Großangriff an

freilich nicht sehen kann. Es ist Nacht geworden. […] Um 23 Uhr gelingt es uns, auf ein kleines Schiff zu kommen. Es ist ein offener Kutter, unten mit einem Laderaum, in den hauptsächlich Mütter mit Kindern hinuntergelassen werden. Wir bleiben oben an Deck und verbringen die Nacht auf unseren Koffern sitzend, in Decken gepackt.«

Mit einem Handkarren ins Ungewisse: Frauen, Kinder und alte Männer auf der Flucht vor der Roten Armee

Käte und ihre Mutter erreichten am Abend des 12. Februar wohlbehalten Gotenhafen (Gdingen). Doch der gefährlichste Teil der Flucht stand noch bevor. Sowjetische U-Boote und Seeminen bedeuteten eine ständige Gefahr für die von hier ablegenden großen Flüchtlingsschiffe. Erst am 30. Januar war die »Wilhelm Gustloff« mit über 10 000 Menschen an Bord von drei Torpedos eines sowjetischen U-Boots getroffen worden und in weniger als fünfzig Minuten gesunken. Rund 9000 Passagiere waren im Eiswasser der Ostsee einen grausamen Tod gestorben. Doch gab es zur Flucht auf dem Seeweg kaum eine Alternative.

Es war schon schwierig genug, überhaupt an Bord eines Schiffes zu gelangen. Oft mussten die von den Strapazen der Flucht geschwächten Menschen Tage oder Wochen in den winterlichen Hafenstädten ausharren, bis es schließlich weiterging. Besonders Alte, Kranke und Kinder waren solchen Belastungen häufig nicht gewachsen. Käte Pawel erzählt: »18. Februar 1945. Endlich, nach unendlich vielen Versuchen, erhalte ich auf der Marinekommandantur zwei Karten für den Dampfer ›Hamburg‹. Trotz der wohl doppelten Überbelegung des großen Hapag-Dampfers finden wir zwei Liegeplätze auf einem Seitengang. – 19. Februar 1945. Noch immer fährt das Schiff nicht ab. […] Man spricht davon, daß die ›Gustloff‹ schon mit Tausenden von Flüchtlingen untergegangen ist. […] Am späten Nachmittag hören wir, daß acht Kinder, die bisher an Bord des Schiffes gestorben sind, zur letzten Ruhe ins Meer versenkt wurden.«

Am 20. Februar setzte sich die »Hamburg« endlich in Bewegung. Drei Tage später erreichte sie ihr Ziel – Saßnitz auf Rügen. Fürs Erste waren Käte Pawel und ihre Mutter der Roten Armee entkommen:

»23. Februar 1945. Wir hatten bisher eine schöne ruhige Fahrt. Heute sind 13 Schiffe von unserem Geleit zu sehen. Gegen Mittag kommt Rügen in Sicht, und es ertönt der Ruf: ›Fertigmachen zum Ausbooten!‹ Wieder einmal schnüren wir unser Bündel, doch nimmt das Ausbooten der vielen Tausende 4 volle Stunden in Anspruch. […] In Saßnitz betreten wir wieder deutsches Land und haben noch einmal die Russen, die schon überall an der Küste stehen sollen, überholt.«

FC Bayern München – Fußballgaumeister 1945

Trotz Krieg, Chaos und Zusammenbruch gibt es auch in Deutschland so etwas wie einen Alltag, der fast friedlich scheint. Man trifft sich in Gaststätten, bei Konzerten, im Kino – und bei Fußballspielen. Wenige Wochen vor der Kapitulation kämpfen die Münchner Vereine um die »Gaumeisterschaft«.

Wieder einmal stand das Duell der Stadtrivalen auf dem Spielplan: FC Bayern gegen FC Wacker. Noch hatten »die Bayern« nicht jene deutschlandweite Spitzenposition erreicht, die sie heute in der Bundesliga besitzen. Selbst in München waren sie alles andere als unangefochten. Seit den zwanziger Jahren war der FC Wacker der populärste Fußball-Verein in der bayerischen Hauptstadt, auch wenn ihn der FC Bayern und der TSV 1860 München, der dritte große Stadtverein, immer häufiger besiegten.

Mannschaft des FC Bayern, die im April 1944 im Achtelfinale der Deutschen Meisterschaft gegen den VfR Mannheim unterliegt

Die Spielorte wurden zum Teil erst kurz vor Spielbeginn bekannt gegeben – schließlich wollte man den alliierten Bombern oder Tieffliegern mit einem gut gefüllten Stadion keine Zielscheibe bieten. Diesmal spielte man im Stadion des SV Verkehrsbetriebe. Viele Münchner sahen die mit großer Spannung erwartete Partie – die Rivalität unter den städtischen Vereinen war groß, größer vielleicht noch als heute. Die Bayern, in dieser Spielzeit unbezwungen, siegten schließlich mit 1:0 Toren. Damit war die Meisterschaft im Sportgau München-Oberbayern vorzeitig entschieden, so dass der »Völkische Beobachter« in seiner Münchner Ausgabe bereits am 21. Februar den FC Bayern als neuen Gaumeister vermelden konnte.

Dass noch in den letzten Kriegsmonaten Fußballspiele stattfanden, mag aus heutiger Sicht überraschen. Mit Kriegsbeginn war anfangs auch der Sportbetrieb in Deutschland kurzfristig zum Erliegen gekommen. Doch die Nationalsozialisten taten viel, um den Schein der Normalität aufrechtzuerhalten. Und wenig eignete sich

+++ Luftangriffe auf Dortmund, Berlin, Wien und erneut auf Nürnberg +++ In Athen wird gegen die frühere Kollaborationsregierung Anklage erhoben

dafür so gut wie die höchst populäre Sportart Fußball. Auch hier gelang es dem Regime, die Sportler geschickt für seine Politik einzusetzen. Die beliebten Veranstaltungen sollten die Menschen vor allem von der Kriegslage und den unzähligen Schwierigkeiten des Alltags ablenken. Reichssportführer Hans von Tschammer und Osten, der schon im November 1939 die Fortführung der Fußballmeisterschaft genehmigte, war sich dessen nur zu gut bewusst: »Die Einordnung des Sports in die Aufgaben der totalen Kriegführung ist kriegswichtig. Sportliche Veranstaltungen und Wettkämpfe örtlichen und nachbarschaftlichen Charakters bis zur Gaustufe sind zur Erhaltung des Arbeits- und Leistungswillens durchzuführen.« Der spätere Bundestrainer Helmut Schön schrieb nach dem Krieg über seine Erlebnisse als Fußballspieler im Dritten Reich: »Es war eine unmögliche Situation. Im ganzen Land, an der Front waren die Menschen verzweifelt. Wir mußten dagegen Fußball spielen. Während des Spiels haben wir dann unsere ganze Verzweiflung vergessen. [...] Die Führung wollte gegenüber der Bevölkerung Stärke demonstrieren«, nach dem Motto: »Uns kann nichts erschüttern, wir spielen sogar weiter Fußball.«

Doch den Spielbetrieb aufrechtzuerhalten, war nicht einfach. Eingespielte Teams gab es kaum, da wegen der Einberufungen zur Wehrmacht ständig die Aufstellungen wechselten. Spieler mussten an die Front, wurden verletzt, fielen. Vor allem seit 1943 wirkte sich der für Deutschland ungünstige Kriegsverlauf auch auf die Wettkämpfe aus. Den Mannschaften starben buchstäblich die Spieler weg. Es konnte vorkommen, dass Fronturlauber, die als Spieler eingeplant waren, erst kurz vor oder auch nach Anpfiff der Partie eintrafen. Beim Endspiel um die Deutsche Meisterschaft 1943 (Dresdner SC – FV Saarbrücken 3:0) waren von den 22 Spielern 16 Soldaten. Einer hatte nur einen Arm, und zwei wurden aus dem Lazarett herbeigeholt.
Zudem wurde das Fußballspielen selbst immer gefährlicher. Seit 1944 gab es kaum noch Spieltage, an denen nicht Partien wegen Bombenalarms abgebrochen werden mussten. Die überregionale, nationale Meisterrunde wurde auch deshalb immer unzeitgemäßer, weil man die knappen Transportkapazitäten für die Wehrmacht brauchte, nicht für Sportler. Das letzte Endspiel um die Deutsche Meisterschaft fand am 16. Juni 1944 vor 70 000 Zuschauern im Berliner Olympiastadion statt. Helmut Schöns Dresdner SC besiegte den Luftwaffen-Sport-Verein Hamburg mit 4:0 Toren. Seither wurden die Spiele auf die jeweiligen »Sportgaue« beschränkt. Trotz allem: Bis kurz vor der Kapitulation Deutschlands gab es immer noch öffentliche Fußballspiele. In der letzten bekannten Partie des Krieges am 23. April 1945 in München siegte der FC Bayern über den TSV 1860 mit 3:2 Toren und krönte damit eine – zumindest sportlich – erfolgreiche Saison.

Der Krieg endet, die Derbys gehen weiter: Oberligaspiel zwischen dem FC Bayern und den »Löwen« im Dezember 1946 (Spielergebnis 1:1)

Hugo Hartung: Tagebuch eines Soldaten (I)

Im September 1944 erklärt Hitler Breslau zur Festung. Eine Kapitulation ist damit ausgeschlossen. Am 12. Januar 1945 beginnt die sowjetische Großoffensive. Bald ist die Stadt von der Roten Armee eingeschlossen.

Breslau, das heutige Wrocław, war bis 1944 weitgehend vom Krieg verschont geblieben. Lange Zeit schützte ihre geographische Lage die Stadt vor alliierten Luftangriffen: Niederschlesien lag außerhalb der Reichweite der amerikanischen und britischen Bomberflotten. Erst als im Sommer 1944 die Rote Armee die Weichsel erreichte, wurde die Lage bedrohlich. Wenig später erklärte Hitler die Stadt zur Festung. Für deren Besatzung rekrutierte man, was gerade zu haben war: Versprengte, Genesende oder Soldaten aus der Etappe. Diese improvisierten Formationen wurden durch Volkssturmeinheiten verstärkt. Mit Beginn der sowjetischen Großoffensive am 12. Januar bewegte sich die Front rasch auf die schlesische Hauptstadt zu. Eine Woche später erging – viel zu spät – der Befehl zur Evakuierung Breslaus. Trotzdem gelang noch über 300 000 Menschen die Flucht, bevor die Stadt am 15. Februar endgültig eingekesselt war. Doch rund 200 000 Zivilisten steckten in der Großstadt fest und saßen in der Falle. Den etwa 50 000 deutschen Verteidigern stand mit der sowjetischen 6. Armee eine dreifache Übermacht gegenüber. Breslau wurde zu einem gewaltigen Schlachtfeld. Die von Hitler angeordnete bedingungslose Verteidigung führte zur vollständigen Zerstörung eines alten kulturellen Zentrums, das bis Mitte Februar 1945 noch so gut wie unversehrt geblieben war.

Die sowjetischen Belagerer eröffneten ihre Offensive im Süden Breslaus. Am 22. Februar wurde auch der Soldat Hugo Hartung mit seinen Kameraden dorthin verlegt. In seinem Tagebuch schreibt er:

»Am Nachmittag geht unser Friedensidyll jäh zu Ende. Große Lkws fahren in der Alsenstraße vor, und das häßliche Kommando ›Fertigmachen!‹ ertönt. Wir sollen an einen Brennpunkt der Straßenkämpfe im Süden verlegt werden. In ziemlich wildem Tempo, und oft unter Beschuß, geht unsere Fahrt durch die Innenstadt.«

Hugo Hartung sollte seine Heimatstadt verteidigen. 1940 war er mit seiner Familie nach Breslau gezogen. Bereits 1936 hatte der Schauspieler, Dramaturg, Journalist und Hörspielautor von den Nationalsozialisten Schreibverbot erhalten. Er arbeitete in Breslau vier Jahre lang als Chefdramaturg an den Städtischen Bühnen – dann ließ Propagandaminister Goebbels im August 1944 alle Theater im Deutschen Reich schließen. Die dadurch freigestellten Künstler wurden Soldaten.

Hugo Hartung nähert sich rasch der Front. Je länger die Fahrt durch die Stadt dauert, desto beklommener wird ihm zumute. Grund dafür sind jedoch nicht nur die vor ihm liegenden Gefahren. Immer wieder sieht er sich mit Erinnerungen an friedlichere Zeiten konfrontiert:

»Jeder Vorgarten, jedes Stück Pflaster ist hier ein Stückchen engste Heimat. Überall sind wir hier mit den Kindern spazieren gegangen. Unser Lkw hält an der gleichen Stelle, von der aus wir mit der Straßenbahn in die Stadt gefahren sind, am Hindenburgplatz. Mir brummt der Schädel von dem Höllenlärm draußen. Trotzdem möchte ich gern versuchen, die wenigen Schritte bis zu meiner Wohnung hinüberzugehen. Aber der Unteroffizier, dem ich meinen Wunsch vortrage, sagt: ›Mann, Sie sind wohl wahnsinnig? Über den Hindenburgplatz kommt keiner mehr lebend rüber!‹ Soweit ist es also schon!«

Bereits im ersten Ansturm hatten die sowjetischen Angriffspitzen die vorgelagerten Verteidigungsstellungen im Süden der Stadt überrannt. Nun drangen sie in das Villenviertel rund um den Hindenburgplatz vor. Die Frontlinie verlief genau durch jene Gegend, in der Hugo Hartung bis vor kurzem mit seiner Familie gelebt hatte: Der Krieg war nicht mehr nur ein Ereignis, das fern der Heimat seine Opfer forderte, er tobte nun buchstäblich vor der eigenen Haustür. Was früher das eigene, vertraute und sichere Heim war, hatte sich in ein Schlachtfeld verwandelt und war nur noch unter Lebensgefahr zu erreichen. Der Krieg, mit dem das nationalsozialistische Deutschland seine Nachbarn überzogen hatte, war auf den Boden des Reiches zurückgekehrt.

Hugo Hartung,
geboren am 17. September 1902 in Netschkau in Sachsen, studierte Theaterwissenschaften, Kunstgeschichte, Germanistik und Romanistik und promovierte 1928 zum Dr. phil.
Nach Kriegsende lebte er in West-Berlin und München, schrieb für die »Neue Zeitung« und verfasste Hörspiele. Später war er auch für das Fernsehen tätig.
Sein Roman »Ich denke oft an Piroschka« wurde verfilmt und im Nachkriegsdeutschland zu einem großen Erfolg.
Am 2. Mai 1972 verstarb Hugo Hartung in München.

In Potsdam wird unter Beteiligung der Reichsregierung und der SS-Führung das antisowjetische »Lettische Freiheits-Komitee« gegründet +++

Freitag

23

Februar

Tag 76

Hugo Hartung: Tagebuch eines Soldaten (II)

Hugo Hartung braucht in Breslau nicht lange auf den Krieg zu warten. Ausgerechnet in dem Stadtteil, den er noch vor kurzem friedlich mit seiner Familie bewohnte, wird er im Häuserkampf gegen die Rote Armee eingesetzt. Das Trommelfeuer der sowjetischen Artillerie zwingt immer wieder zum Stellungswechsel.

Dieser Straßenkampf wird für uns zur Hölle. Schon um vier Uhr werden wir im Hause Kürassierstraße 17 in Stellung gebracht, dicht neben meinem einstigen Stammkino, dem ›Roxy‹. Unser Befehl lautet: ›Die Russen abwehren [...]‹. Mit meinen beiden Künstlerkameraden beziehe ich im ersten Stock eines Hauses Stellung. [...] In einem Fenster des Nebenzimmers wird ein Maschinengewehr montiert, von dessen Bedienung keiner aus unserer Truppe etwas versteht. [...] Lange können wir nicht dort oben bleiben, weil die Granatwerfereinschläge in der Hauswand immer dichter werden und so viele Splitter in unser Zimmer fliegen, daß es keine Deckung mehr für uns gibt. Wir übersiedeln in das Erdgeschoß, wo an der Wohnungstür ›Ehrenberg‹ steht. Wieder zersplittert die Tür unter unseren Fußtritten, wieder dringen wir in ein fremdes Heim ein. Diesmal handelt es sich um eine besonders gepflegte Wohnung, in der das hübsche Kinderzimmer schmerzliche Erinnerungen weckt. Wir sehen überall noch die Anzeichen einer übereilten Flucht. Gepackte und dann im letzten Moment zurückgelassene Koffer stehen herum, Kinderbilder liegen auf dem Fußboden und Briefe, die mit ›Liebe Mutti‹ beginnen.

Ein Mann, der nicht zu unserer Abteilung gehört, geht prüfend durch die Wohnung, wühlt in den Koffern herum, faßt hier und da Dinge an, die ihn zu interessieren scheinen. Auch diese Wohnung wird uns über den Köpfen zusammengeschossen.«

Der Krieg ist mit seiner ganzen Härte in die Heimat eingebrochen. Das eigene Zuhause wird zum Schlachtfeld. Hugo Hartung ist Teil des

Plakat aus der »Festung Breslau«, Februar 1945

+++ Rheinoffensive der Briten +++ Die Türkei erklärt dem Deutschen Reich zum 1. März den Krieg +++ Luftangriffe auf Pforzheim und Essen

Mit alten Männern, Jugendlichen, Fahrrädern und Panzerfäusten gegen die Rote Armee: Angehörige des Volkssturms im eingeschlossenen Breslau

Krieges und gleichzeitig ein Teil jener Welt, in die er nun mit seinen Kameraden eindringen muss. Die Überreste des zivilen Lebens erinnern ihn an eine bessere Vergangenheit. Seine Wohnung – nicht weit entfernt und nun ebenfalls mitten im Kampfgeschehen – wird ähnlich ausgesehen haben. Auf der überhasteten Flucht zurückgelassene Koffer und ganz persönliche Dinge wie Kinderbilder oder Briefe: stumme Zeugnisse von unbekannten Menschen, von einer ganz normalen Familie, die hier ihr ganz normales Leben lebte. Nun, nur wenige Tage später, wird dieser Ort des Familienlebens für die Soldaten zur Hölle. Die physische und psychische Belastung der Landser ist unvorstellbar. Stundenlang sind sie dem sowjetischen Beschuss ausgesetzt. Irgendwann hält das der zweiundvierzigjährige Hugo Hartung nicht mehr aus:

»Zuletzt ist unser kleines Häuflein in dem Höllenorkan völlig allein. Wir […] starren unentwegt auf die Carmerstraße, aus der die Russen kommen sollen. Nachdem wir zehn Stunden in dieser Hölle gelegen haben, klappe ich plötzlich zusammen und werde ohnmächtig. Unser Sani, Heinrich Pflanzl, schleppt mich durch die Gärten in den Keller der Oranienstraße, wo wir unseren Gefechtsstand finden. […]
Es kommen Nachrichten, die die Aussage der Infanteristen bestätigen, daß die Russen durchgebrochen seien. Am Abend werden Sch. und ich weiter nach hinten gebracht. Das Feuer hat nachgelassen, aber in allen Straßen, durch die wir kommen, brennen die Häuser. Es kracht und prasselt. Flammen schlagen aus den Dachstühlen und den Fenstern der Wohnungen. […]
So schleppen wir uns, todmüde und erschöpft, durch die brennenden Straßen. […] Zuletzt geraten wir in den Schauspielhausbunker. […] Ein seltsames Gefühl für mich: Im Keller des gleichen Hauses zu sein, mit dem mich so schöne Erinnerungen verbinden.«

Parteigründungsfeier: 25 Jahre Parteiprogramm der NSDAP

Die militärische Lage ist hoffnungslos. Aber die NSDAP feiert! Vor nunmehr 25 Jahren begann sie ihren unbegreiflichen Aufstieg von einer obskuren Splittergruppe zur Staatspartei. Doch die Veranstaltung hat nicht nur nostalgischen Charakter.

München, Hofbräuhaus: Hier hatte Adolf Hitler am 24. Februar 1920 jene 25 Punkte verlesen, die als »Parteiprogramm« der NSDAP galten. Für die praktische Politik der Nationalsozialisten waren die dürftigen Sätze nie von Bedeutung. Trotzdem besaß dieser Tag eine hohe Symbolkraft und wurde gefeiert, auch jetzt noch. Allerdings konnten zur Feier in München die Protagonisten der NS-Bewegung schon gar nicht mehr erscheinen. Die Gau- und Reichsleiter empfing Hitler nun in Berlin, direkt in seinem »Führerhauptquartier«. Viele Plätze blieben leer: Karl Hanke etwa, Gauleiter von Niederschlesien, befand sich in der zur Festung erklärten und von der Roten Armee eingekesselten Stadt Breslau. Erich Koch, sein Pendant in Ostpreußen, war bereits seit Januar in Königsberg von sowjetischen Truppen eingeschlossen. »Möge unsere Siegeszuversicht Sie und Ihre Männer in Ihrer Kraft bestärken, im Glauben an unseres Volkes Zukunft auf ihrem schweren Posten auszuharren bis zum endgültigen Sieg!«, telegrafierte Hitler an die beiden »alten Kämpfer«.

Und auch die »treuen Parteigenossen« in München mussten mit einem Telegramm vorlieb nehmen, das der Chef der Parteikanzlei, Martin Bormann, entworfen hatte: »Wie in der Kampfzeit, so werden wir auch heute im entscheidenden Ringen unseres Volkes unsere ganze Kraft und unser Leben einsetzen für die Freiheit der Nation und für das Wohl unserer Frauen und Kinder. Es lebe der Führer! Es lebe Großdeutschland!« Trotzdem: Auf Hitlers Worte brauchten seine Anhänger auch in München nicht zu verzichten. Den Höhepunkt der Veranstaltung bildete die Verlesung einer »Führer-Rede« durch Hermann Esser, einen Parteigenossen der ersten Stunde, in der das »Wunder des heutigen Widerstands« beschworen und an den Durchhaltewillen des deutschen Volkes appelliert wurde.

Der Lohn der Partei: Dienstauszeichnung der NSDAP, 3. Stufe

Die Parteigründungsfeier am 24. Februar war ein Ritual und alljährlicher Bestandteil des nationalsozialistischen Festkalenders, der am 30. Januar mit dem Tag der Machtergreifung begann. »Führers Geburtstag« (20. April), Som-

+++ Ägypten erklärt dem Deutschen Reich den Krieg; Premierminister Ahmed Maher Pascha wird daraufhin von Nationalisten erschossen

mersonnenwende, die gigantischen Feiern anlässlich der Reichsparteitage, das Gedenken an den gescheiterten Putsch vom 9. November 1923 waren nur die bekanntesten Anlässe. Nach und nach sollten die nationalsozialistischen Feiertage die der Kirche überlagern und langsam ersetzen. Nationalsozialismus als politische Religion: Mit dem Kult förderte man die Gleichschaltung der Gesellschaft.
Im Februar 1945 war diese Feier des Parteijubiläums allerdings mehr als nur Nostalgie. Angesichts der aussichtslosen militärischen Lage bauten sich viele Parteigenossen und nicht zuletzt Hitler selbst am Mythos der »Kampfzeit« auf. Kaum jemand hätte vor 25 Jahren auch nur entfernt an einen Erfolg der Nationalsozialisten geglaubt, und trotzdem war es ihnen gelungen, die Macht in Deutschland zu erringen. Hitlers Rede war ein einziger Appell an nationale Opferbereitschaft und bedingungslosen Fanatismus: »Allein es besteht ein gewaltiger Unterschied zwischen dem Deutschland von 1920 und dem von 1945. [...] Damals eine völlig gelähmte Nation, heute ein sich mit äußerstem Fanatismus wehrendes Volk. Damals eine überlebte, der Auflösung verfallene Gesellschaftsordnung, heute eine im Aufbau begriffene unerschütterliche Volksgemeinschaft.«

Hitlers Worte waren mehr als unverbindliche Propaganda. Die Bedeutung der NSDAP war gerade in den letzten zwei Jahren wieder gestiegen. Je schlechter sich die Kriegslage gestaltete, desto mehr setzte Hitler auf seine »alten Kämpfer«. Sein Vertrauen in die alten konservativen Eliten, mit denen er lange Jahre gut kooperiert hatte, wurde dagegen immer brüchiger. Spätestens das Attentat vom 20. Juli 1944 reaktivierte die alten Vorbehalte des sozialen Emporkömmlings. »Nationalsozialistische Führungsoffiziere« sollten nun das Offizierskorps kontrollieren. Für die Wehrmacht wurde der Hitlergruß obligatorisch. Joseph Goebbels wurde »Reichsbevollmächtigter für den totalen Kriegseinsatz«, Heinrich Himmler Befehlshaber des Ersatzheeres.
Das Regime und die NSDAP kehrten gewissermaßen zu ihren Ursprüngen zurück. Der Fanatismus und die Engstirnigkeit, die diese Partei von jeher auszeichneten, entfalteten in den letzten beiden Kriegsjahren noch einmal ihre volle Wirkung.

Uniform des Zellenwarts einer Ortsgruppenleitung der NSDAP

Österreichischer Exilrundfunk

Nicht nur die deutsche Propaganda weiß den Rundfunk einzusetzen. Auch die Alliierten nutzen das Medium und bieten ein umfangreiches deutschsprachiges Programm an. Die »Front im Äther« wird zum »vierten Kriegsschauplatz«. Am 25. Februar um 15 Uhr strahlt das amerikanische »Office of War Information« in London die 43. Folge der satirischen Serie »Herr und Frau Adabei« nach Österreich aus:

Er: Mali, ich fühle ein menschliches Rühren! Was is mitn Essen?

Sie: In einer halben Stund kriegst Dei Suppn, Ferdl.

Er: Aber hoffentlich eine bessere als die gestrige Nazi-Einheitssuppe im Gasthaus, diese Lorelei-Suppe!

Sie: Lorelei-Suppe?

Er: No ja, ich weiß nicht, was soll sie bedeuten?

Sie: Ferdl, Du denkst allerweil nur ans Essen! Da gibts in Nazi-Deutschland noch allerhand Lorelei-Sachen, von denen man net weiß, was sie bedeuten sollen!

Er: Mali, Du stänkerst schon wieder! Liest Du denn nicht täglich in der Zeitung: die Zustände im Nazi-Land sind vorbildlich! Überall herrscht Ordnung, überall wird das Recht hochgehalten …

Sie: *[unterbrechend]* Was für a Recht?

Er: Das Standrecht natürlich!

Sie: Also weißt, Ferdl, das is wirklich stark, daß die Nazi-Bonzen aus allen Gegenden, in denens brenzlich wird, als allererste verschwinden!

Er: Mali, Du betrachtest die Dinge aus der Froschperspektive!

Sie: Und dabei hat der Ley neulich gesagt, das Wort »Angst« kommt im Lexikon des Nazi-Funktionärs überhaupt nicht vor.

Er: Dann soll er einmal unter »Zähnescheppern« nachschaun! Aber Mali, glaub mir, so ein Nazi-Bonze is jetzt gar net zu beneiden!

Sie: Wieso net?

Er: Das kann ich dir erklären. Paß auf! [*Musik »I kenn kan Neid« – er singt*]
I kenn kan Neid, oh meiner Seel',
I kenn kan Neid,
I möchte ka Nazi-Bonze sein,
Das wär net g'scheidt!
Zwar gehts ihm wunderbar,
Er geht nie an die Front,
Und all sein Geld er
In die Schweiz verschieben konnt!
Doch in der Schweiz,
Da is jetzt plötzlich kälter word'n,
Und alle Nazi-Gelder sind
Dort – eingefrorn!
A so a G'frornes macht dem Bonzen
Gar ka Freud'.
I möchte ka Nazi-Bonze sein,
I kenn kan Neid!

Sie: Eigentlich hast recht, Ferdl. Wir Wiener kennen ja überhaupt kan Neid! Wann i zum Beispiel so an den Göring denk'. [*dieselbe Melodie – sie singt*]

+++ Luftangriffe auf München, Ulm, Linz und Aschaffenburg +++ Die Amerikaner stoßen auf Bitburg vor +++ Joseph Goebbels benutzt

I kenn kan Neid, oh meiner Seel'
I kenn kan Neid.
I möchte net der Göring sein,
So dick, so breit.
Er hat geschworen einst
Und üb'rall proklamiert …,
Daß nie ein Feindbomber
Nach Deutschland fliegen wird.
Drum ist der Göring heute nicht
Der richt'ge Mann,
Der jetzt die Leuteln dort
In Dresden trösten kann.

Rund 10 000 feste Mitarbeiter hat das »Office of War Information« (OWI) – ein Propaganda-Apparat, der den der Nationalsozialisten bei weitem übertrifft. Allein 3000 von ihnen arbeiten für den Rundfunk, unter ihnen viele deutsche und österreichische Emigranten. Täglich werden Sendungen in deutscher Sprache ausgestrahlt, davon – bei der deutschen Abteilung der »Voice of America« – über 60 Prozent Nachrichten. Gerade die Nachrichten erfreuen sich in Deutschland großer Beliebtheit. Man schätzt ihre Verlässlichkeit und ihre Glaubwürdigkeit. Ebenso wie die »News« der BBC haben sie schon bald den Ruf, Informationen ohne propagandistischen Anspruch zu verbreiten. Im Chaos der letzten Wochen bieten diese Nachrichten für viele Deutsche einen der wenigen wirklich zuverlässigen Anhaltspunkte. In Deutschland hat man inzwischen den eigenen Rundfunk ganz auf die Verbreitung guter Laune festgelegt. Dadurch soll das Volk von der tatsächlichen Kriegssituation abgelenkt werden. Da fast alle Kultureinrichtungen seit 1944 geschlossen sind und es andere Informationsquellen kaum mehr gibt, ist das Radio das Medium, über das die Menschen noch am besten erreicht werden können. Das Anhören von Feindsendern ist selbstverständlich verboten. Zuchthausstrafe droht dem, der erwischt wird. Dennoch hören unzählige Deutsche die ausländischen Nachrichten.

Die Serie »Herr und Frau Adabei« wurde speziell für Österreich produziert und ausgestrahlt. Verantwortlich war die in Wien geborene Juristin und Bibliothekarin Clementine Zink (1905–1996), die von 1943 bis 1945 als Journalistin bei amerikanischen und britischen Radiosendern arbeitete. Nach dem Krieg war sie Bibliothekarin der UN-Library in New York und Präsidentin der Austrian-American Federation.

Amerikanisches Propagandaplakat von 1943: Die Alliierten zerbrechen das Hakenkreuz

Montag

26

Februar

Tag 73

Thomas Mann im Exil

Seit der Machtübernahme der Nationalsozialisten haben fast eine halbe Million Menschen Deutschland verlassen, selbst wenn das Leben im Exil oft schwierig ist. Zu dieser Gruppe gehört auch ein Schriftsteller, der 1929 den Nobelpreis für Literatur erhalten hat: Thomas Mann, jetzt wohnhaft in Pacific Palisades, Kalifornien. Am 26. Februar notiert er in sein Tagebuch:

»9 Uhr auf. Klares, kühles Wetter. Vorbereitungen zum Vortrag. Nicht weit gegangen. Frühere Mahlzeit. Brief von Golo, der Sergeant geworden. Druckbogen eines Buches über Deutschland von F. M. Stern. Eines mehr. – Thee im Schlafzimmer. 5 Uhr zu Dr. Wolf. Die leichte Zunahme an Gewicht wieder verloren. Blutdruck 120. Allerlei Verordnungen. Hormon-Injektion. – Längerer Brief an Golo zum Geburtstag, handschriftlich. Abends Artikel in ›Nation‹ über die Nachkriegspolitik der Nazis (denn dieser Krieg sei als solcher für sie beendet). Zu bangemacherisch, aber als Warnung, den Krieg zu konventionell, nicht revolutionär genug zu sehen, sehr gut. – Der deutsche Widerstand vor Köln scheint zu versagen. Gefangene bataillonsweise. Der Rhein unhaltbar. Aber ich glaube wohl, daß es nie eine Kapitulation und noch lange kein Ende der Kämpfe geben wird. Berlin aufs neue von 2000 Flugzeugen eine Stunde lang ungestört bombardiert.«

Gebanntes Verfolgen der Nachrichten, Reflexionen über den Kriegsausgang wie überhaupt über die weitere Zukunft, und gleichzeitig die oft mühselige Organisation des Alltags in der Fremde: Thomas Manns Tagebucheintrag ist symptomatisch für die Situation vieler Menschen, die vor den Nazis in andere Länder geflohen waren. Dabei zählte Thomas Mann als weltberühmter Schriftsteller noch zu den Privilegierten. Andere hatten es meist sehr viel schwerer. Das Exil zerstörte in der Regel die berufliche Existenz. Schriftsteller und Journalisten verloren ihre Leser, Ärzte ihre Patienten, Juristen ihre Klienten. In der Fremde war vieles anders, hier galten andere Gesetze. Viele Emigranten mussten sich zunächst mit schlecht bezahlten Jobs begnügen und arbeiteten als Köche, Boten oder Hausierer.

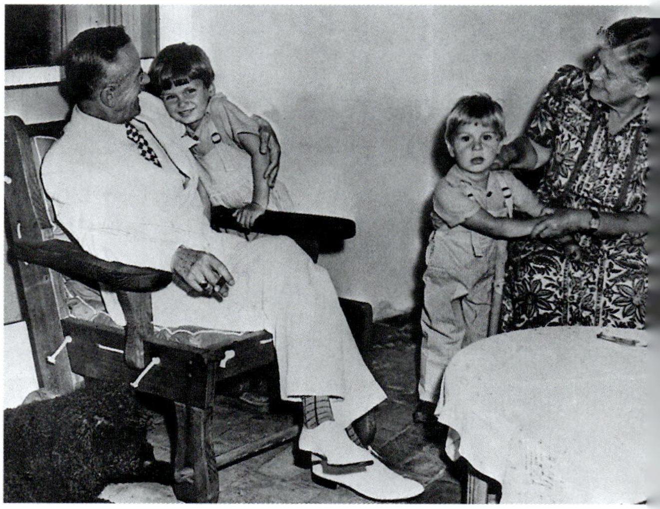

Thomas und Katja Mann mit ihren Enkelkindern im amerikanischen Exil

+++ Heinrich Himmler ordnet die Schaffung von »Sonderstandgerichten zur Bekämpfung von Auflösungserscheinungen« an +++ Syrien e

Auf der Strecke blieben: Wohlstand, Unabhängigkeit, oft auch die politische und kulturelle Identität. Vielen gelang es nicht, sich den veränderten Bedingungen anzupassen. Häufig konzentrierten sich die Exilanten in bestimmten Stadtvierteln und blieben mehr oder weniger unter sich. Ein eigenes System von kleinen Organisationen und Verbindungen war der Ersatz für eine verlorene Lebenswelt. So entstand eine Einwandererkultur, die all diese Verluste wenigstens etwas kompensieren konnte.
Unter den deutschen Emigranten waren weit über neunzig Prozent jüdischer Herkunft. Hatten anfangs hauptsächlich politisch Verfolgte Deutschland verlassen, so erreichte der Exodus der Juden nach dem Novemberpogrom von 1938, der »Reichskristallnacht«, seinen Höhepunkt. Die Fluchtlinien führten schließlich in etwa 80 Länder, von denen die Vereinigten Staaten die meisten Flüchtlinge aufnahmen.
Die »Ausreise« vollzog sich nicht selten unter abenteuerlichen Umständen. Viele mussten illegal aus Deutschland fliehen, um der drohenden Verschleppung ins Konzentrationslager zu entgehen. Ab 1941 herrschte ein striktes Auswanderungsverbot, nun wurden die Grenzkontrollen noch einmal verschärft. Hatte man es aber geschafft, so stellte sich gleich ein weiteres Problem: Viele Aufnahmeländer knüpften die Einwanderungserlaubnis an die Erfüllung bestimmter Bedingungen, andere wieder hatten Bedenken, durch allzu großzügige Aufnahme von Flüchtlingen die deutsche Vertreibungspolitik ungewollt zu unterstützen. Als Folge solcher Restriktionen kam es in manchen Staaten zu einem schwunghaften Handel mit gefälschten Visa, für die man die Verfolgten meist teuer bezahlen ließ. Doch aller Beschwernisse und Demütigungen zum Trotz: Wer – auf welchem Weg auch immer – ein sicheres Land gefunden hatte, konnte sich glücklich schätzen. Andere erreichten nie ihr Ziel, wie zum Beispiel die 900 Passagiere der »St. Louis«, die von Kuba abgewiesen und nach Europa zurücktransportiert wurden, wo sie größtenteils der »Endlösung« zum Opfer fielen.

Das Ehepaar Mann an der Reling des Schiffes, das sie 1938 in die Vereinigten Staaten bringt

Oft wurde aus dem Exil eine dauerhafte Emigration. Eine Rückkehr nach Deutschland schien für viele ausgeschlossen. Dies galt vor allem für einen Großteil der geflohenen Juden. Zu Hause hatte man ihnen ihr »Deutschsein« abgesprochen und sie zu »Untermenschen« erklärt. An ein »anderes Deutschland« konnten sie nicht mehr glauben. Hatte nicht vielleicht doch der Nationalsozialismus das »wahre« Gesicht des Landes gezeigt? Man schätzt, dass höchstens vier Prozent der jüdischen Flüchtlinge ins »Land der Mörder« zurückkehrten. Auch für viele nichtjüdische Emigranten – unter ihnen Thomas Mann, der nach dem Krieg in der Schweiz lebte – führte der Weg nicht in die alte Heimat zurück. Und wer doch wieder nach Deutschland kam, musste häufig die bittere Erfahrung machen, wenig willkommen zu sein.

chland den Krieg +++ Berlin von 1112 Flugzeugen mit 2886 Tonnen Bomben angegriffen +++ Libanon erklärt Deutschland und Japan den Krieg +

Dienstag

27

Februar

Tag 72

Die Vermissten

Während des Zweiten Weltkriegs sterben hunderttausende deutsche Soldaten, ohne dass ihre Angehörigen Nachricht von ihrem Schicksal erhalten. Was ist aus den Vätern, Söhnen und Brüdern geworden? Noch Jahre und Jahrzehnte nach dem Krieg klammern sich viele an die Hoffnung, dass die Vermissten zurückkehren.

Es war vor allem der Feldpost zu verdanken, dass der Kontakt zwischen den deutschen Soldaten und ihren Angehörigen im Krieg nicht abbrach. In den Wirren der letzten Kriegsmonate funktionierte aber auch diese Verbindung immer weniger. Was blieb, war Ungewissheit. Nicht einmal die Wehrmachtführung konnte in der letzten Phase des Krieges auch nur annähernd genau bestimmen, wie hoch die Verluste tatsächlich waren. Ihren vagen Schätzungen zufolge kamen in den letzten Monaten des Krieges »nur« 200 000 deutsche Soldaten ums Leben. Doch wer hatte die Toten gezählt? In diesen dramatischen Wochen blieb wenig Zeit, sich mit der Statistik von Verlusten zu beschäftigen.

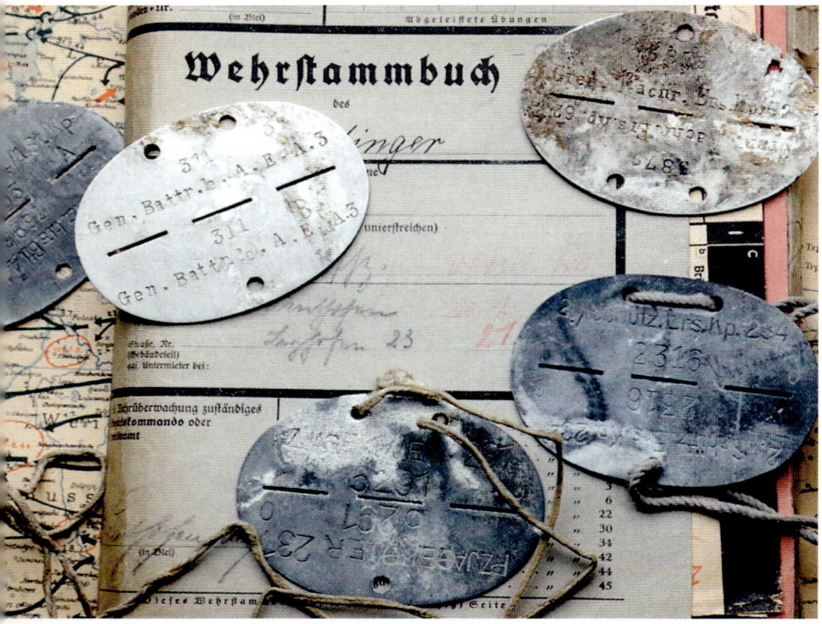

Schon 1944 war es der deutschen Bürokratie nicht mehr gelungen, die Verluste der Wehrmacht ordentlich zu registrieren. Heute kennt man die wirklichen Zahlen. Vieles spricht dafür, dass sie ungleich höher sind, als bisher angenommen. Anstatt 3,3 Millionen, wie jahrelang geschätzt, fielen im Zweiten Weltkrieg wohl 5,3 Millionen deutsche Soldaten. Allein in der Zeit von Januar bis Mai 1945 betrugen die militärischen Verluste des Deutschen Reiches über 1,4 Millionen Menschen, also mehr als ein Viertel der deutschen Gesamtverluste!

Die lange Ungewissheit über die tatsächliche Anzahl der Gefallenen führte nach dem Krieg zu zahllosen Spekulationen. Wo waren jene zwei Millionen geblieben, die der Krieg gewissermaßen verschluckt hatte, ohne dass man jemals wieder etwas von ihnen hörte? Vielleicht befan-

Erkennungsmarke und Wehrstammbuch sind häufig das Einzige, das von einem Soldaten übrig bleibt

+++ Luftangriffe auf Mainz, Augsburg, Salzburg und Linz +++ Die Rote Armee erobert Neustettin +++ Evakuierung von Königsberg beginnt

den sie sich noch in sowjetischer Kriegsgefangenschaft, irgendwo in den unendlichen Weiten der UdSSR. Eine riesige Gruppe von Menschen war dort von der Heimat abgeschnitten. Von den einen wusste man, dass sie in den Lagern angekommen waren, von den anderen gab es nur vereinzelte, meist widersprüchliche Angaben und von vielen schließlich fehlte jede Spur.

Die Hoffnungen vieler Angehöriger erhielten 1947 einen Dämpfer. Auf der Moskauer Außenministerkonferenz gab die UdSSR bekannt, dass in ihren Lagern lediglich 890 532 deutsche Kriegsgefangene verwahrt seien – ungleich weniger, als man in Deutschland erwartet hatte. Die Empörung war groß – und Legenden entstanden, etwa von streng geheimen »Schweigelagern«, deren Insassen keinerlei Möglichkeit hatten, mit ihrer Außenwelt in Kontakt zu treten. Selbst Experten vermuteten, dass neben den offiziell eingestandenen knapp 900 000 sich noch hunderttausende weitere Deutsche in sowjetischer Gefangenschaft befänden.

Die internationalen Suchdienste warnten indes vor unberechtigten Hoffnungen, auch wenn sich viele Menschen in den ersten Nachkriegsjahren daran klammerten. Wie sollte man sich auch mit dem Tod eines Angehörigen abfinden, wenn sein Schicksal nicht aufgeklärt war und sich vielleicht nie aufklären würde? Zu stark und zu verlockend war die Hoffnung, womöglich doch noch zu jenen Glücklichen zu gehören, deren Angehörige nach Jahren zurückkehrten. Auch die Atmosphäre des Kalten Krieges trug dazu bei, den offiziellen Zahlen der Sowjets zu misstrauen. Dennoch sollten die Experten der Suchdienste Recht behalten: Die meisten vermissten

Vermisstensuche im Grenzdurchgangslager Friedland, 1955

Soldaten hatten noch in der Endphase des Krieges den Tod gefunden.

Im Jahr 1950 begann man in der Bundesrepublik endlich mit der Registrierung der Vermissten. Bundespräsident Theodor Heuss wandte sich in einem entsprechenden Aufruf an die Deutschen. Neben den hunderttausenden von Soldaten, deren Schicksal bisher nicht geklärt war, wurden auch die vielen verschollenen Zivilisten erfasst. Sie waren in den Wirren der letzten Kriegsphase, auf der Flucht oder bei der Vertreibung, von ihren Angehörigen aus den Augen verloren worden. Andere hatte man als Zwangsarbeiter in die Sowjetunion verschleppt. Die Statistik ergab ein trauriges Bild: Fünf Jahre nach Kriegsende fehlte von zweieinhalb Millionen Menschen nach wie vor jede Spur. Die meisten von ihnen kehrten niemals zu ihren Verwandten und Freunden zurück. Sie waren längst tot.

Neue Regierung in Rumänien; der sowjetische stellvertretende Außenminister Wyschinski erzwingt Ernennung von Petru Groza zum Premier ++

Erich Kästner und Joseph Goebbels: zwei Tagebücher

Ein mit Publikationsverbot belegter Schriftsteller, dessen Bücher öffentlich verbrannt wurden, und ein mächtiger Reichsminister, der das literarische Leben in Deutschland kontrolliert. Zwei denkbar unterschiedliche Männer. Beide führen Tagebuch.

Reichshauptstadt Berlin, 28. Februar. Im Rundfunk wird eine Goebbels-Rede ausgestrahlt. Es ist die übliche Durchhalterhetorik. Tags darauf notiert der Reichsminister für Volksaufklärung und Propaganda in sein Tagebuch:

»*1. März 1945.* […] Abends um 7 Uhr wurde meine Rede im Rundfunk übertragen. Ich höre sie mir selbst noch einmal an. Vortrag und Stil sind ausgezeichnet, und ich verspreche mir davon wenigstens einige Wirkung, wenn ich natürlich auch nicht in der Lage war, mit positiven Erfolgen als besten Argumenten aufzuwarten. Das Volk ist ja schon zufrieden, wenn man ihm heute wenigstens eine Stunde lang einmal gut zuspricht. […] Gottlob geht die Rede ohne ernste Luftstörung vor sich, wenn wir auch gerade zum Schluß in Berlin wieder einen Moskito-Angriff [leichte britische Bomber] erhalten. Ich bringe sie trotzdem glücklich unter Dach und Fach.«

Unter denen, die diese Rede am Radio verfolgen, ist auch der Schriftsteller und Journalist Erich Kästner. Der Name Goebbels steht für einen radikalen Schnitt in Kästners Biographie und in seiner Karriere als Künstler. Der Reichspropagandaminister war zugleich auch Chef der Reichsschrifttumskammer – jener Behörde, die Kästner das Schreiben verbot. Schon am 10. Mai 1933 hatte Kästner erleben müssen, wie in Berlin 20 000 »politisch und moralisch undeutsche Schriften« auf dem Scheiterhaufen landeten – neben den Werken Heinrich Manns, Sigmund Freuds, Kurt Tucholskys, Erich Maria Remarques und vieler anderer auch seine eigenen. »Geistige Erneuerung« nannte man diesen Akt der Barbarei.
Zahllose Künstler verließen daraufhin Deutschland, darunter viele bekannte und berühmte Repräsentanten der zeitgenössischen deutschen Literatur. Bertolt Brecht, Alfred Döblin, Lion Feuchtwanger, Stefan George (den Goebbels zurückhalten wollte), Oskar Maria Graf, Heinrich Mann, Klaus Mann, Thomas Mann, Anna Seghers, Ernst Toller, Arnold Zweig und Stefan Zweig waren nur die wichtigsten Vertreter dieser Gruppe von etwa 250 Autoren. Nur wenige blieben, zum Beispiel Gottfried Benn, Gerhart Hauptmann und Ernst Jünger. Auch Kästner entschied sich zum Bleiben. War es Rücksichtnahme auf seine alte Mutter Ida Kästner? Oder wollte er tatsächlich als eine Art Chronist die Ereignisse verfolgen, um sie dann später in einem großen Roman zu erzählen? Der Roman

+++ Die Schweiz hält deutsche Kohlezüge für Italien an und will diese nicht mehr passieren lassen +++ Der Film »Quax in Fahrt« wird zugelassen

ist nie entstanden. In Wirklichkeit dürfte Kästner die Gefahr des Nationalsozialismus gründlich unterschätzt haben. Vielen seiner Freunde riet er damals, in Deutschland dem »Sturm« zu trotzen. Später war er froh, dass sie seinem Rat nicht gefolgt waren. Zwei befreundete Schriftsteller, die aus eigenem Antrieb in Deutschland blieben, bezahlten ihre Entscheidung mit dem Leben: Erich Ohser beging nach seiner Verhaftung Selbstmord, Erich Knauf wurde hingerichtet. Auch Kästner wurde zweimal von der Gestapo verhaftet, kam jedoch beide Male bald wieder frei. Von ihm ist ein Kommentar zu jener Goebbels-Rede überliefert, wobei er zu einem ganz anderen Ergebnis kam als der selbstverliebte Propagandaminister:

Joseph Goebbels mit einem sechzehnjährigen Wehrmachtsangehörigen im niederschlesischen Lauban, März 1945

»Volksempfänger« aus schwarzem Bakelit von der Carl Lorenz AG, um 1940

»*Berlin, 1. März 1945.* Auch Goebbels macht sich über die geschichtliche Entwicklung Gedanken, noch dazu mittels Rundfunk vor aller Welt. So erklärte er gestern: Wenn wir den Krieg verlören, sei die Göttin der Geschichte eine Hure. Wollte er damit indirekt beweisen, daß wir, da eine Göttin keine Hure sein könne, den Krieg gewinnen müßten? Oder wollte er uns schonend auf den rapiden Sittenverfall in Götterkreisen vorbereiten? Wollte er mitteilen, daß sich die Dame, nach neuesten Informationen, nicht nur ins, sondern sogar aufs falsche Lager begeben habe? [...] Noch der winzigste Parteigenosse betet die präfabrizierten Durchhalteparolen wie einen Rosenkranz herunter. Noch der bravste Landser, der das prodeutsche Walten der Vorsehung auch nur gelinde anzweifelt, muß gewärtigen, daß man ihn aufknüpft. [...] Und ausgerechnet der Propagandaminister trompetet defaitistische Sentenzen in den Äther? Warum fällt er sich in den Rücken? Noch dazu mit einer Trompete? Ich weiß keine Erklärung.«

März 1945

Der Westen rückt näher

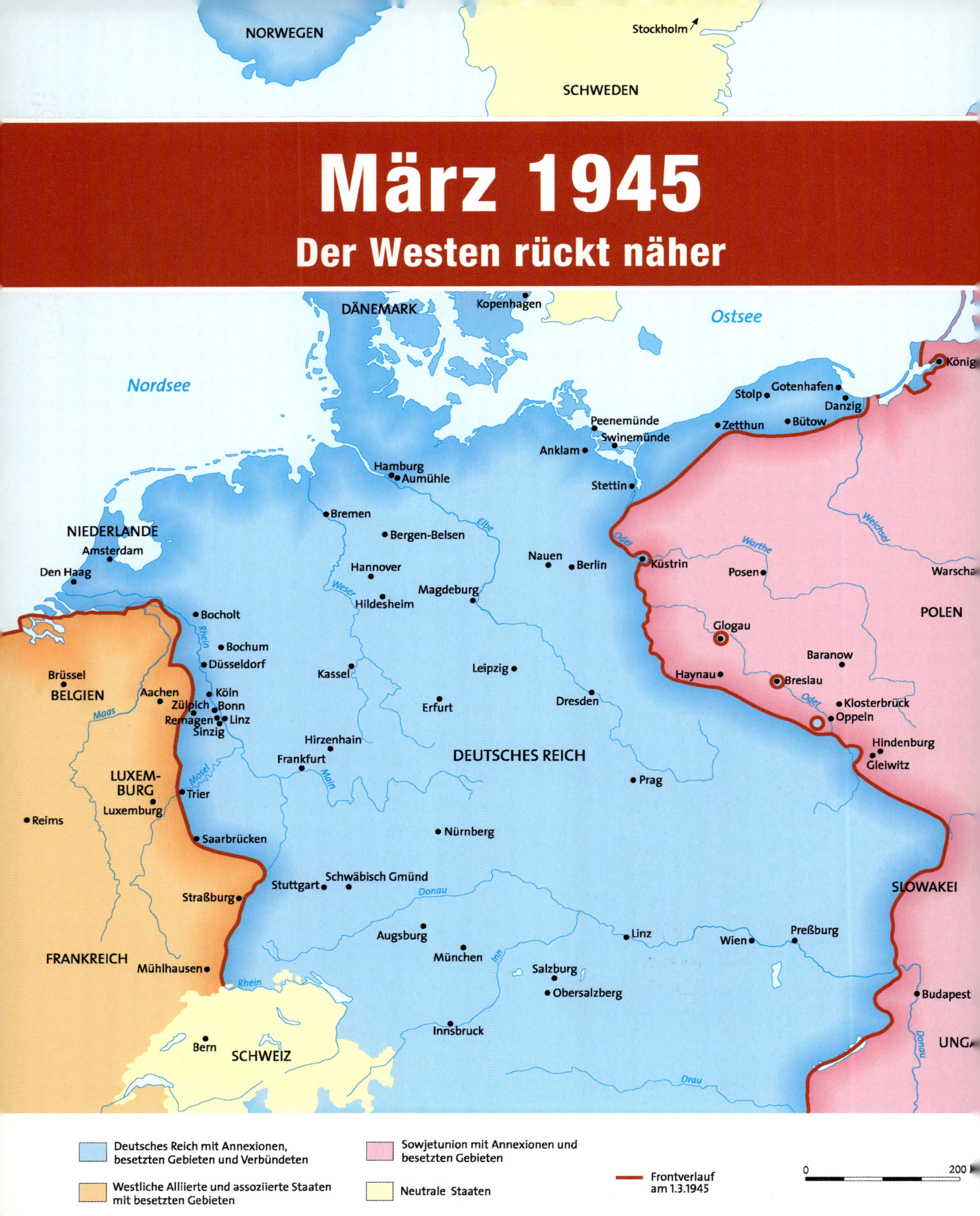

Im März 1945 wurde Deutschland dem Westen gegenüber geöffnet. Zunächst war das ein militärischer Prozess. Die übervorsichtige Kriegführung der Amerikaner und Briten hatte lange stagniert – bis dann im März die deutsche Front im Westen innerhalb weniger Tage zusammenbrach. Alles begann mit einem Zufall: In Remagen, einem kleinen Städtchen am Rhein, das vermutlich nie davon geträumt hatte, zum Schauplatz einer welthistorischen Entscheidung zu werden, misslang der Wehrmacht die rechtzeitige Sprengung der Ludendorff-Brücke. Am 7. März eroberten US-Truppen überraschend die mächtige Eisenbahnbrücke über den Rhein und öffneten dadurch mit einem Schlag das Tor in das Innere des Deutschen Reichs. Doch hing wirklich alles an diesem einen Zufall in Remagen?

Die deutsche Führung hatte schon längst alle Brücken nach Westen abbrechen lassen – im wörtlichen wie im übertragenen Sinne. Die nationalsozialistische Propaganda gegen die Westalliierten konnte freilich immer weniger »Volksgenossen« überzeugen. Vor die Wahl einer Besetzung durch amerikanische und britische oder durch sowjetische Truppen gestellt, votierten schon damals viele Deutsche für den Westen. Außerdem war die deutsche Front im Westen nach den erbitterten Kämpfen der vorhergehenden Wochen äußerst brüchig geworden. Remagen blieb im März 1945 kein Einzelfall, so dramatisch die Ereignisse dort auch sein mochten. Am 22. dieses Monats überschritten US-Truppen auf breiter Front den Rhein bei Oppenheim, zwei Tage später setzten britische und amerikanische Verbände bei Wesel über den Niederrhein. In drei Hauptachsen ergoss sich nun die westalliierte Offensive in den Kern des Deutschen Reichs, wo sie – aufs Ganze gesehen – nur noch auf wenig Gegenwehr traf. Am Ende des Monats standen die amerikanischen Angriffsspitzen bereits in Aschaffenburg und in Hessen, während sich nordwestlich davon die Offensivzangen um die Heeresgruppe B im »Ruhrkessel« schlossen.

Nachdem es lange so ausgesehen hatte, als ob ganz Mitteleuropa sowjetisch werden würde, holten die westlichen Alliierten jetzt rasch auf. Dessen ungeachtet hoffte man auf amerikanischer Seite auf eine einvernehmliche Lösung mit dem sowjetischen Verbündeten. Am 28. März verkündete der westalliierte Oberbefehlshaber, General Eisenhower, dass er mit der Masse seiner Kräfte in Richtung Süden auf die gefürchtete »Alpenfestung« vorstoßen werde. Im Übrigen sei es sein Ziel, »auf der Linie Erfurt–Leipzig gegen die obere Elbe vorzugehen und dort die Russen zu erwarten«.

Im Gegensatz zu den stürmischen Veränderungen im Westen gewann im Osten die Rote Armee vergleichsweise wenig Raum. Am ehesten war dies noch auf den beiden Flügeln des sowjetischen Vormarsches der Fall. Im März 1945 konnten die sowjetischen Verbände ganz Hinterpommern besetzen und Danzig erobern, während es ihnen in Ungarn gelang, eine deutsche Gegenoffensive zu zerschlagen. Anschließend drangen sie im Südosten bis an die Grenzen des Großdeutschen Reichs vor. Dennoch war für die Sowjetunion der März 1945 noch immer eine Phase der Vorbereitung ihrer Großoffensive auf das Zentrum des Deutschen Reichs, auf Berlin. Die westlichen Alliierten hatten ihr signalisiert, dass die Rote Armee diesen letzten Schlag allein führen solle. Dazu stand nun alles bereit.

Donnerstag

1

März

Tag 70

Kriegsgefangenenzeitung »Der Ruf«

Millionen von Deutschen geraten in Kriegsgefangenschaft. Gut drei Millionen befinden sich in amerikanischem Gewahrsam. Die Bedingungen sind vergleichsweise gut. In vielen Camps können die Gefangenen eigene Zeitungen herausgeben. Eine der professionellsten ist »Der Ruf«, dessen erste Nummer am 1. März 1945 erscheint. Im Editorial stellen sich die Macher vor:

Unsere Zeitung wird geschrieben, redigiert und verwaltet von deutschen Kriegsgefangenen in Amerika in einer selbstlosen Arbeitsgemeinschaft. Wir leben wie ihr. Wir haben unseren kleinen täglichen Verdruß genau wie ihr alle, und wir haben die allen Deutschen gemeinsame Sorge um die Heimat. Aus dieser Sorge heraus – und um euch zu helfen – beobachten wir über den Draht hinaus das Weltgeschehen und suchen gleichzeitig Verbindung mit euch allen.«

Acht Seiten, Format 31 mal 46,5 Zentimeter, Preis fünf Cent: Das war die erste Ausgabe der Zeitung »Der Ruf. Zeitung der deutschen Kriegsgefangenen in USA« aus dem amerikanischen Lager Fort Philipp Kearney in Michigan. In dem Blatt fanden die Häftlinge reichlich Lesestoff: Nachrichten zum Weltgeschehen, aus Deutschland und den USA, literarische Beiträge, Sport- und Kulturinformationen, einen Wirtschaftsteil, humoristische Rubriken, Stimmen und Geschichten aus dem Gefangenenalltag. »Der Ruf« wandte sich nicht nur an die Insassen des eigenen Lagers, sondern – schon sein Titel brachte das zum Ausdruck – an sämtliche deutsche Kriegsgefangene in den Vereinigten Staaten.

Ein riesiges Zielpublikum: Insgesamt befanden sich 3 097 000 Deutsche in amerikanischen Lagern, von denen viele in den USA eingerichtet wurden. Den Briten waren 3 635 000 Kriegsgefangene in die Hände gefallen, weitere 3 180 000 den Sowjets. Zahlreiche Gefangene wurden – zumeist zum Arbeitseinsatz – an weitere Länder übergeben, etwa an Frankreich, wo die Arbeitsbedingungen häufig sehr hart waren. Noch viel schlechter hatten es freilich jene deutschen Kriegsgefangenen, die in einem jugoslawischen oder in einem sowjetischen Lager landeten. Sie bekamen zu spüren, wie sehr gerade diese beiden Länder durch den Krieg gelitten hatten. Oft mussten sie den Hass ihrer Bewacher ertragen, die sie für all die deutschen Untaten mitverantwortlich machten. Hinzu kamen – besonders in der Sowjetunion – die allgemeinen Engpässe in der Versorgung mit Lebensmitteln. Entsprechend hoch war die Sterblichkeit: Insgesamt starben in den sowjetischen Lagern rund 1,1 Millionen, in den jugoslawischen 80 000 deutsche Kriegsgefangene.
Dagegen hatten die Gefangenen, die nach Amerika gebracht wurden, in der Regel kein schlechtes Leben. Neben vorbildlichen sanitären und medizinischen Einrichtungen erleichterten gute Verpflegung, passable Unterkunft und ein reich-

+++ Wehrmacht erobert Striegau und Lauban zurück, räumt aber den Brückenkopf Schwedt an der Oder +++ Amerikaner dringen in Trier ein

haltiges Kulturprogramm ihr Dasein. In vielen Fällen übertraf der »Komfort« sogar den Lebensstandard eines einfachen Wehrmachtssoldaten. Daher war die typische Reaktion der Neuankömmlinge nicht selten eine Mischung aus Erstaunen und Begeisterung.
Zum Kulturprogramm in den amerikanischen Kriegsgefangenenlagern gehörte auch die Produktion von Zeitungen wie »Der Ruf«. Solche Zeitungen wurden zwar zensiert, verfolgten aber nicht nachdrücklich das Ziel der »reeducation«. Die Häftlinge waren ohnehin mehr an Nachrichten und Alltagsgeschichten als an Gesinnungsaufsätzen interessiert. Die Herstellung und Lektüre der Zeitungen boten ihnen vor allem eine willkommene Ablenkung von ihrem grauen Alltag. Mit ihrer Hilfe konnten sie außerdem Anschluss halten – Anschluss an das Geschehen außerhalb der Lager, um sich auf diese Weise wenigstens in Gedanken auf die Rückkehr in die Heimat vorzubereiten:

»DER RUF ist euer Erfolg – ein deutscher Erfolg. Wir wissen, was jedem Deutschen eine deutsche Zeitung bedeutet. Wir kennen die Bemühungen verschiedener Lager um ihre Lagerzeitungen. Sie haben gute und schöne Leistungen vollbracht. Pflegt eure Lagerzeitungen weiter. Aber vergeßt über den kleinen Alltagsdingen des Lagerlebens nicht das große Zeitgeschehen und das gemeinsame Schicksal. Vergeßt nicht die Welt da draußen, die euch wieder rufen wird, ausnahmslos, Mann für Mann. Bis dieser Ruf kommt, auf den wir alle warten, soll DER RUF euch die Stimme der Heimat sein.«

ZEITUNG DER DEUTSCHEN KRIEGS-GEFANGENEN IN USA

DER Ruf

5¢

1. März 1945 — Nr. 1

DIE INNEREN MÄCHTE

Die Krise unserer Zeit hat politische und wirtschaftliche Ursachen. Sie berührt aber auch andere Hintergründe. Fragen der Grenzziehungen, der Wirtschaft und der Technik haben zwar gerade heute eine hervorstechende Bedeutung und wirken auf die Massen wie riesige Blickfänger. Sie beanspruchen aber oft einen zu erheblichen Teil der Denkkraft. Der Mensch wird schliesslich nicht allein von den Vorgängen der Politik und der Wirtschaft bestimmt. In ihm sind auch geistige Mächte vorhanden, die auf andere Formen der Wirklichkeit gerichtet sind. Zunächst ist wesentlich der innere Zwang, gewisse Fragen des Lebens in dieser merkwürdigen Welt grundsätzlich zu beantworten. Es sind philosophische Fragen. Sie suchen nach Gesetzen der Vernunft. In vielen ist ferner das religiöse Gefühl stark. Manche finden sich in der allgemeinen Unsicherheit dadurch stärker gerborgen. In anderen ruft dieses religiöse Gefühl den Drang wach, das vielfach nur noch mechanisierte Dasein mit einem höheren Sinn zu versehen. Andere fühlen sich zur Kunst getrieben, zur zweckfreien Schönheit, zur Pflege des Geschmacks, zu zwar schlichtem, aber dennoch ästhetischem Gestalten der eigenen Umwelt. Auch diese Mächte lassen im Menschen echte Bedürfnisse entstehen. Erst ihre allseitige Befriedigung ergibt das vollständige Bild der Persönlichkeit.

Es ist mit Recht von einer 'Vermassung' des Menschen gesprochen worden. Der Massenmensch ist dadurch gekennzeichnet, dass er unvollständig ist. Er wirkt im Vergleich zu einer Vollskulptur wie ein Torso. Die Politisierung verdrängt zwei Mächte in ihm: Urteilskraft und Innerlichkeit. Sein Leben in der Gemeinschaft wird dadurch gestört.

Es ist nicht in jedem Falle seine Schuld, dass er so geworden ist. Im engeren Sinne haben die schwierigen Verhältnisse der Zeit, die Einseitigkeit der Erziehung und die oft überspezialisierte Arbeitsteilung ihn daran gehindert, seine Persönlichkeit voll zu entwickeln. Allerdings war es auch eigene Schwäche, Ratlosigkeit und Verwirrung. Der Mensch ist nämlich keineswegs nur das Produkt seiner Umgebung: das, was er innerlich ist, verdankt er einer ganz eigenen schöpferischen Initiative. Jeder Mensch hat so etwas wie einen Seismographen in sich, der es ihm mitteilt, wenn Bezirke seines Wesens erschüttert werden. Er fühlt sich, selbst wenn seine materiellen Bedürfnisse gestillt sind, unzufrieden. Ein namenloses Unbehagen quält ihn. Blickt er in Stunden der Musse in sich, so mag er wohl einer Leere begegnen, die ihn noch unruhiger werden lässt. Vergebens versucht er sich selbst dann, oft durch bloss laute Worte, zu betäuben. Das Unbehagen bleibt. Um sich abzulenken, folgt er dann den Stimmen der lautesten Umgebung.

Im Augenblick aber, wo der Mensch beginnt, sich dieser Lage bewusst zu werden, fängt er auch an, aus der anonymen Einseitigkeit des Massenmenschen herauszutreten. Dröhnende Schlagworte, mit denen er sein Gewissen zu übertönen gewohnt war, befriedigen ihn nicht mehr. Er wird nicht nur kritisch. Die Selbstkritik entwickelt sich in ihm. Sein innerer Blick für Umwelt und Mitmenschen wird freier und offener.

Mit diesem Ansatz zur eigenen Urteilsbildung wird der Mensch als Persönlichkeit neugeboren. Um zu einem selbständigen Urteil zu kommen, muss man sich daran gewöhnen, jede Tatsache oder Meinung kritisch zu prüfen. Am Anfang einer wohlentwickelten Urteilskraft steht somit ein abwägendes Verhalten. Es entwickelt sich nun zwar der Geist zu wahrer Freiheit, wenn er skeptisch prüft und beobachtet. Damit ist er aber noch längst nicht reif und souverän. Bliebe er auf dieser Stufe stehen, so würde er willkürlich urteilen und leicht arrogant werden.

Zusätzlich notwendig ist die Erfahrung. Das Leben gibt sie, aber nicht das eigene Erleben allein. Die grossen Denkvorbilder aller Zeiten vermitteln uns ihre eigenen Erfahrungen und zugleich die vieler früherer Jahrhunderte. Sie geben uns Gelegenheit, Für und Wider zu prüfen und unsere Begriffe zu schärfen. Mit iher Hilfe lösen wir uns vom verhängnisvollen Schlagwort. Wir richten uns kritisch ein eigenes schöpferisches Weltbild auf. Wir vermeiden Halbweisheiten, die in unserem persönlichen Lebon oft auf Irrwege führen können. Man lese daraufhin einmal die Maximen und Reflexionen von Goethe, den Essay über die Gesetzgebung des Lykurg von Schiller, die Aphorismen von Schopenhauer und Lichtenberg oder die Romane von Wilhelm Raabe. Man wird weltoffenes Denken erlernen. Man bemühe sich, voraussetzungslos zu lesen. Es führt zur Freiheit des Geistes, die, wie Kant einmal sagte, das stärkste Fundament der Persönlichkeit ist. Es ist aber so, dass der Mensch noch eine andere Macht in sich entfalten muss, diejenige nämlich der reifen Innerlichkeit.

Worte sind gut, sie sind aber nicht das Beste. Der Geist, aus dem wir handeln, ist das Höchste!
Goethe

Von einer nur triebhaft bestimmten Seele können gefährliche Leidenschaften ausgeben wie Zorn, Neid und Hass. Die Weltgeschichte lehrt, dass der Mensch nur dort wahrhaft schöpferisch gewesen ist, wo er die positiven Eigenschaften der Seele pflegte, als da sind Güte, Verstehen, Ausgleich und Versöhnung. Um dazu zu gelangen, braucht er eine Selbstzucht, die er im alltäglichen Umgang mit seinem Nächsten auszubilden vermag, falls er sich daran gewöhnt, auf gering erscheinende Eigenschaften zu achten—wie Takt, selbstbewusste Bescheidenheit und Toleranz gegenüber der Meinung des anderen.

Eines der Kennzeichen unserer Zeit ist das Misstrauen. Man wittert sehr leicht und unumwunden in irgendeinem andern zunächst einen Feind. Dauernd ist man in Abwehr gegen imaginäre Feinde, vielfach sogar gegen wohlmeinende Freunde. Jede andere Meinung hält man für bedrohlich, weil man selbst unduldsam ist und glaubt, sich ihrer am besten auch durch Schroffheit entledigen zu können. Geduldiges Verstehenwollen und Einfühlung in die Welt der andern lockern die Seele auf. Neigte man zur Verfinsterung,

(Fortsetzung auf Seite 2)

DER RUF
an die deutschen Kriegsgefangenen in Amerika

Die deutschen Kriegsgefangenen in Amerika haben jetzt ihre eigene Zeitung! Nach langen Monaten oder Jahren der Gefangenschaft lässt diese Nachricht uns alle aufhorchen, stärkt uns in trüber Ungewissheit und rüttelt uns auf aus dumpfer Verzweiflung. Durch Zufall und Willkür über einen riesigen Erdteil verstreut, warteten wir lange vergebens auf ein Zeichen der Zusammengehörigkeit. Nicht nur die Aussenwelt war uns versperrt, auch Lager blieb von Lager getrennt, jedes auf sich selbst gestellt. Innere und äussere Schwierigkeiten des Gefangenendaseins schienen uns in unserer Abgeschlossenheit manchmal bedeutungsvoller als das Schicksal der hart kämpfenden Heimat. Das darf nicht mehr sein.

Euch alle erreicht nun DER RUF. Es ist der Ruf von Camp zu Camp, weit über den nordamerikanischen Kontinent, vom Michigansee bis zum Mexikanischen Golf, vom Atlantischen bis zum Stillen Ozean. Es ist der Ruf aller Deutschen hier, die ein schweres Schicksal tragen. Es ist der Ruf der Heimat, die, unerreichbar fern und von finsteren Wolken verhängt, doch in uns allen hier stark und lebendig bleiben soll.

Nach Verhandlungen mit den beteiligten Dienststellen haben die amerikanischen Militärbehörden einem Plan zugestimmt, der für euch alle gewiss ein Herzenswunsch war, wenn ihr euch auch seine Verwirklichung kaum zu erträumen wagtet: eine eigene Zeitung zu besitzen, die euch mit Nachrichten versieht, die euren Gedanken neue Anregung, euren Hoffnungen einen neuen Auftrieb gibt—die euch hilft, untereinander und mit allen Deutschen Tuchfühlung zu halten, über alle Schranken und Zäune hinweg—und die für euch eintritt!

DER RUF ist euer Erfolg—ein deutscher Erfolg. Wir wissen, was jedem Deutschen eine deutsche Zeitung bedeutet. Wir kennen die Bemühungen verschiedener Lager um ihre Lagerzeitungen. Sie haben gute und schöne Leistungen vollbracht. Pflegt eure Lagerzeitungen weiter. Aber vergesst über den kleinen Alltagsdingen des Lagerlebens nicht das grosse Zeitgeschehen und das gemeinsame Schicksal. Vergesst nicht die Welt da draussen, die auch euch wieder rufen wird, ausnahmslos, Mann für Mann. Bis dieser Ruf kommt, auf den wir alle warten, soll DER RUF euch die Stimme der Heimat sein.

Unsere Zeitung wird geschrieben, redigiert und verwaltet von deutschen Kriegsgefangenen in Amerika in einer selbstlosen Arbeitsgemeinschaft. Wir leben wie ihr. Wir haben unseren kleinen täglichen Verdruss genau wie ihr alle, und wir haben die allen Deutschen gemeinsame Sorge um die Heimat. Aus dieser Sorge heraus—und [illegible]

Erstausgabe von »Der Ruf«, 1. März 1945

In Berlin-Plötzensee wird der Widerstandskämpfer Fritz Voigt hingerichtet +++ Die Rote Armee erobert in Pommern Schwedt und Pyritz +++

Ein jüdisches Mädchen im Untergrund

Gegen den Willen von Mutter und Großmutter kommt die kleine Nina auf eine jüdische Schule – sie hat drei jüdische Großeltern. Den Schülern drohen Verschleppung und Ermordung. Als die Deportation der Kinder ansteht, wird das Mädchen versteckt.

Drei jüdische Großeltern: Nach der Rassenideologie der Nationalsozialisten ist Nina, geboren 1934, eine Jüdin. Sie muss daher auf eine jüdische Schule gehen. Ninas Mutter und die »arische« Großmutter versuchen die Behörden umzustimmen. Vergeblich. Die beiden Frauen wissen, welche Gefahren eine solche »Einschulung« mit sich bringt. Oft ist sie die Vorstufe zur Deportation. Von dort ist bislang niemand zurückgekehrt. Bevor es so weit kommt, trifft Ninas Mutter eine Entscheidung: Sie holt Nina aus der Schule. Das Mädchen berichtet: »Und ich erinnere mich noch, dass meine Mutter kam und mich abgeholt hat. Wir sind in eine Kirche gegangen, und sie hat mir da […] irgendwo in der Dunkelheit den Stern abgetrennt. Später habe ich von meiner Mutter erfahren, dass dieses Kinderheim deportiert wurde, und ich glaube, es sind alle Kinder dort umgekommen.«
Für Nina beginnt ein Leben im Untergrund. Immer wieder muss sie ihr Versteck wechseln. Zunächst taucht sie im Haus ihrer »arischen« Großmutter in Bonn unter. Sie ist wie gefangen – draußen droht die Gefahr, entdeckt und von »gesetzestreuen« Bürgern denunziert zu werden: »Ich durfte von da an nicht mehr auf die Straße. Ich bin einmal weggelaufen, bis zum Ende der kleinen Straße, in der wir wohnten, und da kam ein kleiner Junge, und der hat gesagt: Ich hab gehört, Du bist ein Jud! Diesen Satz höre ich noch wie heute. Ich habe den Jungen später wiedergesehen und hatte immer Angst vor ihm.«
»Ein Jud«: Das Mädchen beginnt langsam seine Lage zu begreifen. Sie ist »anders« und muss sich verstecken. Wie groß die Bedrohung tatsächlich ist, kann sie nur ahnen: »Mit acht, neun Jahren war ich dann voll informiert, wusste über die ganzen Judensachen Bescheid, wusste, dass sie deportiert wurden. Ich wusste nicht, was mit ihnen passierte, aber wusste, dass ich versteckt war.«

1944 häufen sich in Bonn die Hausdurchsuchungen. Nina muss ihr unsicheres Versteck verlassen: »Und dann sind wir – meine Mutter und ich – mit einem Köfferchen bei Nacht losmarschiert. Ein Freund […] hatte in Köln eine Frau ausfindig gemacht, die damals rassisch Verfolgte in ihrem Keller beherbergte.« Diese Frau riskiert viel. Ihre Menschlichkeit würde mit sofortiger Einweisung ins Konzentrationslager bestraft. Und sie handelt selbstlos und uneigennützig – anders als jene »Judenfledderer«, die zu Wucherpreisen kümmerlichen Unterschlupf bieten. An ihrem 10. Geburtstag wird Nina von ihrer Mutter nach Köln gebracht – und muss sich vorläufig von ihr trennen. Ohne einen vertrauten Menschen an ihrer Seite erlebt sie, wie die Luftangriffe immer mehr zunehmen. Bombenalarm ist für die Untergetauchten doppelt gefährlich: Es droht nicht nur der Tod durch die Bomben, sondern in den öffentlichen Schutzbunkern auch die Entdeckung. Bald kehrt Ninas Mutter zurück und bringt das Mädchen nach Sinzig: »Dort wirst Du bleiben und heißt ab jetzt Bärbel Sander.« Der Deckname gibt Nina eine gewisse Freiheit zurück. Doch der Preis ist hoch. Sie muss ihre Angehörigen verleugnen:

Felix Nussbaum, »Selbstporträt im Versteck«, 1944. Der jüdische Maler (im Gebetsmantel) versuchte vergeblich, mit seiner Frau Felka im Untergrund zu überleben. Im August 1944 wurde er in Auschwitz ermordet

»Ich wurde wohl als Nichte oder so etwas deklariert. Jedenfalls war ich dort das erste Mal seit drei Jahren nicht mehr versteckt. Später kamen auch meine Mutter und meine Großmutter nach Sinzig. Sie wohnten aber woanders, und ich durfte sie nicht kennen. Im Frühjahr 1945 wurden Bombenangriffe auf die Brücke von Remagen geflogen. Ich erinnere mich noch an einen Bombenalarm, bei dem wir rausgelaufen sind aufs Feld und dem ein wahnsinniger Angriff folgte. Ich weiß noch, dass das Haus, in dem wir gewohnt hatten, danach kaputt war. Ich hatte eine Puppe, die habe ich aus den Trümmern gezogen. […] Wir kamen dann bei einer Frau unter. Ich musste meine Mutter immer mit fremdem Namen anreden. Niemand wusste, dass wir verwandt waren. Meine Großmutter ist bei ihr eines Tages die Treppe hinuntergefallen und hat sich die Rippe gebrochen. Da hab ich furchtbar geweint. Die Frau, in deren Stube wir waren, wunderte sich: Ich versteh gar nicht, warum das Kind sich so anstellt und weint, wenn eine fremde Frau sich die Rippe bricht.«

Das Mädchen Nina (der Name wurde geändert) hat den Krieg und den Terror des Nationalsozialismus überlebt. Doch der Neuanfang war schwierig. Die Erfahrungen im Untergrund wirkten nach: »Anfangs hatte ich wahnsinnige Verfolgungsangst. […] Ich hatte lange Zeit Ängste, unter Menschen zu gehen.«

lossen; nur im Volksheim Ottakring gastiert das Pradler Rittertheater, das ansonsten nur noch Vorstellungen für die Wehrmacht gibt +++

Samstag

3

März

Tag 68

Flucht aus Pommern

Bereits am 26. Januar erreichen die ersten sowjetischen Panzer Hinterpommern. Doch die Wehrmacht kann den Vormarsch der Roten Armee noch einmal stoppen. Die Gnadenfrist währt nicht lange. Ende Februar beginnt der entscheidende sowjetische Vorstoß an die Ostsee. Es beginnt ein Wettlauf nach Westen, denn fast die gesamte deutsche Bevölkerung versucht, rechtzeitig die rettende Oder zu überqueren.

In den letzten Februartagen brechen die sowjetischen Armeen auch in Hinterpommern durch. Rasch stoßen sie an der Ostseeküste entlang. Wieder werden die Deutschen völlig überrascht: Evakuierungsbefehle ergehen zum Teil erst 24 Stunden vor Eintreffen des Feindes. Dabei hat die Wehrmacht der sowjetischen Offensive nichts mehr entgegenzusetzen. Bereits am 3. März ist die Rote Armee an der Odermündung bei Stettin. Damit haben die Deutschen ihre letzten einigermaßen sicheren Fluchtmöglichkeiten zu Lande verloren, denn die wichtigsten Straßen- und Bahnverbindungen sind nun in der Hand des Gegners.
In den Tagen zwischen dem 3. und 7. März erreicht die Flüchtlingswelle ihren Höhepunkt. Trotz Schnee und klirrender Kälte machen sich viele Menschen auf den Weg. Einige bleiben zurück und erleben den sowjetischen Einmarsch zu Hause, andere werden schon kurz nach Beginn ihrer Flucht von sowjetischen Panzerspitzen überrollt.

Zu denen, die trotz des Chaos noch rechtzeitig fliehen konnten, gehörte auch das Mädchen Charlotte Dölling aus Bütow. Sie berichtete später von ihrer Flucht, auf die sie sich mit der Mutter und ihren beiden kleinen Brüdern begab:

»Wir traten nunmehr endgültig – am Morgen des 3. März 1945, es war Sonnabend – den Weg zur Flucht an! Meine Mutter ging als erste, sehr schnell und sehr aufrecht, daß es fast auffiel, daß ihr in Wirklichkeit ums Herz ganz anders zumute war. Die bange Frage ›Ist es für immer oder nur für einige Wochen?‹ lag unausgesprochen in der Luft und bewegte uns so, daß jedes gesprochene Wort furchtbare Wirkung gehabt hätte. So sagten wir gar nichts, schleppten unser

Flüchtlingstreck aus Pommern

+++ Finnland erklärt Deutschland den Krieg +++ Amerikaner erobern Trier, die Kanadier Xanten +++ Uraufführung des Films »Die falsche B

Gepäck, spürten nicht, wie schwer es ist. Hinter meiner Mutter stiefelten die beiden Jungen, jeder mit einem kleinen Rucksack – sie hatten vorher immer drum gebeten, wenn wir ›verreisten‹, wollten sie auch einen auf dem Rücken haben –, der Kleinste hatte noch sein kleines Kopfkissen unter dem Arm, von dem er sich nicht trennen wollte. [...]
Mit einem Blick erfaßte ich das Haus mit der großen Veranda und Balkon und Sonnenplatz, Garten und Obstbäume, letztere alle von meinem Vater und meinem Bruder zusammen gepflanzt, den Teich dazu mit seinen fröhlichen Angelstunden an Sommerabenden, das alles, wo wir noch Weihnachten 1944 und das Jahresende 1944/45 still und froh im trauten Familienkreise gefeiert hatten, daß ich es an diesem Morgen einfach nicht glauben konnte und wollte, daß dies für immer verlorengehen sollte! Dieser Blick des Abschieds ist dann bei mir der letzte Augenblick gewesen, wo Gefühl und Besinnlichkeit die Oberhand gewannen. Dann trat die rauhe Wirklichkeit an mich, an uns alle heran, und damit galt es fertig zu werden! (...) Wild und durcheinander ging es an diesem Morgen auf den Straßen Bütows zu, die möglichsten und unmöglichsten Fortbewegungsgegenstände sah man, in erster Linie Kinderschlitten und Handwagen, mit Gepäck beladen, die dann von den zugehörigen Parteien geschoben und gezogen wurden. Meistens hatten sich Hausgemeinschaften zusammengetan, um sich besser helfen zu können.«

Diese Familie sollte ihre Heimat nie wiedersehen: Nicht nur ihre Stadt Bütow wurde am 5. März 1945 – also nur zwei Tage nach ihrer Flucht – erobert, sondern fast ganz Pommern fiel in sowjetische Hand und wurde später polnisch. Von den einstmals über 38 000 Quadratkilometern der preußischen Provinz gehören heutzutage nur noch etwas über 7000 Quadratkilometer zum Bundesland Mecklenburg-Vorpommern. Bütow heißt heute Bytów und liegt etwa 300 Kilometer östlich der deutschen Grenze in Polen, westlich von Danzig. Pommern wurde vom Krieg hart getroffen. Auch hier fanden hunderttausende durch Krieg, Flucht, Verschleppung, Vertreibung und Verfolgung den Tod. Beinahe 1,5 Millionen Menschen wurden vertrieben oder traten von sich aus die Flucht an.

Im Rücken die heranrollenden sowjetischen Panzer: Flüchtlinge in Zeiten des Zusammenbruchs

Zeitung »Freies Deutschland«

In den sowjetischen Lagern können sich deutsche Kriegsgefangene politisch und journalistisch gegen den Nationalsozialismus betätigen. Doch die Arbeit der »Antifa«-Organisationen wie des »Nationalkomitees Freies Deutschland« und des »Bundes Deutscher Offiziere« wirft viele Probleme auf.

Mit allen Mitteln muß die Weiterführung dieses Hitlerkrieges unmöglich gemacht werden. Dies Ziel kann nur *erkämpft* werden durch den Einsatz jedes einzelnen, wo immer er auch steht«, schreibt der Major Heinrich Homann am 4. März 1945 in der Zeitung »Freies Deutschland«.

Schwarz-Weiß-Rot: Drei Streifen in den alten Reichsfarben prangen auf der Titelseite des offiziellen Organs des »Nationalkomitees Freies Deutschland« (NKFD). Die Redaktion sitzt in Moskau, doch man gibt sich betont national. Die Wochenzeitung soll auf diese Weise möglichst viele Hitler-Gegner ansprechen und die verschiedensten politischen Richtungen zur »Volksfront« gegen die Nationalsozialisten vereinen. Autoren und Redakteure sind Deutsche – emigrierte Kommunisten und deutsche Kriegsgefangene. Ihr Ziel: der Sturz des Hitler-Regimes und die Beendigung des Krieges.

Die Gründung des »Nationalkomitees« am 13. Juli 1943 in Moskau war eine Initiative der sowjetischen Führung. Nach der deutschen Niederlage von Stalingrad schienen die Voraussetzungen für eine »antifaschistische« Sammelbewegung günstig. Ihr Präsident wurde der Schriftsteller Erich Weinert (1890–1953). Im Gründungsmanifest verurteilte man die deutschen Verbrechen und forderte den Sturz des NS-Regimes. Der Krieg, so war man sich sicher, war aussichtslos und musste schleunigst beendet werden, um das deutsche Vaterland in seinen

Freies Deutschland
ORGAN DES NATIONALKOMITEES »FREIES DEUTSCHLAND«
2. Jahrgang Nr. 10 4. MÄRZ 1945
Der Schlußstrich
Von Ost und West
25 Jahre Volksbetrug
Einheit im Kampf
Gegen den wahren Feind

»Freies Deutschland«, Ausgabe vom 4. März 1945

++++ Laut Reichsinnenministerium sind jetzt 17 Millionen Menschen evakuiert +++ Die Rote Armee erobert Köslin, Stargard und Naugar

Vorkriegsgrenzen zu erhalten. Von einem Verhandlungsfrieden mit Hitler wollten die Protagonisten dieser nationalen Gruppierung im Dienste der Sowjetunion nichts wissen. Sie plädierten für eine militärische Lösung. Danach könne eine neue, moralisch unbelastete Regierung für Deutschland sprechen.
Die Funktion des »Nationalkomitees« war vor allem eine propagandistische. Der gefangene deutsche General Walter von Seydlitz-Kurzbach (1888–1976) ging als Vorsitzender des »Bundes Deutscher Offiziere« (BDO) einen Schritt weiter. Er wollte aus Kriegsgefangenen eine deutsche Befreiungsarmee aufstellen. Wie Hitler im Falle der Russischen Befreiungsarmee, so ging auch Stalin auf diesen Vorschlag nicht ein. Die Deutschen schienen ihm unzuverlässig – auch in Gefangenschaft. Das tat der Kollaborationsbereitschaft jener deutschen Militärs, die sich im BDO engagierten, keinen Abbruch. Da im NKFD kommunistische Emigranten dominierten, glaubten sie, im BDO einen Verband gefunden zu haben, der ihre weltanschaulichen und politischen Ideale besser vertrat. Die meisten von ihnen waren wohl aufrichtig davon überzeugt, Deutschland durch ihr Engagement gegen das verbrecherische Hitler-Regime am besten dienen zu können. In Wirklichkeit wollte die sowjetische Politik diesen Offizieren aber nichts anderes als Handlangerdienste zubilligen.

Das galt auch für die Zeitung »Freies Deutschland«. Sie diente der Beeinflussung aller deutschen Soldaten in sowjetischer Kriegsgefangenschaft, zielte aber auch auf jene Kameraden, die noch auf der anderen Seite den Kampf fortsetzten. Viele Artikel und Berichte waren von marxistischen Ideen geprägt. Obwohl die Auflage 50 000 Exemplare betrug, blieb die propagandistische Wirkung gering. Auflösungserscheinungen waren an der Ostfront selten, meist gab es sie erst dann, wenn die Lage völlig aussichtslos war. Und die gefangenen Soldaten hatten ganz andere Probleme. Vor allem aber bot die UdSSR selbst genügend Anschauungsunterricht über die Wirklichkeit eines sozialistischen Systems.

Psychologische Kriegführung: Walter Ulbricht (3. von links) und Erich Weinert (5. von links) mit deutschen Kriegsgefangenen vor einem Lautsprecherwagen

All diese sowjetischen Experimente hatten auch eine deutschlandpolitische Funktion. Vielleicht konnte man ja einmal – so die Hoffnung des Kreml – die nationale Karte gegen die westlichen Alliierten ausspielen. Auch befürchtete Stalin, die Westmächte könnten einen Separatfrieden mit Deutschland abschließen. Als sich Moskau aber bis Ende des Jahres 1944 mit Washington und London auf eine gemeinsame Deutschlandpolitik geeinigt hatte, verloren die letztlich illusionären Zukunftspläne des NKFD und BDO schlagartig an Bedeutung. Am 2. November 1945 wurden beide Organisationen sang- und klanglos aufgelöst. Viele Mitglieder, die man vorher bevorzugt behandelt hatte, landeten wieder im harten Lageralltag. Auch die Zeitung »Freies Deutschland« stellte bis zum Jahresende 1945 ihr Erscheinen ein.

Montag

5

März

Tag 66

Der Volkssturm

Die totale militärische Niederlage ist nur noch eine Frage der Zeit, trotzdem gibt Hitlers »Tausendjähriges Reich« noch nicht auf. Als letztes Aufgebot wird der Deutsche Volkssturm aufgestellt. Alle wehrfähigen Männer im Alter zwischen 16 und 60 Jahren werden zu den Waffen gerufen. Sie sollen die Heimat verteidigen und die ausgebluteten Divisionen von Wehrmacht und Waffen-SS unterstützen.

Im Sommer 1944 begann sich die endgültige militärische Niederlage des Deutschen Reichs deutlich abzuzeichnen: Im Juni 1944 gelang den West-Alliierten in der Normandie die Landung in Frankreich; gleichzeitig brach im Osten die Heeresgruppe Mitte unter dem Ansturm der Roten Armee zusammen. Bald danach stand der Feind an den Reichsgrenzen. In dieser Situation wurde am 25. September 1944 der »Deutsche Volkssturm« aufgestellt. Alle waffenfähigen Männer zwischen 16 und 60 Jahren, die noch nicht im Kampfeinsatz standen, sollten aufgeboten werden. Die Einberufung organisierte nicht die Wehrmacht, sondern die NSDAP. Das militärische Kommando übernahm der Reichsführer-SS Heinrich Himmler in seiner Funktion als Befehlshaber des Ersatzheeres. Die Männer des Volkssturms sollten für Schanzarbeiten und Sicherungsaufgaben eingesetzt werden, aber auch zur Verteidigung von Ortschaften – in der Regel in unmittelbarer Nähe zum Heimatort, da man sich davon höhere Entschlossenheit und Motivation versprach.

Reinhold Maier, Jahrgang 1889 und später Ministerpräsident von Baden-Württemberg, hatte sich so lange wie möglich der Einberufung entzogen. Doch jetzt traf es auch ihn. Am 5. März 1945 beschreibt er seinem Neffen die Vereidigung als Volkssturmmann:

»Am vorletzten Sonntag wurde ich mit etwa einem Dutzend weiterer Nachzügler [...] im Saal des Gasthauses zum Kreuz in W. zum Deutschen Volkssturm vereidigt. Beim vorhergegangenen Appell hat der Ortsgruppenleiter bekanntgegeben: ›Wer dieses Mal nicht erscheint, wird der Gestapo gemeldet.‹ Nie hatte ich bis zu diesem Tag an einer Parteifeierstunde teilgenommen. Es war mir alles fremd: die Gebräuche, die Lieder und das sonstige Drum und Dran. Der Eid lautete: ›Ich schwöre bei Gott diesen heiligen Eid, daß ich dem Führer des Großdeutschen Reichs, Adolf Hitler, bedingungslos treu und gehorsam sein werde. Ich gelobe, daß ich für meine Heimat tapfer kämpfen und lieber sterben werde, als die Freiheit und damit die soziale Zukunft unseres Volkes preiszugeben.‹ Die Gruppe der Verspäteten schwor. Der Versammlungsleiter schloß: ›Volk, jetzt ist Deine Stunde gekommen, tue, was Du mußt – siege oder stirb!‹«

Für eine fundierte Ausbildung fehlte die Zeit. Den Umgang mit Panzerfäusten und Karabinern, Maschinengewehren und Handgranaten lernten die Rekruten meist in Schnellkursen.

Ohnehin waren Ausrüstung und Bewaffnung mehr als mangelhaft. Statt einheitlicher Uniform trugen die Volkssturmangehörigen eine Armbinde mit der Aufschrift »Deutscher Volkssturm«. Schlecht bewaffnete Männer, fast zu alt, um noch zu kämpfen, und kaum ausgebildete Jugendliche, die beinahe noch Kinder waren: Sie sollten nun in letzter Minute den Heimatboden verteidigen und die militärische Wende herbeiführen. Was diesen Hilfstruppen an Ausbildung und Erfahrung fehlte, sollte die Ideologie ersetzen. Die Losung des Versammlungsleiters, der Reinhold Maier den Eid auf Adolf Hitler abgenommen hatte, nahm Bezug auf ein Lied Theodor Koerners aus der Zeit der preußischen Befreiungskriege (1813): »Das Volk steht auf, der Sturm bricht los!« Aber auch ein anderer, etwas holpriger Vers fand damals weite Verbreitung und brachte die ideologischen Erwartungen auf den Punkt: »Ein Holzschwert mit Mut / Schützt Hab und Gut / Besser als eine Kanone / – ohne.«

Wehrfähig ab 16: Hitlerjungen bei Schießübungen mit der Pistole

Die Propaganda appelliert an die gesamte Bevölkerung. Plakate können die Alliierten aber nicht stoppen

Immerhin hofften die Nationalsozialisten auf sechs Millionen zusätzliche Kämpfer, die nun das Reich verteidigen sollten. Wie viele tatsächlich noch in den Kampf gegen einen überlegenen, gut ausgerüsteten und kampferprobten Gegner geschickt wurden, läßt sich nicht mehr sagen. Der militärische Wert des Volkssturms war in der Regel äußerst gering, nicht selten lösten sich Einheiten bei der ersten Feindberührung auf. Trotzdem gab es Ausnahmen: Vor allem im Osten kämpften die Angehörigen des Volkssturms zum Teil erbittert gegen die heranrückende Rote Armee. Hier war die Furcht vor dem Gegner und vor der Niederlage offensichtlich viel größer als im Westen. In den Verlustlisten der Wehrmacht finden sich 175 000 Einträge zu Volkssturmmännern, die in längst sinnlosen Kämpfen ihr Leben ließen. Die tatsächliche Zahl der Opfer wird jedoch weit höher gewesen sein.

ch von Neuß ist mit Ausnahme von Wesel in alliierter Hand +++ Die eingeschlossene »Festung Graudenz« ergibt sich der Roten Armee +++

Deserteure

Den meisten Soldaten der Wehrmacht kann man nichts mehr vormachen: Niemand weiß so gut wie sie, wie hoffnungslos die militärische Lage geworden ist. Viele haben lange durchgehalten, jetzt aber sehen sie keinen Sinn mehr. Einige entschließen sich daher, den aussichtslosen Kampf nicht weiterzuführen. Sie hoffen, sich trotz aller Gefahren bis in die Heimat durchzuschlagen und die Familie wiederzusehen.

Spätestens im Januar 1945 war der Auflösungsprozess in der Wehrmacht nicht mehr zu übersehen. Die Erwartungen, die sich an die Winteroffensive in den Ardennen geknüpft hatten, waren bitter enttäuscht. Auch im Osten gab es kaum mehr Hoffnung, die Rote Armee aufzuhalten. Die psychischen Reserven vieler Soldaten waren im sechsten Kriegsjahr endgültig erschöpft. Erst jetzt begann die Kampfmoral erheblich zu sinken. Der Krieg war in der Heimat angekommen. Vor allem im Westen verloren die Soldaten das Gefühl, noch zum Schutz des Vaterlands oder der Frauen und Kinder zu kämpfen. Es gab Schlimmeres als eine Besetzung durch die Amerikaner. Der Kampf verlor jeden Sinn. Zudem war in der Wehrmacht der innere Zusammenhalt verloren gegangen. Die horrenden Verluste der vergangenen Monate hatten oft über Jahre gewachsene Kameradschaften zerstört. Die Lebenserwartung der jungen, unerfahrenen und völlig unzureichend ausgebildeten Männer, welche die Lücken in den dezimierten Divisionen stopfen sollten, war gering. Gegen die kampferprobten alliierten Einheiten waren sie häufig nur Kanonenfutter. In vielen dieser zusammengewürfelten Einheiten ging es den meisten um das nackte Überleben. Fälle von Disziplinlosigkeit häuften sich. Viele Landser wollten nur noch nach Hause. Einer von ihnen war der Soldat Karl-Heinz H., der sich in Hildesheim von seiner Einheit entfernte:

»Im März 1945 war dann die zweite Flucht. Wir sollten von Hildesheim aus in Holland eingesetzt werden […] Irgendwann standen wir inmitten von Tagtieffliegerangriffen auf der Straße und kamen nicht weiter. Da kam ein Benzintankwagen des Militärs vorbei. Der Unteroffizier hat den angehalten und uns befohlen, auf den Wagen zu klettern. Zwei Freunde und ich, wir hatten uns schon vorher gesagt: Wenn es uns zu bunt wird, verpullen wir uns. Wir lassen uns nicht von diesem Unteroffizier, der ein Einpeitscher war, an die Front schaffen. Wir wollten bei der nächsten Gelegenheit abhauen. Als wir hinter dem Wagen standen, haben wir so getan, als wollten wir noch raufspringen. Der Fahrer war in Panik, weil jeden Augenblick ein Tiefflieger kommen und seinen Wagen in die Luft sprengen konnte. Er hat schnell Gas gegeben und ist weggefahren. Wir haben uns vom Wagen runterrutschen lassen. […] Das war eine merkwürdige Form von ›Fahnenflucht‹: Geflüchtet war eigentlich die Truppe, wir sind stehen geblieben.«

+++ Großadmiral Erich Raeder legt das Goldene Ehrenzeichen der NSDAP ab, als er vom ehemaligen Reichswehrminister Otto Geßler

Als alles nichts mehr half, versuchten NS-Regime und Wehrmachtführung, durch immer schärfere Strafandrohungen das Fußvolk der eigenen Armee bei der Fahne zu halten. So erging am 6. März 1945 ein Befehl des Oberkommandos des Heeres (OKH): Zu erschießen sind alle Soldaten, die »noch abseits ihrer Einheit auf Straßen, in Ortschaften, Ziviltrecks, auf Verbandsplätzen ohne verwundet oder abkommandiert zu sein, angetroffen werden und angeben, Versprengte zu sein und ihre Einheit zu suchen«.

Hinter der Westfront: Gefangennahme von Deserteuren durch Soldaten der Wehrmacht

Auch dem Landser Karl-Heinz H. und seinen fahnenflüchtigen Kameraden drohte dieses Schicksal, als sie wenig später von einem Feldgendarmen festgenommen werden. Dass sie sich auf diesen Moment vorbereitet hatten, war ihr Glück: »Wir kamen bis kurz vor Bocholt. Vorher wurden wir aufgegriffen, wieder von einem ›Kettenhund‹. Der hat uns auf den Bahnhof geführt und einzeln verhört. Wir hatten ausgemacht, daß wir die Szene mit dem Tankwagen in unseren Aussagen zeitverschoben schildern. Wir sagten alle drei aus, daß das erst vor ein paar Stunden an einem Ort in der Nähe passiert und der Fahrer losgefahren sei, bevor wir uns festhalten konnten. Der Verhörende, ein Offizier, hat uns geglaubt.«

Bis Ende 1944 wurden etwa 35 000 Soldaten von deutschen Militärgerichten wegen Desertion verurteilt. In rund 65 Prozent der Fälle lautete das Urteil auf Todesstrafe, in etwa 15 000 Fällen wurde sie vollstreckt. Zum Vergleich: Die britischen Streitkräfte vollstreckten an ihren Soldaten während des gesamten Krieges 40 Todesurteile, davon kein einziges wegen Fahnenflucht. Dabei erfasst die deutsche Statistik bestenfalls die Spitze des Eisbergs. Die horrende Zahl derer, die in den letzten Monaten des Krieges an Bäumen oder Laternenpfählen aufgehängt oder ohne großes Aufheben an der nächsten Mauer erschossen wurden, taucht hier nicht auf. Sie wird wohl nie genau zu ermitteln sein – Schätzungen gehen von bis zu 60 000 Opfern aus.

Mittwoch

7

März

Tag 64

Roswitha Fröhlich: Tagebuch einer Kriegsgefangenen (I)

Roswitha Fröhlich ist eine junge Frau, die in Frankfurt am Main Kunst studiert. Gerade hat sie geheiratet, doch gibt es weder Flitterwochen noch eine Fortsetzung ihres Studiums. Stattdessen begleitet sie ihren Mann nach Linz am Rhein.

Martin Fröhlich kam nicht nach Linz, um sich in dem malerischen, kaum durch Bomben zerstörten Ort zu erholen. Der Rhein war mittlerweile Kampflinie. Da Fröhlich gerade sein Medizinstudium abgeschlossen hatte, wurde er als Arzt eingesetzt. Roswitha Fröhlich übte sich inzwischen in der neuen Rolle als Ehefrau: Sie kümmerte sich um das Essen, organisierte eine Wohnung – und vermisste die gemeinsame Zeit mit ihrem Mann, den sie vorerst nur im Krankenhaus sehen konnte. Da dort jede Hand gebraucht wurde, blieb sie im Hospital und unterstützte die Krankenschwestern so gut es ging.

Die Klinik, in der die Fröhlichs arbeiteten, lag am Hochufer des Rheins. Das große Panoramafenster im Krankensaal bot eine großartige Aussicht über den Strom bis weit in das linksrheinische Gebiet. Dort lag auch Remagen mit seiner großen, noch intakten Rheinbrücke, die den prestigeträchtigen Namen eines der wichtigsten deutschen Feldherren des Ersten Weltkriegs trug: Erich Ludendorff. Den Nationalsozialisten galt der Rhein als letzte natürliche Grenze. Spätestens hier mussten die Amerikaner aufgehalten werden. Spätestens hier musste sich entscheiden, ob es noch Hoffnung auf eine Wende des Krieges gab. Aber die »Wacht am Rhein« hielt nicht stand. In einem überraschenden Angriff eroberte die 9. US-Panzerdivision die Brücke bei Remagen unzerstört. Bis heute verbinden sich mit dem Schicksal dieses Flussübergangs zahlreiche Erinnerungen und Legenden, denn hier gelang den westlichen Alliierten der entscheidende Einbruch in das Deutsche Reich. Die Eroberung der Brücke wurde zum Symbol eines Vormarschs, der unaufhaltsam wurde. Roswitha Fröhlich hatte bei dieser Aktion gewissermaßen einen Logenplatz. Am 7. März schrieb sie in ihr Tagebuch:

»Den ganzen Tag schwere Kämpfe. Am anderen Ufer Panzerkolonnen. Im Gang oben einen großen Granatsplitter gefunden. Im Haus alles aufgeregt, dauernd steht jemand auf Beobachtungsposten. Sie behaupten, wenn die Brücke nicht doch noch gesprengt würde, kann es sich nur noch um Stunden handeln [bis die Amerikaner sie überqueren].« Tatsächlich gelang es den Deutschen nicht mehr, die Brücke zu sprengen. Noch am Abend berichtete Roswitha Fröhlich: »Sie sind da! Die Panzer rollen über die Brücke! Plötzlich ist alles ganz schnell gegangen. Überall weiße Fahnen und Laken in den Fenstern, dann die ersten fremden Soldaten.«

+++ Amerikaner erobern Köln +++ Der ehemalige Direktor des Leipziger Schauspielhauses, Otto Werther, stirbt in Unkeroda bei Eisenach

Die US 9th Armored Division hatte handstreichartig den einzigen noch intakten Rheinübergang erobert! Die lädierte Brücke leistete den Amerikanern wertvolle Dienste. Schon einige Tage später überquerten mehrere Divisionen über die Eisenbahnbrücke und auf zusätzlich errichteten Pontonbrücken den Strom. Alle deutschen Versuche, die Übergangsstelle mit Luftangriffen, Kampfschwimmern, ja sogar mit dem Einsatz von Düsenbombern zu blockieren, blieben erfolglos. Die psychologische Wirkung zeigte sich nicht nur bei den Amerikanern: Hitler nahm »Remagen« zum Anlass, den Oberbefehlshaber West, Gerd von Rundstedt, durch Generalfeldmarschall Albert Kesselring abzulösen. Außerdem setzte er persönlich ein »Fliegendes Standgericht« ein, das die fünf Offiziere, die für das Misslingen der Sprengung verantwortlich waren, zum Tode verurteilte. Vier von ihnen wurden hingerichtet, einer befand sich bereits in amerikanischer Kriegsgefangenschaft. Dieses Exempel trug dazu bei, dass man bis zum Kriegsende auch noch die letzte Brücke im kleinsten Dorf in die Luft sprengte.

In Remagen nahmen die Dinge einen anderen Verlauf. Am 17. März schrieb Roswitha Fröhlich in ihr Tagebuch: »Die Brücke ist zerstört! Durch Zufall sahen wir vom Saal aus, wie sie plötzlich ins Wasser sackte. Ganz lautlos, ganz gespenstisch. Da die Fenster geschlossen waren, hörten wir keine Detonation, und für Sekunden herrschte eine Art Lähmung, ein Stillstand überall, völlig entgegengesetzt den Vorstellungen, die man sich seit Wochen davon gemacht hatte.« Das wütende deutsche Bombardement hatte nichts genützt. Nun aber war das angeschlagene Bauwerk ganz einfach in sich zusammengefallen.

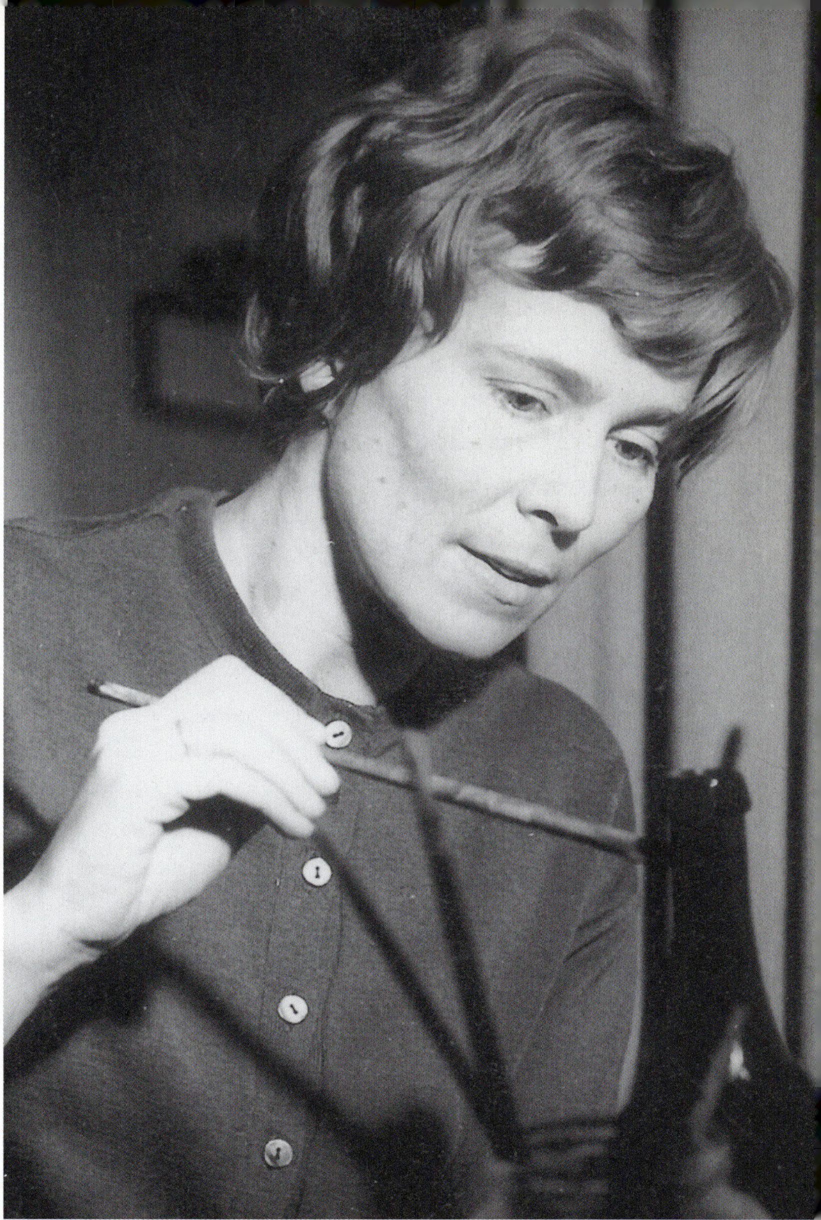

Roswitha Fröhlich wurde 1924 in Berlin geboren.
Nach 1946 studierte sie in Heidelberg, Frankfurt und Berlin Malerei und Germanistik.
Ihren Lebensunterhalt verdiente sie zunächst als Porträtmalerin und Illustratorin.
In den sechziger Jahren arbeitete sie für den Südwestdeutschen Rundfunk.
Seit 1976 verfasst sie Bücher, insbesondere für Kinder und Jugendliche.
Roswitha Fröhlich lebt mit ihrem Mann in Mannheim.

Donnerstag

8

März

Tag 63

Jugenddienst

Die deutsche Kriegsmaschinerie verschlingt immer mehr Menschen. Alle Deutschen, die sich irgendwie einsetzen lassen, müssen kämpfen und arbeiten. Doch dieses Reservoir allein reicht bald nicht mehr aus. Daher werden immer mehr Ausländer herangezogen. Schließlich will man selbst ausländische Kinder und Jugendliche mobilisieren.

Im deutschen Machtbereich wurden Menschen zu Massenware. Gerade in der Endphase offenbarte sich immer mehr der Widerspruch zwischen den propagierten Zielen und den vorhandenen personellen Ressourcen. Alles wurde nun für die Kriegs- und Hilfsdienste rekrutiert, auch »Fremdvölkische«, »Volksdeutsche« und »Staatenlose«. Letztere konnten laut Führererlass vom April 1944 »zur Erfüllung der Wehrpflicht und der Reichsarbeitsdienstpflicht wie deutsche Staatsangehörige herangezogen werden«. Die Aufweichung der bisher so strengen Rassenideologie, die hierfür eigentlich nur Deutsche vorsah, kaschierte man einfach: Erfasst wurden, so die rassistische Legitimation, ja nur die »arischen« Staatenlosen, nämlich die »stammesgleichen Niederländer, Flamen, Dänen, Schweden, Norweger und Wallonen« sowie »Mischlinge, bei denen mindestens zwei Großeltern deutschen oder stammesgleichen Blutes sind«.

Diese rücksichtslose Mobilisierung der allerletzten Kräfte machte selbst vor Jugendlichen nicht halt. Am 8. März 1945 teilte das Reichsinnenministerium allen nachgeordneten Behörden mit: »Für die im Reich befindlichen Flamen und Wallonen ist ein Jugenddienst eingeführt worden. Zu diesem Zweck sind die männlichen und die unverheirateten weiblichen belgischen Staatsangehörigen der Geburtsjahrgänge 1923–1934 von der unteren Verwaltungsbehörde auf Grund der Ausländer-Karteien festzustellen und zur Aufnahme ihrer genauen Persona-

Im Dienst der Kriegswirtschaft: Zehnjährige beim Einbringen der Ernte

+++ In der Schweiz finden Geheimverhandlungen zwischen den deutschen Truppen in Italien und den Alliierten über eine Kapitulation statt

Frühstückspause von Angehörigen des Deutschen Jungvolks auf dem Anhalter Bahnhof in Berlin

lien in der Zeit vom 3. bis 10. April 1945 vorzuladen.« Dieser »Jugenddienst« für die belgischen Jugendlichen während der letzten Kriegsmonate war etwas ganz anderes als jenes sportliche und erzieherische Programm, das vor wenigen Jahren noch der Hitlerjugend oder dem Deutschen Jungvolk angeboten worden war. Zu einer Zeit, da es an allen Ecken und Enden an Arbeitskräften fehlte, zählte nur noch der »Dienst am Volk«. Für die jungen Belgier im Alter von 11 bis 22 Jahren hieß das zum Beispiel: Aufräumarbeiten nach Luftangriffen oder Errichtung von Panzer- und Schützengräben.

Für ihre deutschen Altersgenossen galt das schon länger. Im Vordergrund stand nun die »Einsatzfähigkeit« der jungen Menschen, nicht deren Erziehung. Dabei war gerade die Erziehung für die Nationalsozialisten immer ein zentrales Anliegen gewesen. Ihre Jugendorganisationen sollten – unabhängig von Schule oder gar Kirche – Generationen heranziehen, die nichts anderes mehr kannten als die Ideologie der Partei. Aber auch körperlich wollte man den »neuen Menschen«. »Flink wie die Windhunde, zäh wie Leder und hart wie Kruppstahl.« Hitlers bekannte Forderung spricht für sich: »Wir wissen, es wird nichts im Völkerleben geschenkt. Alles muß erkämpft und erobert werden. [...] Wir wollen, daß dieses Volk einst nicht verweichlicht wird, sondern daß es hart sei, [...] und ihr müßt euch in der Jugend dafür stählen. [...] Ihr müßt lernen, hart zu sein, Entbehrungen auf euch zu nehmen, ohne jemals zusammenzubrechen.« Streng getrennt nach Geschlechtern, drillte man den Nachwuchs auf die vermeintlich geschlechtstypischen Ideale: Gefolgschaftstreue und Kameradschaft, Pflichterfüllung und Gehorsam, Willensstärke, Angriffslust und körperliche Leistungsfähigkeit für die Jungen, Hingabe als Mutter und Hüterin der Familie für die Mädchen. Bildung und Wissen wurden geringer geschätzt, die moralischen Normen der europäischen Zivilisation sowie das humanistische Erziehungsideal galten wenig. Trotzdem kam diese Art der Erziehung bei den meisten Kindern und Jugendlichen gut an. Gruppenrituale, pseudoreligiöse Kulte oder Propagandamärsche zum Klang von Landsknechtstrommeln sollten die Identifikation des Nachwuchses mit dem System stärken. Unzählige Auszeichnungen und Dienstränge kamen dem kindlichen Geltungsbedürfnis entgegen und motivierten die Jugendlichen zu engagierter Mitarbeit.

In den letzten Monaten des Regimes, als nicht nur das Ende des Krieges, sondern auch das des Nationalsozialismus abzusehen war, trat dies alles in den Hintergrund. Was nunmehr zählte, war die Ausbeutung der Jugend für die verschiedensten Arbeiten und – ab einem gewissen Alter – auch für den Dienst an der Waffe. Der bedingungslose Fanatismus, den bemerkenswert viele Jugendliche in jenem aussichtslosen Verteidigungskampf zeigten, ist ein bitteres Zeugnis für den »Erfolg« der manipulativen Erziehung im »Dritten Reich«.

Der jugoslawische König Peter II. bestätigt das Kabinett Tito, das aufgrund einer »Empfehlung« der Konferenz von Jalta gebildet worden war +

Freitag

9

März

Tag 62

Vergewaltigungen durch sowjetische Soldaten

In den deutschen Ostgebieten werden hunderttausende Frauen und Mädchen von Soldaten der Roten Armee vergewaltigt. Viele sterben an den Torturen oder werden ermordet. Die sowjetische Führung ignoriert dieses Massenverbrechen weitgehend. Warum kommt es zu diesen Exzessen?

Am 9. März hatte die Heimsuchung von Zetthun, Kreis Köslin (Pommern), endlich ein Ende. Die sowjetischen Truppen, die das Dorf Anfang März erreicht hatten, zogen weiter. Ein Augenzeuge erinnert sich: »Fast sämtliche Frauen wurden vergewaltigt. Nur wenige entgingen diesem Schicksal. Die zwölfjährige Tochter der Witwe M. R. wurde ebenfalls vergewaltigt, wie mir diese erzählte. Sie selbst befindet sich jetzt noch in der Heimat unter den Polen. Es war keine Seltenheit, daß Frauen des öfteren mehrere Male hintereinander von Russen vergewaltigt wurden.«

Zetthun war kein Einzelfall. Ein katholischer Geistlicher notierte am 9. März im schlesischen Klosterbrück, Kreis Oppeln, in sein Tagebuch: »Eine Mutter erzählte, Russen hätten heute in der Nacht ihre junge Tochter vergewaltigt. Da die Russen im Dorf waren, beklagte sich die Mutter beim Kommandanten. Der bestellte das Mädchen, vergewaltigte es und schickte es wieder nach Hause.«

Mit dem Einmarsch sowjetischer Truppen in das Reichsgebiet stürzte über der wehrlosen Bevölkerung eine Welle der Gewalt zusammen. Plünderungen, Brandschatzungen und auch Morde waren an der Tagesordnung. Am häufigsten aber kam es zu sexueller Gewalt. Auch Alte, Kranke, Schwangere oder Mütter mit Neugeborenen blieben nicht verschont, während ihre Angehörigen oft hilflos zusehen mussten. Nicht wenige, die ihren Frauen oder Müttern helfen

Vergewaltigte und ermordete Zivilisten im ostpreußischen Nemmersdorf, Oktober 1944, aufgereiht für die deutsche Propaganda – und damit ein zweites Mal missbraucht

wollten, wurden kurzerhand umgebracht. Verzweifelt suchten viele Frauen diesem Schicksal zu entgehen, indem sie sich als alte Frauen verkleideten oder sich wochenlang auf Speichern, in Kellern oder in den Wäldern versteckten. Traumata waren nicht die einzigen Folgen. »Selbstmorde unter den Deutschen, besonders Frauen, breiten sich immer mehr aus«, berichtete die sowjetische Staatssicherheit. Ungewollte Schwangerschaften führten zu zahllosen, meist improvisierten Abtreibungen, aus denen nicht selten neues Elend erwuchs. Im sowjetischen Besatzungsgebiet breiteten sich mit einer beängstigenden Geschwindigkeit Geschlechtskrankheiten aus – bis zu Beginn des Jahres 1946 stand den sowjetischen Militärärzten gegen diese Anzeichen der »bürgerlichen Dekadenz«, so die eigene Lesart, kein Penizillin zur Verfügung. Die Führung der Roten Armee tat wenig gegen die Ausschreitungen ihrer Soldaten. Zwar wurden mitunter harte Strafen ausgesprochen wie Auspeitschen oder sogar die Todesstrafe, doch erst 1949 setzte eine Moskauer Direktive ein klares Signal.

Über die Ursachen dieser Gewalt ist viel spekuliert worden. Ein zentrales Motiv war zweifellos das der Vergeltung für die deutsche Kriegführung und Besatzungspolitik in der Sowjetunion, die Millionen von Menschen das Leben gekostet hatten. Eine zutiefst verletzte Nation wollte sich mit einer bewussten Demütigung der »Herrenmenschen« für all das Unrecht rächen, das jahrelang von Deutschen begangen worden war. Doch liegen die Ursachen auch in der Radikalität eines Staates, der seit seinen Anfängen im Ersten Weltkrieg vor allem von Gewalttätigkeit gekennzeichnet war. Der Unterdrückungs- und Terrorapparat der 30er und 40er Jahre mit seinen »Säuberungen« verstärkte diesen Grundzug noch. Die deutsche Aggression provozierte dann eine umso heftigere Reaktion. Allerdings folgte nicht jeder Rotarmist blind der Hasspropaganda gegen die Deutschen. Bezeichnenderweise finden sich neben den Berichten über brutalste Vergewaltigungen auch Beispiele dafür, dass sowjetische Soldaten gegen Vergewaltiger vorgingen und Menschlichkeit zeigten. Einer von ihnen war der Offizier und spätere Literaturnobelpreisträger Alexander Solschenizyn, der seine Abscheu gegen die Gewalttaten auch literarisch verarbeitete:

Leiche einer erstochenen, halb entkleideten Frau in Wehrmachtsuniform an einem Wegesrand in Hohenlepte bei Zerbst, Mai 1945

»Zweiundzwanzig, Höringstraße.
Noch kein Brand, doch wüst, geplündert –
Durch die Wand gedämpft – ein Stöhnen:
Lebend finde ich noch die Mutter.
Waren's viele auf der Matratze?
Kompanie? Ein Zug? Was machte es!
Tochter – Kind noch, gleich getötet.
Alles schlicht nach der Parole:
Nichts vergessen! Nichts verzeih'n!
Blut für Blut! – und Zahn für Zahn.
Wer noch Jungfrau, wird zum Weibe,
und die Weiber – Leichen bald.«

Samstag
10
März

Tag 61

Sowjetische Verhörmethoden in Oberschlesien

Hunderttausende Deutsche befinden sich noch im oberschlesischen Industriegebiet, als Ende Januar 1945 sowjetische Truppen einmarschieren. Einer von ihnen ist der Lehrer Joseph Kohlstrung aus Hindenburg. Mitte Februar wird er für drei Wochen nach Gleiwitz verschleppt. Erst am 10. März kann er nach Hindenburg zurückkehren.

Ich wurde mit ca. acht anderen Männern in das Hauptgebäude [des Polizeipräsidiums] unter ›dawai‹ geführt, wo es ins Kellergeschoß (Baderaum) ging. Als ich in die Verhörkammer kam, sah ich noch, wie ein junger großer Bergmann, Konrad Liß aus dem Kreise Ternowitz, über einem Schemel lag und geprügelt wurde. Als Empfangsgruß bekam ich einen Schlag mit dem Gummikabel. Es waren zwei Kommissare […] am Tisch. Das fingerstarke Gummikabel nahm er aus der Tischschublade, verschloß die Luftschutztür, und dann ging es los: ›Du SS!‹ – weil ich 1,74 Meter bin. Ich sagte: ›Nein.‹ – ›Was Du lernen von Hitler Deine Kinder?‹ Ich: ›Lesen und schreiben.‹ – ›Du Kapitalist!‹ – Ich: ›Ich habe fünf Kinder.‹ – ›Wo Gold, Devisen, Dollar?‹ – Die Tür wurde aufgemacht, ich verkroch mich in die Ecke. […]
Plötzlich kam mit einer Russenmütze in einem Ia braunen Anzuge ein Russe (Ukrainer), der gut deutsch sprach. Er bedrohte mich mit Erschießen und schlug auf mich ein, wollte mit der brennenden Zigarette meine Augen verbrennen, und als ich laut betete, stieß er mich in die Ecke. Ich krümmte mich und wurde dann gehackt [schlesisch für: getreten], vor allem von dem Kommissar, der mir die Schienbeine verletzte. Als man von mir abließ, mußte ich ein angefertigtes Protokoll in russischer Sprache mit meinem Namen unterzeichnen unter Androhung von Schlägen. Dann wurde ich in den vorher genannten Baderaum zu den anderen gebracht, wo mir erst meine Nerven revolutionierten und ich zusammenbrach. Die Schmerzen in den Schienbeinen verhinderten den Schlaf und hielten noch wochenlang an.«

Das Schicksal von Joseph Kohlstrung war typisch für jene Zeit des sowjetischen Einmarschs. Es gab kaum einen Deutschen, der nicht verdächtigt worden wäre, ein überzeugter Nationalsozialist zu sein. In den Augen der meisten sowjetischen Soldaten waren die deutschen Zivilisten Feinde. Man hielt sie für Partisanen, die von der NS-Führung absichtlich zurückgelassen worden waren. Eine Rolle spielte auch, dass viele Deutsche in besseren Verhältnissen lebten, als es die meisten Rotarmisten je gekannt hatten. Ein Wohlstand, wie er in Schlesien noch immer zu erkennen war, war ihnen gewöhnlich völlig fremd. All das schien ihre diffusen Vorurteile gegenüber dem »Kapitalismus« zu bestätigen – denn schließlich konnte der Wohlstand dieser Deutschen nur auf Kosten anderer Menschen zustande gekommen sein. Solche Vorurteile zeigten sich auch in den Ver-

+++ Feldmarschall Kesselring wird Oberbefehlshaber der Westfront und Nachfolger Feldmarschall von Rundstedts; neuer Oberbefehlshaber Sü

Die neuen Herren über Leben und Tod: Marschall Georgij Schukow (3. von rechts) inspiziert im März 1945 mit seinem Stab einen Brückenkopf an der Oder

hörmethoden und im Verhalten gegenüber Joseph Kohlstrung.

Die deutschen Zivilisten waren nahezu schutzlos der Willkür der Rotarmisten ausgesetzt. Sie wurden als besiegte Feinde ohne jegliche Rechte behandelt. Folter und Misshandlung, Vergewaltigung und Plünderung, Deportation und Mord standen auf der Tagesordnung. Und es waren beileibe keine Einzelfälle, sondern Massenverbrechen, die täglich vorkamen. Auch der Leidensweg des Lehrers Kohlstrung endete nicht mit seinem »Geständnis«: Im März 1945 wurde er zur Zwangsarbeit nach Russland verschleppt, erst im Oktober 1946 kam er wieder frei. Die Qualen in der Gefangenschaft hatten so deutliche Spuren hinterlassen, dass er bis Mai 1947 in einem Krankenhaus gepflegt werden musste.
Vor diesem Hintergrund ist es nicht verwunderlich, dass bereits im Januar 1945 große Trecks aus Schlesien in Richtung Westen aufbrachen. Anders als beispielsweise für die Ostpreußen war ihr Weg nicht so weit. Jedoch begann hier die Flucht oft erst im letzten Moment. Viele Schlesier mussten zudem eine doppelte Vertreibung erleiden: Ungefähr 1,6 Millionen flohen ins Sudetenland und erduldeten hier erneute Misshandlungen. Wenige Monate später mussten sie von dort wieder nach Westen aufbrechen. Von den insgesamt 4,7 Millionen Deutschen, die Anfang 1945 in Schlesien lebten, wurden etwa 1,5 Millionen von den Sowjets überrollt, so dass sie zunächst gezwungenermaßen und unter schlechtesten Bedingungen in ihrer Heimat bleiben mussten, bevor sie dann meist ebenfalls das Schicksal der Vertreibung erlitten. Insgesamt dürften bei Flucht und Vertreibung aus diesen Gebieten vermutlich mehrere hunderttausend Menschen umgekommen sein.

Sonntag

11

März

Tag 60

Die »Alpenfestung«

Wie stark ist der Gegner wirklich, wie viele Reserven besitzt er noch, bereitet er eine Falle vor? Nachträglich scheinen solche Fragen Anfang 1945 völlig überflüssig zu sein. Aber vor der endgültigen Entscheidung bringen sie manchen Kommandeur der alliierten Streitkräfte um den Schlaf. Das hat Folgen für den weiteren Verlauf der Geschichte.

Über den Ausgang des Krieges konnte es keinen Zweifel mehr geben. Doch am 11. März erreichte den Oberbefehlshaber der westlichen Alliierten in Europa, General Dwight D. Eisenhower, eine beunruhigende Nachricht. Die Deutschen seien dabei, die Alpen zu einer unbezwingbaren Festung auszubauen:
»Verteidigt von der Natur und den wirksamsten bis zuletzt erfundenen Geheimwaffen, werden die Mächte, die Deutschland bisher geleitet haben, überdauern und seine Auferstehung vorbereiten; Waffen und Munition werden in bombensicheren Werken hergestellt, Lebensmittel und Ausrüstung in riesigen unterirdischen Höhlen gestapelt werden, und ein besonders ausgewähltes Korps junger Männer wird im Kleinkrieg ausgebildet werden, so daß eine ganze Untergrundarmee aufgestellt und dazu eingesetzt und geführt werden kann, Deutschland von den Besatzungstruppen zu befreien.«

Besaß das NS-Regime doch noch eine Zukunft? Hatte Hitler die Alpen wirklich zu einem gewaltigen Festungssystem ausgebaut, um vom Obersalzberg aus den Endkampf zu führen? Seit Herbst 1944 geisterten entsprechende Gerüchte durch die amerikanische Presse. Solche Befürchtungen hatten die Deutschen durch gezielte Desinformation geschürt. Es zeigte Wirkung: Am 25. März meldete der Nachrichtendienst der 7. U.S. Army, 200 000 bis 300 000 deutsche Soldaten, meist Einheiten der Waffen-SS oder der Gebirgsjäger, stünden bereit, die »Alpenfestung« zu verteidigen. Wenn man den Informationen trauen konnte – und Eisenhower tat dies –, dann eröffnete sich damit ein neues, riesiges Problem: ein Kampf in den Alpen. Die amerikanischen und britischen Truppen würden sich in einem langwierigen Guerillakrieg verlieren, ohne den Krieg wirklich beenden zu können. Rasches Handeln schien also unumgänglich.
In dieser schwierigen Situation traf Eisenhower eine weitreichende Entscheidung. Trotz heftiger Proteste Churchills befahl er dem britischen Feldmarschall Bernard Montgomery, »von seinem geplanten Vorstoß auf Berlin abzusehen«. Berlin sei »nur noch ein geographischer Begriff«. Wichtig sei vielmehr die Vernichtung der militärischen Schlagkraft des Gegners. Stalin profitierte von dieser Entscheidung, denn nun konnte die Rote Armee ungestört auf Berlin vorrücken und Fakten schaffen.

Als die Amerikaner die gefürchtete »Alpenfestung« dann tatsächlich erreichten, erwies sich diese schnell als Fiktion. Vereinzelte MG-Nester

+++ Weitere Luftangriffe auf Berlin, Kiel, Bremen, Hamburg und Linz +++ Hitler besucht überraschend die Ostfront in Schloß Freienwalde an der Ode

und einige versprengte deutsche Einheiten erwarteten die feindliche Übermacht. Von den vermuteten Eliteverbänden fehlte jede Spur. In völliger Fehleinschätzung der Lage hatten die Amerikaner ein Phantom attackiert, das nur in der NS-Propaganda existierte – und in den Köpfen einiger Stabsoffiziere in Eisenhowers Hauptquartier. Es wirkte fast, so der Historiker William Shirer, »als hätten sich die Verfasser von Gruselromanen in die Nachrichtenabteilung des alliierten Oberkommandos eingeschlichen. Jedenfalls wurde diese phantastische Geschichte im Hauptquartier ernst genommen.«

Tatsächlich sollte Hitler erst am 28. April, also zwei Tage vor seinem Selbstmord, den »Erkundungs- und Ausbaubefehl für die Kernfestung Alpen« erteilen. Zwar hatte es schon zuvor einzelne solche Vorhaben gegeben, doch waren sie über das Planungsstadium nicht hinausgekommen. Eine »Alpenfestung« hat es nie gegeben, sie war lediglich ein Schlagwort.

Daran ändert auch die Tatsache nichts, dass die Alpen in den letzten Wochen und Tagen des Krieges zu einem beliebten Fluchtziel wurden: Führungsstäbe der Wehrmacht, SS-Ämter und Kommandostellen, Ministerien, Verwaltung, hohe Beamte und Gauleiter – sie alle suchten in den Bergen Zuflucht und hofften, in diesen schwer zugänglichen Regionen möglichst lange unentdeckt zu bleiben. Auch einige wichtige Aktenbestände evakuierte man in alpine Hochgebiete – etwa die Akten der Berliner Reichskanzlei und der Parteizentrale der NSDAP. Außerdem ranken sich bis heute Legenden um reiche Schätze, die von den Nationalsozialisten in den Alpen versteckt worden seien: die Goldreserven der Reichsbank, Zahngold ermordeter Juden, große Mengen gefälschter Devisen. So lebt der Mythos »Alpenfestung« bis in unsere Tage fort.

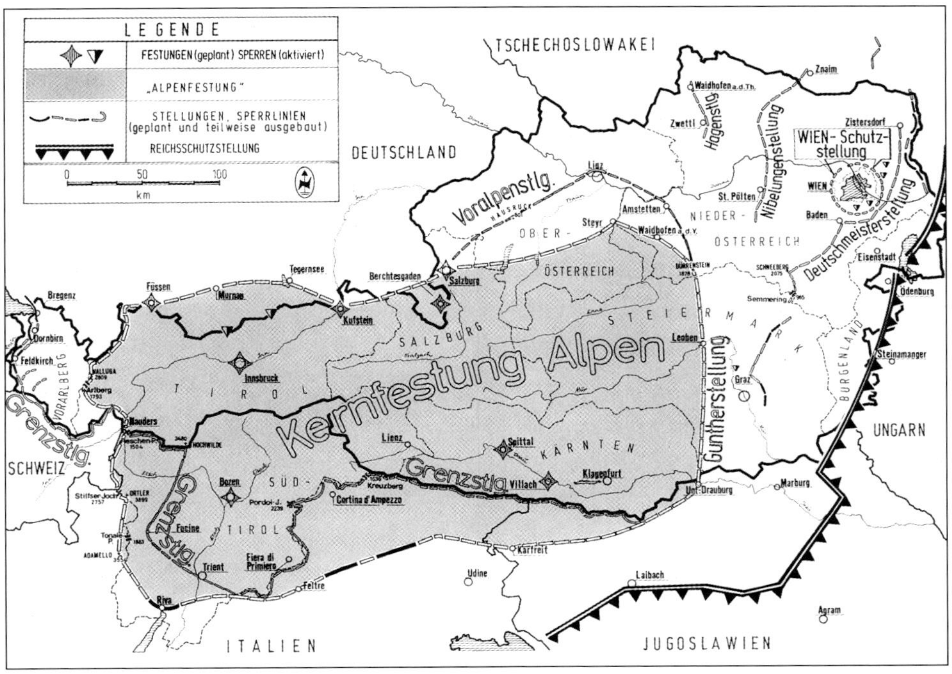

chwerer Luftangriff auf Essen mit 1055 britischen Bombern und 4700 Tonnen Bomben +++ In Görlitz hält Goebbels eine öffentliche Rede ++

Montag

12

März

Tag 59

Anne Frank stirbt im KZ Bergen-Belsen

Im völlig überfüllten Konzentrationslager Bergen-Belsen bricht eine Fleckfieber-Epidemie aus. Zehntausende von Häftlingen sterben. Unter denen, die das Kriegsende nicht mehr erleben, ist auch ein Mädchen, dessen Namen heute fast jeder kennt.

In Bergen-Belsen überlässt man die Sterbenden einfach sich selbst. Eine ärztliche Behandlung, die diesen Namen verdient hätte, gibt es nicht mehr. Viele liegen auf dem nackten Boden, der Besitz einer Decke ist ein Privileg. Außerdem droht die Ermordung durch das Lagerpersonal – »Abspritzen« heißt das im Jargon der Täter. Unter den vielen, die hier ihr Leben verlieren, befindet sich auch ein fünfzehnjähriges Mädchen, das sich im Lager mit Typhus infiziert hat. Das Tagebuch der jungen Jüdin aus Frankfurt, verfasst in ihrem Versteck in Amsterdam, wird später größte Bekanntheit erlangen. Am 12. März 1945, kurz nach dem Tod ihrer Schwester Margot, stirbt Anne Frank in Bergen-Belsen.

Schon vor der Errichtung des Konzentrationslagers war Bergen-Belsen ein Ort des Schreckens. Dabei hatte es 1940 mit einem Barackenlager für französische und belgische Kriegsgefangene relativ harmlos angefangen. Das änderte sich schnell, als seit Juli 1941 die sowjetischen Kriegsgefangenen kamen. Im November waren es schließlich 21 000, denen fast alles fehlte. Trotz der feuchtkalten Jahreszeit gab es kaum Baracken. Stattdessen mussten die Gefangenen in selbst gebauten Erdhöhlen, Laubhütten oder provisorischen Zelten vegetieren. Krankheit und Tod waren vorprogrammiert: Bis zum Frühjahr waren bereits 13 500 Häftlinge gestorben. Auf dem Höhepunkt des Massensterbens verloren täglich bis zu 300 Menschen ihr Leben, so dass

Anne Frank (1929–1945)

+++ General Weiß wird Oberbefehlshaber der Heeresgruppe Nord im Bereich der Danziger Bucht; General Rendulic wird Oberbefehlshab

die Wehrmachtstatistik im Mai 1942 nur noch gut 2000 Insassen registrierte. Auf dem Kriegsgefangenenfriedhof in Bergen-Belsen (Hörsten) liegen 19 500 Rotarmisten begraben.
Dann trafen im April 1943 die ersten KZ-Häftlinge ein. Das gerade aufgelöste Kriegsgefangenen-»Stammlager« sollte eine neue Bestimmung erhalten. Baracken wurden gebaut, auch ein Krematorium. Man sprach von einem »Aufenthaltslager der Waffen-SS«. Tatsächlich internierte man hier etwa zehntausend europäische Juden, die für eventuelle »Austauschzwecke« zur Verfügung stehen sollten. Zu einem solchen »Austausch« kam es freilich nur in wenigen Fällen. Gerade einmal 357 Häftlinge erlangten auf diesem Weg die Freiheit.
Bergen-Belsen war damit zum zweiten Mal zu einem Ort des Schreckens und des Leidens geworden. Allein im angegliederten Aufnahmelager für kranke und nicht mehr arbeitsfähige Häftlinge anderer Konzentrationslager – von der SS euphemistisch »Erholungslager« genannt – war die Sterblichkeit so hoch, dass seine durchschnittliche Belegstärke zumeist unter der Hälfte dessen lag, was dieses »Erholungslager« eigentlich aufnehmen konnte. Als Folge von Überbelegung und dürftigster Versorgung brach in den letzten Kriegsmonaten auch noch eine Fleckfieber-Epidemie aus. In wenigen Monaten fanden zehntausende den Tod. Viele von ihnen waren erst kurz zuvor aus Sachsenhausen oder Mittelbau-Dora hierher evakuiert worden. Insgesamt kamen in Bergen-Belsen allein zwischen Anfang Januar und Mitte April 1945 etwa 35 000 Gefangene um. Rund 60 000 Häftlinge konnten bei der Übergabe des Lagers an die Engländer am 15. April befreit werden, doch für viele von ihnen kam jede Hilfe zu spät: Bis Ende Juni starben noch weitere 14 000 Menschen.

Nach der Befreiung von Bergen-Belsen werden die Leichen weggeschafft

Der britische Sanitätsoffizier Hugh L. Glyn-Hughes beschreibt die furchtbaren Bilder, die sich am Tag der Befreiung im Konzentrationslager boten:

»An zahlreichen Stellen des Lagers waren die Leichen zu Stapeln von unterschiedlicher Höhe aufgeschichtet. […] Überall im Lager verstreut lagen verwesende menschliche Körper. Die Gräben der Kanalisation waren mit Leichen gefüllt, und in den Baracken selbst lagen zahllose Tote, manche sogar zusammen mit den Lebenden auf einer einzigen Bettstelle. In der Nähe des Krematoriums sah man Spuren von hastig gefüllten Massengräbern. Hinter dem letzten Lagerabteil befand sich eine offene Grube, halb mit Leichen gefüllt; man hatte gerade mit der Bestattungsarbeit begonnen. In einigen Baracken, aber nicht in vielen, waren Bettstellen vorhanden; sie waren überfüllt mit Gefangenen in allen Stadien der Auszehrung und der Krankheit. In keiner der Baracken war genügend Platz, um sich in voller Länge hinlegen zu können.«

Schattenwirtschaft, Schleichhandel und Schwarzschlachten

Alles bricht nach und nach zusammen – auch die ökonomische Versorgung. Das System der Lebensmittelkarten wird nun immer mehr ersetzt durch das System des Schwarzhandels. Das Regime versucht das zu verhindern – allerdings vergeblich.

Lange Zeit war es gelungen, die deutsche Bevölkerung auch im Krieg relativ gut zu versorgen. Mit Beginn des Jahres 1945 wurde das immer schwieriger. Vor allem in den Städten wurde nun vieles knapp. Die Folge war eine weitere Kürzung der Rationen, sowohl von Lebensmitteln als auch von anderen Konsumgütern. Noch häufiger als bisher musste nun improvisiert werden, sei es durch Tausch von Waren und Bezugskarten, sei es, indem man Lebensmittel und Kleidung auf andere Weise »organisierte«. Manche versuchten, von der Not zu profitieren. Sie horteten Bezugskarten oder »bezugsbeschränkte« Waren und verkauften sie dann zu überhöhten Preisen weiter. Mit dem allmählichen Zusammenbruch des Systems der Rationierung begann sich ein umfangreicher Schwarzhandel auszubilden. Über ihn berichteten die »Münchner Neuesten Nachrichten« am 13. März 1945:

»Die Lebensmittelkarten werden ausgegeben, um die geregelte Versorgung der Bevölkerung zu gewährleisten, nicht aber, um gewissen Kreisen Gelegenheit zu Schleichhandel und mühelosem Gelderwerb zu geben. Das mögen sich vor allem diejenigen gesagt sein lassen, die an einigen Plätzen Münchens herumstehen, die Aufmerksamkeit der Vorübergehenden durch Augenzwinkern und Gebärden auf sich zu ziehen versuchen und deren deutsche Sprachkenntnisse sich in den Wörtern ›Fleischkarten, Brotkarten, Zigaretten, Schuhe‹ und einigen anderen bezugsbeschränkten Gegenständen erschöpfen.«

Die Botschaft der Berichterstattung war eindeutig: »Schwarzhändler« waren die anderen. Ordentliche Deutsche taten so etwas nicht. Die »Volksgemeinschaft« sollte sich noch einmal solidarisieren – notfalls auch mit einem System, dessen politischer und ökonomischer Sinn immer schwerer zu erkennen war.
Doch nicht nur der Schwarzhandel war illegal. Auch das »Schwarzschlachten« – das Schlachten

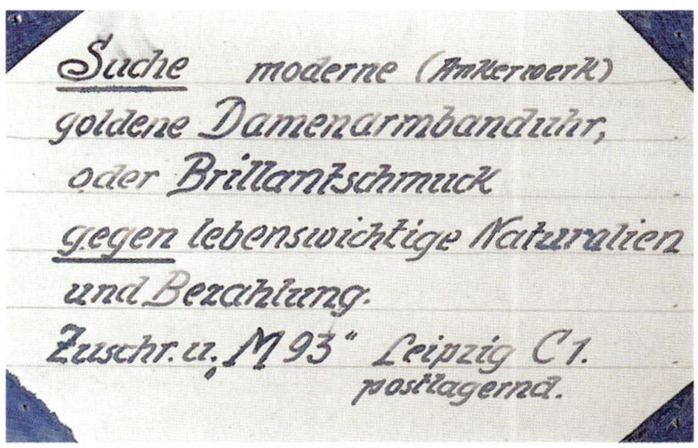
Suche moderne (Ankerwerk)
goldene Damenarmbanduhr,
oder Brillantschmuck
gegen lebenswichtige Naturalien
und Bezahlung.
Zuschr. u. „M 93“ Leipzig C1.
postlagernd.

Improvisierte Tauschanzeige

+++ Königsberg nur noch über See erreichbar +++ Luftangriff auf Regensburg +++ Uraufführung des Films »Ein Mann wie Maximilian« in Berli

von Tieren ohne behördliche Genehmigung – galt wie jede Umgehung des Rationierungssystems als »Kriegswirtschaftsverbrechen«. Trotzdem gab es nicht wenige, die gegen dieses Verbot verstießen, selbst wenn die zuständigen Sondergerichte darauf oft mit drakonischen Strafen reagierten.

Schwarzmarkt in Berlin: Es gibt nichts, was nicht getauscht wird

Die Propagandabehörden sorgten dafür, dass die Presse darüber berichtete. So beschäftigte sich der »Völkische Beobachter« am 30. März mit einem »besonders gefährlichen Kriegswirtschaftsverbrecher«, der, obwohl schon einschlägig vorbestraft, unbeeindruckt seinem Metier treu geblieben war. »Fünf Stück Rindvieh sowie einen Bullen« hatte er schwarz geschlachtet, um dann das Fleisch gegen »Wucherpreise« zu verkaufen. Für die Zeitung stand fest: Der Angeklagte hatte sich »in schwerster Weise gegen die Lebensmittelversorgung der Bevölkerung vergangen«. Ihren Höhepunkt fand die propagandistisch inszenierte Empörung der gleichgeschalteten Zeitungen immer dann, wenn es darum ging, die harten Strafen zu rechtfertigen. Die Verurteilung eines jungen Mannes, der »hintenherum« Karten für 25 bis 30 Kilogramm Brot erstanden und mit leichtem Gewinn weiterverkauft hatte, zu »zwei Jahren Zuchthaus und 200 RM Geldstrafe« kommentierten die »Münchner Neuesten Nachrichten«: Zwar habe sich der Angeklagte »in knappen Verhältnissen befunden« und »auch stets gearbeitet«. Trotz dieser als mildernd angesehenen Umstände sei es aber dennoch gerechtfertigt und notwendig, »eine empfindliche Strafe auszusprechen; denn der Schwarzhandel mit Lebensmittelkarten muß, namentlich wenn er gewerbsmäßig betrieben wird, unter allen Umständen unterbunden werden«.

Dafür schien keine Strafe zu hoch. Allein eine Mittäterin jenes genannten »besonders gefährlichen« Schwarzschlächters, die »zur Tötung einen ihr gehörenden Schießapparat zur Verfügung gestellt« und sich am Weiterverkauf des Fleisches beteiligt hatte, wurde mit zwei Jahren Zuchthaus und zwei weiteren Jahren »Ehrverlust« bestraft. Unter das »schändliche Treiben des Hauptangeklagten« zog man jedoch ein für alle Mal »einen Strich«: Paul D. aus Nauen wurde vom Sondergericht zum Tode verurteilt.

Die »Aachener Nachrichten«

Die Alliierten wollen die Freiheit nach Deutschland bringen. Aber was ist die Freiheit? Die Freiheit ist beispielsweise auch die Freiheit der Medien. Noch vor Kriegsende kommt es im amerikanisch besetzten Aachen zur Gründung der ersten freien Zeitung. Seitdem bieten die »Aachener Nachrichten« ein anderes Bild des Krieges.

Amerikaner stoßen rechtsrheinisch vor«, »Küstrin ist erobert«, »Kämpfe in Kolberg«, lauten die Schlagzeilen der »Aachener Nachrichten« vom 14. März 1945. Das ist eine andere Berichterstattung als die der NS-Propaganda. Damit wird konsequent das verwirklicht, was

Aachener NACHRICHTEN
Wöchentliche Zeitung für die Aachener Gegend
1. Jahrgang Nr. 8 — Herausgegeben mit Genehmigung der Alliierten Militärbehörde — 14. März 1945

Amerikaner stoßen rechtsrheinisch vor

Schwerster Luftangriff des Kriegs auf Dortmund

Die 1. Armee erweitert Remagen-Brückenkopf
Alliierte Luftflotten helfen in Rheinschlacht mit

Küstrin ist erobert
Russen vor Danzig
Kämpfe in Kolberg

General-Leutnant Omar N. Bradley.

MacArthur erobert Mindanao
Briten kämpfen in Mandalay

3 Kinderhorte in Aachen eröffnet

»Aachener Nachrichten«, Ausgabe vom 14. März 1945

die Redaktion der »Aachener Nachrichten« ihren Lesern am 24. Januar 1945 beim Erscheinen der ersten Auflage angekündigt hat: »Endlich, Endlich! wird es in den Kreisen der verehrten Leser heißen, ja endlich sind die Fesseln der Nazi-Diktatur für den hiesigen Bezirk von uns genommen, und ein neues Leben aufzubauen wird jetzt unsere Aufgabe sein. Was die 12 Jahre der Knechtung durch die Nazis für die Presse bedeutet haben, kann nur derjenige ermessen, welcher unter dieser Knechtung gezwungen gewesen ist, in oder an der Presse tätig zu sein, oder als Fachmann die Geschehnisse von außen hin beobachtet hat. So wird die vorliegende Nummer 1 der ›Aachener Nachrichten‹ den Anfang bilden für den Wiederaufbau der deutschen Presse.«

»Den Anfang bilden«: In der Tat waren die »Aachener Nachrichten« die erste deutsche Zeitung, die einigermaßen frei über das berichten konnte, was wirklich geschah. Zwanzig Pfennig kostete das zunächst wöchentlich erscheinende Blatt, das auf vier Seiten über die wichtigsten welt- und lokalpolitischen Ereignisse berichtete. Freie Nachrichten: Vorerst war dies nur westlich des Rheins möglich. Eine alliierte Kontrolle bestand nur bei kriegsrelevanten Informationen

+++ Polen übernimmt die Verwaltung der eroberten deutschen Gebiete östlich von Oder und Neiße +++ Bürgermeister Richter aus Dobbe

und natürlich bei der Auswahl der Redakteure. Östlich des Rheins sah dies noch anders aus. Unter den Nationalsozialisten war die Presse zu einem einzigen staatlich gelenkten Propagandainstrument geworden. Die Partei kontrollierte alle Druckmedien nahezu lückenlos, politisch-ideologisch, aber auch wirtschaftlich. Die Pressefreiheit war seit der »Reichstagsbrandverordnung« vom Februar 1933 außer Kraft gesetzt. Das verschaffte den neuen Machthabern die Möglichkeit, rücksichtslos und brutal mit ihren Gegnern in der Presse abzurechnen. Journalisten wurden verfolgt oder in »Schutzhaft« genommen, Verlage entschädigungslos enteignet oder zur Selbstzensur gezwungen. Drei nationalsozialistische Funktionäre wachten mit Argusaugen über das gedruckte Wort: Max Amann als Präsident der Reichspressekammer, Otto Dietrich als Reichspressechef – und natürlich Reichspropagandaminister Joseph Goebbels, der zugleich Präsident der Reichskulturkammer war.
Die Einebnung der bis dahin bemerkenswert vielfältigen deutschen Presselandschaft – bei der Machtübernahme Hitlers existierten etwa 3400 Tageszeitungen – gelang mit massiven Repressionen und gezielten Förderungen. Seit 1935 wurden Journalisten in einer Reichspresseschule auf Linie gebracht. Die Mitgliedschaft in der Reichspressekammer war obligatorisch. Für die inhaltliche Gleichschaltung sorgte Goebbels höchstpersönlich, indem er in einer täglichen Pressekonferenz einer Schar handverlesener Journalisten Weisungen erteilte, wie die Berichterstattung seiner Meinung nach auszusehen habe. Diese Informationen gingen dann durch die Reichspresseämter weiter an die Blätter in der Provinz. Zudem besaßen das Deutsche Nachrichtenbüro (DNB, im Volksmund schon bald: »Darf nichts bringen«) und die Nationalsozialistische Parteikorrespondenz (NSK) ein Monopol über alle Nachrichten. Meinungsvielfalt und anspruchsvoller Journalismus waren so kaum noch möglich. Eine gewisse Ausnahme bildete das 1940 gegründete Wochenblatt »Das Reich« mit einer Auflage von 1,5 Millionen Exemplaren (1944), dessen Sonderrolle sich freilich darauf beschränkte, die Ideen der Nazis auf gehobenem Niveau unters Volk zu bringen.

Hitler mit Max Amann, Joseph Goebbels und Otto Dietrich bei einem Empfang für die deutsche Presse am 10. November 1938 in München

Für die Alliierten war die Neuordnung der Medien eine der wichtigsten Aufgaben, mit der noch vor Kriegsende begonnen wurde. Es sollte eine der wohl erfolgreichsten gesellschaftspolitischen Weichenstellungen der Siegermächte in Deutschland werden. Nur eine radikale Beseitigung der NS-Presse, so ihre Überzeugung, konnte die Voraussetzung für einen grundlegenden politischen Neuanfang schaffen. Diese Politik der »Tabula rasa« war nur mit Hilfe eines strengen Lizenzierungssystems möglich. Die so entstehende »Lizenzpresse« fand nach dem Krieg ein dankbares Publikum, wie die hohen Absatzzahlen beweisen. Die Erfolgsstory vieler deutscher Zeitungen begann in jener Zeit, darunter auch die der »Aachener Nachrichten«.

Ukrainische Bundesgenossen

Der Wahn vom »Lebensraum im Osten« und von der Herrschaft der »germanischen Rasse« über die »slawischen Untermenschen« ist ein zentrales Motiv der Kriegspolitik Hitlers. Konzessionen an »fremdvölkische« Gruppen kommen für ihn lange nicht in Betracht. Erst kurz vor Kriegsende beginnt das Regime in dieser entscheidenden Frage umzulenken.

Zwei oberste Reichsbehörden, die schon lange nicht mehr viel zu sagen und zu entscheiden hatten, wollten in diesen letzten Tagen nun doch noch ihren Teil zum »Endsieg« beitragen: das Reichsministerium für die besetzten Ostgebiete und das Auswärtige Amt. Am 13. und 15. März empfingen sie einen neuen Verbündeten, den ukrainischen General Pawlo Schandruck.

Für die Deutschen war die Ukraine lange Zeit ein besonders wichtiger Teil ihres »Lebensraum«-Konzepts im Osten gewesen, gewissermaßen eine Art Kronjuwel. Die Ukraine galt zu Recht als eine der reichsten Regionen der Sowjetunion. Hier lagerten nicht nur unermessliche Bodenschätze. Kurzfristig noch wichtiger war, dass die riesigen ukrainischen Getreidefelder mit einem Schlag alle Ernährungsprobleme zu lösen schienen. Die »Schwarze Erde« der Ukraine war schon im Ersten Weltkrieg ein Objekt der deutschen Begierde gewesen. Doch hatten 1918 weder der »Brotfrieden« mit den ukrainischen Separatisten noch die Besetzung des Landes die Hoffnungen erfüllen können. Jetzt unternahm man einen zweiten, wesentlich radikaleren Versuch. Nach der Eroberung der Ukraine im Jahr 1941 sollten das Korn und die anderen Ressourcen »Europa« zugute kommen, wie es in der NS-Propaganda verschleiernd hieß. In Wahrheit wollte man die europäischen Nationen und Ethnien in genau abgestuften Unterwerfungsverhältnissen halten. Der Platz, der ihnen vom NS-Staat zugesprochen wurde, entschied darüber, wie viel sie künftig aus der Beute des östlichen Kolonialreichs bekommen sollten.
In dieser menschenverachtenden Hierarchie stand die Ukraine ganz unten. Mit der Einsetzung des Gauleiters von Ostpreußen, Erich Koch, zum Reichskommissar der Ukraine im September 1941 wurde ein besonders brutaler Nazi-Bonze zum Vollstrecker einer gnadenlosen Ausbeutungspolitik. Koch sah in den Ukrainern nichts anderes als Sklaven und Untermenschen, die nach seiner rassistischen Überzeugung kaum ein Lebensrecht besaßen. Entscheidend war für ihn nur, das Letzte aus dem Land herauszuholen.

Wenn sich trotzdem eine ukrainische Freiwilligenbewegung bildete, hatte das andere Gründe. Die Ukraine hatte unter dem stalinistischen Regime besonders zu leiden gehabt, so dass die Hoffnung auf eine Besserung unter deutscher Besatzung nie ganz erloschen war. Außerdem begannen die Deutschen etwas vorsichtiger und kooperativer zu werden, je länger der Krieg dauerte. Die Wehrmacht beschäftigte mehrere hun-

Hitler mit dem Reichsminister für die besetzten Ostgebiete, Alfred Rosenberg. Im Hintergrund der Chef der Reichskanzlei, Hans Heinrich Lammers

derttausend Ukrainer als Hilfswillige. Doch blieb deren politischer und militärischer Spielraum begrenzt.
Es war die Waffen-SS, die sich stärker aus diesem Reservoir an Freiwilligen bedienen konnte. Im April 1943 wurde von ihr eine galizische, also westukrainische Division aufgestellt. Soweit sich ihre Angehörigen aus Idealismus und Vertrauen in die deutsche Sache gemeldet haben sollten, wurde ihnen das übel vergolten. Bei ihrem ersten Kampfeinsatz im Juli 1944 wurde der Verband, der immerhin eine Stärke von 35 000 Mann hatte, beinahe aufgerieben. Die Reste, die freilich wieder rasch aufgefüllt werden konnten, kämpften anschließend als Anti-Partisanen-Einheiten in der Slowakei und in Slowenien.

Erst als die Deutschen mit dem Rücken an der Wand standen, waren sie zu wirklichen politischen und militärischen Konzessionen gegenüber den Ukrainern bereit. Im März 1945 wurde ein Ukrainisches Nationalkomitee als einzige nationale Vertretung anerkannt. Pawlo Schandruck, ein ehemaliger polnischer Offizier, wurde jetzt zum offiziellen Bündnispartner des sterbenden Deutschen Reichs. Dass die 1. Ukrainische Division keine Wende mehr bringen konnte, lässt sich leicht denken. Wenigstens gehörten die ukrainischen Soldaten zu den wenigen osteuropäischen Kollaborateuren, die nicht in den Sog des deutschen Untergangs gerissen wurden. Nach der Gefangennahme des ukrainischen Kontingents im Mai 1945 entschieden die Westalliierten, auf eine Auslieferung an die Sowjetunion zu verzichten. Damit entging es dem harten Schicksal der Armee aus sowjetischen Kriegsgefangenen und Ostarbeitern, die der russische General Wlassow zum Kampf auf deutscher Seite aufgestellt hatte. Viele Ukrainer wanderten später nach Großbritannien und Kanada aus.

Freitag

16

März

Tag 55

Dieter Borkowski: Tagebuch eines Flakhelfers (II)

Nur durch einen Zufall hat Dieter Borkowski einen Volltreffer in seine Stellung Anfang Februar überlebt. Schnell wird das zerstörte Geschütz ersetzt, und er kehrt in den Flakturm zurück. Mittlerweile wird die Lage für Berlin immer bedrohlicher. Viele Menschen verzweifeln.

Im Osten Berlins war die Front bis an die Oder herangerückt. Die sowjetischen Truppen standen nur noch 70 Kilometer vor der Hauptstadt des Deutschen Reiches. Schon am 14. Februar hatte Dieter Borkowski in seinem Tagebuch geschrieben:
»Wenn ich abends mit Max-Dieter den Rundgang über die Plattform des Flakturms unternehme, was täglich geschieht, sehen wir bei klarem Wetter das Mündungsfeuer russischer Artillerie an der Oderfront. Weht der Ostwind, hören wir das Grollen der Salven. Wir sind beide ziemlich verzagt, manchmal nahezu hoffnungslos.«

Tag für Tag konnte sich der 16-jährige Hitlerjunge mit eigenen Augen von der katastrophalen militärischen Lage überzeugen. Dennoch war er noch immer fest entschlossen, nicht aufzugeben. Mit allen Mitteln versuchte die NS-Propaganda, die deutsche Gesellschaft davon zu überzeugen, dass es keine Alternative gab. Um den Durchhaltewillen im Westen zu steigern, wurde regelmäßig auf den »Morgenthau-Plan« des gleichnamigen US-Finanzministers verwiesen, der Deutschland in einen Agrarstaat umwandeln wollte. Wegen seiner Radikalität äußerst umstritten und in der Öffentlichkeit heftig kritisiert, war dieser Plan schließlich von Präsident Roosevelt abgelehnt worden – und schon seit Ende 1944 in den USA kein Thema mehr. Im Osten setzten Goebbels und seine Leute auf antisowjetische Gräuelpropaganda. Hier tat man sich leichter, denn die zahllosen Übergriffe der sowjetischen Soldaten waren eine Realität, unter der die ostdeutsche Bevölkerung schwer zu

Die Propaganda: Hitlerjungen lachen als Luftwaffenhelfer zuversichtlich in die Kamera

+++ Konrad Adenauer lehnt seine Einsetzung als Oberbürgermeister von Köln durch die Amerikaner ab +++ Rote Armee durchbricht in U

leiden hatte. Dass es sich hierbei auch um eine Reaktion auf die deutsche Besatzungspolitik in der Sowjetunion handelte, wurde natürlich verschwiegen.

Am 16. März beschreibt Dieter Borkowski den Eindruck, den ein Propagandafilm auf ihn gemacht hatte:
»Leider gibt es nichts Neues einzutragen, das man als ›gut‹ bezeichnen könnte. Die Russen, so viel steht fest, wollen eindeutig unser ganzes Volk ausrotten, und der amerikanische Minister Morgenthau hat die gleichen Absichten. Er will aus Deutschland einen Kartoffelacker machen. Wir sahen heute Wochenschaubilder von grauenhaften Ereignissen. In Ostpreußen haben unsere Soldaten einige Dörfer und kleinere Städte zurückerobert. Da lagen deutsche Frauen zu Hunderten ermordet, nachdem sie vorher vergewaltigt worden waren, Kinder mit zertrümmerten Schädeln und erschossene uralte Frauen und Greise. [...] Also darf man den Kampf niemals aufgeben, meinte der Batteriechef, am Ende unseres heldenhaften Kampfes stünde der Sieg!«

Bestürzt muss Dieter Borkowski beobachten, wie sich angesichts solcher Zukunftsaussichten immer mehr seiner Kameraden für den Fall der Niederlage mit Selbstmordgedanken tragen. Er selbst glaubt immer noch daran, dass seine Führer ihm die Wahrheit sagen. Noch immer hofft er auf eine Kriegswende, welche die Propaganda weiterhin verspricht. Sein Kamerad Max-Dieter, mit dem er abends seinen Rundgang macht, denkt hingegen schon weiter:
»Dieter trägt seit einigen Wochen eine Walther-Pistole bei sich [...]. Er sagt mir ganz ruhig, daß er mit seinem Vater und seiner Schwester

Die Realität: Sowjetische Lufthoheit über Berlin

gemeinsam Selbstmord begehen will, wenn die Bolschewisten etwa bis nach Berlin kämen. Ich kann mir das allerdings nicht vorstellen. Denn dann hätten uns ja der Führer und seine Regierung seit Jahren belogen. Er muß doch die Reserven kennen und die seit Jahren für den großen Endschlag produzierten Wunderwaffen!«

Doch auch die hübsche 23-jährige Sekretärin aus der Schreibstube seines Flakturms, für die Borkowski schwärmt, hat Vorsorge getroffen. Nachdem er die Wochenschau mit den schrecklichen Bildern gesehen hat, trifft er sie zufällig in der Kantine: »Zu meinem Schreck sprach heute auch Inge Dombrowski mit mir darüber. [...] Sie ist sehr blaß und sieht unausgeschlafen aus. Ihre Nerven versagen, meinte sie. Während ihr die Tränen kamen, flüsterte sie mir zu: ›Wenn die Russen Berlin besetzen, will mich Oberleutnant Seidler erschießen, ich bat ihn darum!‹ Vor Entsetzen konnte ich überhaupt nichts mehr sagen. Glaubt denn niemand mehr an die Rettung Deutschlands?«

eutsche Front und schlägt die »Leibstandarte Adolf Hitler« unter Sepp Dietrich; Hitler befiehlt ihr darauf, die Ärmelstreifen abzulegen +++

Samstag

17

März

Tag 54

U-Boot-Krieg

Das NS-Reich wehrt sich in seinem Todeskampf mit allen Mitteln: mit »Wunderwaffen«, Rammjägern, Kindern und alten Männern. Auch der Seekrieg ist längst nicht zu Ende. Die deutschen U-Boote sind noch immer »am Feind«, wie die »Münchner Neuesten Nachrichten« am 17. März im Jargon der Durchhaltepropaganda berichten:

Vor kurzem schrieb einer der führenden englischen Marinesachverständigen, Kapitän Edgeworth, man müsse feststellen, daß die bewegten Zeiten für die alliierte Schiffahrt wieder begännen. […] Er verweist damit auf einen Gefahrenherd, der schon einmal die gesamte alliierte Kriegführung in schwerste Gefahr brachte. […] Die Versenkungsziffern beginnen nach der jahrelangen ›Pause‹ auf den Weltmeeren wieder zu steigen. […] Die Formen des U-Boot-Krieges haben sich dabei grundsätzlich gewandelt. Waren es in den ersten Jahren der großen U-Boot-Siege die in kühner nächtlicher Überwasserfahrt auf hoher See in die feindlichen Geleite einbrechenden U-Boot-Rudel, die Schiff um Schiff in die Tiefe sandten, so hat sich nun das Ringen, das unvergleichlich härter, zäher und unerbittlicher geworden ist, in die küstennahen Gewässer und hier in das große Schweigen des wochen- und monatelangen totalen Unterwasserkrieges verlagert. Deutsche Technik und die taktische Beweglichkeit der deutschen Kriegführung haben damit den Vorsprung der gegnerischen Funkmeßortung pariert, die die schnelle nächtliche Überwasserjagd der Rudel nicht mehr tragbar machte. Umgekehrt steht die Wissenschaft der Anglo-Amerikaner der deutschen Erfindung des ›Schnorchels‹ – dem Luftmast, der ›Lunge‹ des getauchten und auf dem Grund liegenden U-Bootes – vorläufig noch ratlos gegenüber. […] So erscheinen heute die deutschen U-Boote an den Stellen, an denen sich die Stränge der angloamerikanischen Nachschublinien bündeln, und schicken Transporter und Kriegsschiffe auf den Meeresgrund.«

Zurück von der Feindfahrt: Zwei deutsche U-Boote haben an ihrem Stützpunkt festgemacht

+++ Deutsche Störflugzeuge greifen Ziele in Nordengland an +++ Luftangriffe auf Nürnberg, Würzburg, Berlin, Regensburg und München

U-Boot-Werft in Bremen nach der Eroberung der Stadt durch die 2. britische Armee am 27. April 1945

Es gab sie also noch: die »Grauen Wölfe« und mit ihnen die Bedrohung der lebensnotwendigen alliierten Nachschublinien zur See. Bis zuletzt versenkten deutsche U-Boote alliierte Schiffe. Allein im Atlantik waren es im Januar 1945 immerhin 15 alliierte Handelsschiffe (80 844 Bruttoregistertonnen), im Februar 17 (75 592 BRT), im März 16 (67 386 BRT) und im April 19 (103 489 BRT). Selbst im Mai konnten noch einmal 4 Schiffe (10 370 BRT) versenkt werden. Während diese 71 Schiffe den deutschen U-Booten zum Opfer fielen, verließen gleichzeitig 590 Neubauten allein die amerikanischen Werften. Angesichts der militärischen Entwicklung im Reich erscheint die Tatsache, dass die deutsche Kriegsmarine auf wenigen verlorenen Posten ihren U-Boot-Krieg fortsetzte, geradezu absurd – selbst wenn sie tatsächlich neue Techniken erstmals zum Einsatz bringen konnte, die ihr manchen Vorteil verschafften. Schnorchel sorgten dafür, dass die Boote nicht mehr auftauchen mussten, während neue Elektroboote wie etwa die vom Typ XXI Spitzengeschwindigkeiten unter Wasser erreichten, die bisher als unvorstellbar galten. Aber auch diese Innovationen kamen viel zu spät. Bereits im Mai 1943 hatte Großadmiral Karl Dönitz die Geleitzugbekämpfung abbrechen müssen. Die Verluste der deutschen U-Boot-Waffe waren schon damals nicht mehr zu ersetzen gewesen.

Zuvor aber war diese Form des Seekriegs gerade für Großbritannien zu einer akuten Bedrohung geworden. »Das einzige, wovor ich im Krieg wirklich Angst gehabt habe, war die U-Boot-Gefahr«, bekannte Winston Churchill später in seinen Memoiren. Eine Zeit lang hatte es so ausgesehen, als ob die Deutschen zur See die Sache für sich entscheiden könnten. Allein im November 1942 waren 126 alliierte Schiffe, im März 1943 dann noch einmal 190 versenkt worden. Neue alliierte Taktiken, vor allem aber die Dechiffrierung des deutschen Funkverkehrs sowie der Einsatz neuer Techniken, etwa des Radars oder wirkungsvollerer Wasserbomben, hatten jedoch wenig später die Wende gebracht. Seitdem befanden sich die deutschen U-Boote in der Defensive. Während des Zweiten Weltkriegs fielen 27 491 der insgesamt 41 300 deutschen U-Boot-Männer. Von den 1170 U-Booten der deutschen Kriegsmarine gingen 630 auf Feindfahrt verloren, während weitere 123 durch Bomben, Minen oder Unfälle sanken. Keine andere deutsche Waffengattung hatte – relativ gesehen – so hohe Verluste.

Ilse Graßmann: Tagebuch einer Hausfrau (II)

Die Verwandten aus Haynau in Niederschlesien haben es geschafft: Sie sind im Februar 1945 bei den Graßmanns angekommen. Es geht ihnen gut, aber »der Brotkorb hängt nun für uns alle noch ein Stückchen höher«, wie Ilse Graßmann ihrem Tagebuch anvertraut. Auch die Sorgen um die Männer bleiben.

»18. März 1945. Von Werner [dem 19jährigen Sohn] keine Nachricht, von Tante Metas Sohn Bruno auch nicht. Wo sie jetzt sein könnten, weiß niemand. Onkel Erwin hat Glück gehabt, er ist als Aushilfe im Büro der Wandsbeker Kaserne untergekommen. Er kann dort schlafen und essen, aber zu seinem Kummer ist das Essen dort nicht so gut: es gibt zu wenig Kartoffeln. Wir aber haben hier Kartoffeln bekommen, so nebenbei 70 Pfund. Aber Hunger haben wir auch, je weniger es gibt, je mehr hat man Hunger, besonders die Kinder.«

Auch die Frauen in der Heimat bekamen den Krieg und seine Entbehrungen immer härter zu spüren. Obwohl ihnen der Einsatz an der Front erspart blieb, gab es Probleme genug. Dazu gehörte an erster Stelle die Ernährung der Familie. Diese Aufgabe war ein Lieblingsthema der nationalsozialistischen Propaganda: Marktunabhängige Selbstversorgung und wirtschaftliche Autarkie im kleinen Bereich der Familie galten als vorbildlich. Aus der Hausfrau wurde im Krieg gezwungenermaßen wieder eine vormoderne Hauswirtschafterin, die im eigenen Nutzgarten Obst und Gemüse zog, selbst einkochte und damit von der Erzeugung bis zum Verbrauch faktisch für alles zuständig war. Dazu sollte sie für Mann und Kinder stricken, schneidern, ja selbst Spinnen und Weben kamen wieder in Mode. Im Schatten des Krieges galt als zeitgemäß, was eigentlich längst überwunden war. Das alles bedeutete für die Frauen eine enorme Mehrbelastung.

Die Wehrmacht hilft mit Gulaschkanonen: Suppenausgabe an die Bevölkerung nach einem Bombenangriff

+++ In Ingelheim wird der örtliche Volkssturmkommandant erschossen, weil er die kampflose Übergabe der Stadt geplant hat +++ Luftangr

Ständig im Einsatz für Angehörige und Freunde: Ilse Graßmann mit Kleinkind im Garten

Auch Ilse Graßmann hatte in ihrem Garten Gemüse und Obst angebaut. Im März war freilich wenig zu ernten. Deshalb musste sie sich ihr Essen »organisieren«. Zwar war die Versorgung mit Grundnahrungsmitteln selbst in diesen späten Kriegstagen meist noch ausreichend, doch der Weg zur Lebensmittelausgabe war wegen der vielen Zerstörungen häufig beschwerlich – und zunehmend auch gefährlich. Weniger die schweren Bomber der Alliierten als vielmehr die sie eskortierenden Jagdflugzeuge entwickelten sich zu einer ständigen Bedrohung. Auch Ilse Graßmann schrieb Anfang März in ihr Tagebuch, es sei »wegen der häufigen Besuche der Tiefflieger nicht ganz ungefährlich [...], ins Dorf oder auf den Bahnhof zu gehen«. Die wendigen Maschinen hatten Befehl, ihre Munition nicht wieder mit nach England zu bringen. Also begannen sie Jagd zu machen auf alles, was sie als lohnend ausmachten – auf militärische und wirtschaftliche Ziele, aber zuweilen auch auf schutzlose Zivilisten. Besonders betroffen waren die ländlichen Gebiete, da es dort keine höheren Gebäude und kaum Luftabwehr gab.

Hatte man es, den Widrigkeiten zum Trotz, zu einer Lebensmittelausgabestelle geschafft, begann das Warten. Stunden um Stunden verflossen beim Anstehen, denn die Lebensmittelgeschäfte hatten nur eine begrenzte Menge an Vorräten. Teilweise begannen die Frauen schon um 6 Uhr früh, sich um Essen zu bemühen. Einige brachten Stühle und Fußbänke, gelegentlich sogar Liegestühle mit. Trotzdem gingen viele leer aus, denn gerade Sonderlieferungen waren sehr begehrt.
Die Ursache für all diese Probleme waren der Krieg und das Prinzip der Zwangsbewirtschaftung. Jedem Haushalt wurde ein gewisses Kontingent an Lebensmittelmarken zugeteilt. Dabei waren nicht die Marken das Problem, sondern eher der Umstand, dass auch die Geschäfte nur beschränkte Zuteilungen erhielten und deshalb ihr Angebot reduzieren mussten. Die Folge war, dass die Öffnungszeiten stark eingeschränkt wurden. Die Hausfrauen konnten gewissermaßen nur noch mit Terminkalender einkaufen, denn die Einzelhandelsgeschäfte hatten an ganz verschiedenen Tagen geöffnet.

Das waren nicht die einzigen Schwierigkeiten, welche die Lebensmittelrationierung mit sich brachte. Die zugeteilten Marken der Graßmanns waren nur für eine vierköpfige Familie berechnet, während jene der schlesischen Verwandten in Hamburg nicht galten. Also musste man aufs Amt gehen, um mehr Bezugsscheine zu erhalten – eine erneute Odyssee, in einer Stadt mit Tieffliegerangriffen, Bombenschäden, Anstehen und völlig überlasteten Behörden. Die Hausfrauen an der »Heimatfront« hatten es nicht leicht.

Hitlers Nero-Befehl

Im Angesicht seines nahen Untergangs schwelgt der »Führer« in Vernichtungsphantasien. Nichts soll den heranrückenden Feinden in die Hände fallen. Hitler befiehlt die Zerstörung von allem, was dem Feind nützen könnte. Kalt nimmt er die Verwüstung Deutschlands und die Not seiner Einwohner in Kauf. Der Nationalsozialismus wendet sich am Ende gegen die eigene Bevölkerung.

Der Kampf um die Existenz unseres Volkes zwingt auch innerhalb des Reichsgebietes zur Ausnutzung aller Mittel, die die Kampfkraft unseres Feindes schwächen und sein weiteres Vordringen behindern. Alle Möglichkeiten, der Schlagkraft des Feindes unmittelbar oder mittelbar den nachhaltigsten Schaden zuzufügen, müssen ausgenützt werden. Es ist ein Irrtum, zu glauben, nicht zerstörte oder nur kurzfristig gelähmte Verkehrs-, Nachrichten-, Industrie- oder Versorgungsanlagen bei der Rückgewinnung verlorener Gebiete für eigene Zwecke wieder in Betrieb nehmen zu können. Der Feind wird bei seinem Rückzug uns nur eine verbrannte Erde zurücklassen und jede Rücksichtnahme auf die Bevölkerung fallen lassen.«

Die Direktive des »Führers« war eindeutig: Nichts als Verwüstung sollten die Alliierten vorfinden. Das »Prinzip der verbrannten Erde«, von der Wehrmacht seit 1943 in der Sowjetunion praktiziert, galt nun auch in Deutschland. Irgendwelche »Rücksichtnahmen auf die Bevölkerung« waren nicht mehr vorgesehen. Lieber zerstörte man deren Lebensbasis, als dass man dem Feind auch nur irgendetwas überließ. Dafür sollte der Reichsminister für Rüstung und Kriegsproduktion sorgen: Albert Speer (1905–1981). Alles sprach dafür, dass er seinem »Führer« auch diesen letzten Treuedienst erweisen würde.

Der begabte Architekt hatte eine steile Karriere hinter sich. Seit 1931 Parteimitglied, diente er sich bereits früh den Nationalsozialisten an. Das zahlte sich aus. Er bekam Aufträge, von denen

Architekt und Rüstungsmanager des »Führers«: Albert Speer im Gespräch mit Adolf Hitler

+++ Über 9000 alliierte Flugzeuge greifen Ziele in Deutschland an; Hanau, Kassel, Jena, Fulda und Ingolstadt werden bombardiert +++ De

andere kaum zu träumen wagten. Goebbels betraute ihn nach der Machtübernahme mit dem Umbau des Propagandaministeriums, Hitler mit dem der Reichskanzlei. Der Diktator war beeindruckt vom Organisationstalent des jungen Mannes, der schon bald zu seinen engsten Vertrauten gehörte. Hitler sah in ihm offenkundig die Verkörperung seiner eigenen unerfüllten Jugendträume. Speer wurde nicht nur Hitlers Baumeister, sondern so etwas wie ein Dramaturg der NS-Ideologie. Besonders bekannt wurden seine Inszenierungen der Nürnberger Reichsparteitage, bei denen er unter anderem mit ausgeklügelten Lichteffekten brillierte. Zugleich schuf er zahlreiche klassizistisch angehauchte Monumentalbauten und wurde 1937 schließlich zum **Generalbauinspekteur für die Neugestaltung der Reichshauptstadt Berlin, der künftigen »Welthauptstadt Germania«**.
Es sollte nicht Speers letztes Amt bleiben. Nach dem überraschenden Tod des Rüstungsministers Fritz Todt am 15. Februar 1942 ernannte Hitler ihn zu dessen Nachfolger. Der wichtigste Teil der deutschen Kriegswirtschaft lag nun in seiner Verantwortung. Ungeachtet aller Schwierigkeiten und aller militärischen Verluste gelang es Speer tatsächlich, die Rüstungsproduktion bis 1944 auf einen Höchststand zu treiben. Sein Erfolg beruhte nicht zuletzt auf dem rücksichtslosen Einsatz eines Heeres von Zwangsarbeitern und KZ-Häftlingen, die ihm Heinrich Himmler und Fritz Sauckel zur Verfügung stellten. Dafür wurde Speer, der sich als einer der wenigen während der Alliierten Kriegsverbrecherprozesse zu seiner Schuld bekannte, 1946 in Nürnberg zu zwanzig Jahren Haft verurteilt. Seine »Erinnerungen«, die in dieser Zeit entstanden, wurden zu einem der größten Memoirenerfolge der Bundesrepublik.

Die Sprengung des berühmten »Blauen Wunders« in Dresden wurde in letzter Sekunde verhindert

Speer versuchte sich darin als »unpolitischen Technokraten« darzustellen. Dass er aber sehr wohl eine gewisse Vorstellung von seiner immensen Verantwortung hatte, verdeutlicht sein Verhalten im März 1945. Ausgestattet mit der Autorität eines Reichsministers gelang es ihm – in Absprache mit der Wehrmacht und der Verwaltung – Hitlers Vernichtungsbefehl weitgehend zu sabotieren. Erst hier offenbarte sich die Grenze von Speers Gefolgschaft. Das eigene Volk sollte nicht untergehen. Das sah Hitler anders. In seinen »Erinnerungen« hat Speer berichtet, wie jener seinen »Nero-Befehl« begründete:

»Wenn der Krieg verlorengeht, wird auch das deutsche Volk verloren sein. Es ist nicht notwendig, auf die Grundlagen, die das deutsche Volk zu seinem primitivsten Weiterleben braucht, Rücksicht zu nehmen. Im Gegenteil ist es besser, selbst diese Dinge zu zerstören. Denn das Volk hat sich als das schwächere erwiesen, und dem stärkeren Ostvolk gehört ausschließlich die Zukunft. Was nach diesem Kampf übrigbleibt, sind ohnehin nur die Minderwertigen, denn die Guten sind gefallen.«

lboote erzielen vor der britischen Ostküste die letzten Versenkungsergebnisse des Krieges: 2 Frachter mit 3968 Bruttoregistertonnen ++-

Dienstag

20

März

Tag 51

Lagebericht

Es ist ein »ganz normaler« Tag dieses langen Krieges. Militärisch passiert nichts Außergewöhnliches. Trotzdem wird an allen Fronten gekämpft. Auch an diesem Tag sterben tausende von Soldaten. Das Kriegstagebuch des Oberkommandos der Wehrmacht vermittelt wenigstens eine ungefähre Vorstellung von den Dimensionen, die dieser Krieg immer noch hat. Eine Momentaufnahme:

Lagebuch 20.3.45

Osten

Heeresgruppe Süd: Der Brückenkopf bei Valpovo wird bis zum 22.3. geräumt werden. Die Maßnahmen sind bereits angelaufen. Der Brükkenkopf bei Miholjac wurde in der Nacht vom 18./19.3. geräumt, was dadurch erleichtert wurde, daß die feindliche Luftwaffe die Übersetzstellen in den letzten Tagen nicht mehr angriff. [...] Eine neue Abwehrfront ist aufgebaut.
Heeresgruppe Mitte: Bei Leobschütz festigte sich die Lage. Die zwischen den beiden Brückenköpfen abgeschnittenen Teile im Zurückgehen. Vorstöße der Division »Hermann Göring« schlugen nicht durch. Dem Gegner ist es nun also gelungen, die Köpfe endgültig zu vereinigen und dadurch einen großen Brückenkopf auf dem Westufer zu bilden. Bei Breslau weiter Kämpfe. Dabei anscheinend Verwendung eines neuen Sprengstoffes. Gegen Glogau erstmalig Großangriffe, bei denen 19 Panzer abgeschossen wurden.
Heeresgruppe Weichsel: Der Brückenkopf bei Stettin mußte auf die Ost-Oder abgesetzt werden. Dort wurde der Feind abgewiesen. [...] Auch sonst ging Gelände verloren.
In *Ostpreußen* ist das am Vortage zusammengeschrumpfte Gelände abermals stark zusammengeschrumpft. Dabei ging Braunsberg verloren. Es besteht jetzt nur noch eine schmale Sichelstellung um Heiligenbeil herum.
Ein Munitionsdampfer von 2000 BRT nach dem Osten ging verloren.
Kurland: Abwehr bei Prekuln. [...] Beim Feinde 3900 [Luft-]Einsätze, besonders in Ungarn und im Raum von Danzig. Von der eigenen Seite keine zusammenfassenden Meldungen.

Lagekarte der Wehrmacht für den 20. März 1945

+++ Hitler begrüßt im Garten der Reichskanzlei 20 Jungen, die sich gegen die Rote Armee als »Einzelkämpfer« bewährt haben; der jüngs

Nordraum

Die 7. Gebirgs-Division beginnt mit dem Verladen. In Oslo ist ein Stopp durch die Verminung eingetreten. Da in den letzten Tagen 3 Schiffe untergegangen sind, stehen jetzt zum Abtransport nur noch 4 Schiffe zur Verfügung.

Westen – Reich

An allen Fronten zusammen etwa 9000 [Luft]-Einsätze gegen das Reich. Dabei 600 Bomber mit Jägern gegen Mühldorf usw. Ferner die 3 amerikanischen Divisionen gegen Mitteldeutschland, wobei die Hydrierwerke usw. nicht getroffen wurden. Ein Teil gegen Ingolstadt und schwäbische Flugplätze, wo jedoch keine Flugzeugschäden eintraten. (Diese Angriffe sind ein Anzeichen, dass dem Gegner die Produktion der Blitzbomber bedrohlich ist). Ferner 40 Briten gegen Brücken im Raum von Minden und Lage (hier wurden 2 Straßenbrücken zerstört). Ferner 50 Briten im Raum Arnsberg, dabei anscheinend Einsatz von 10 000-kg-Bomben gegen einen Viadukt. Außerdem noch 50 gegen das Gebiet von Recklinghausen und Bochum. 1700 Jäger und 700 2-motorige Bomber im Westen. Eigener Einsatz nur gering. Nachts ein Angriff von Süden gegen Bruck und vom Westen die üblichen Moskitos gegen Berlin.

Südosten

Fortgang der Kämpfe bei Serajewo [!] und bei Doboj. [...]

Südwesten

Bei Gibraltar traten 3 Träger in das Mittelmeer ein. Durch neue Angriffe hat sich die Streckenlage wieder verschlechtert. Das Ende der Betriebsstrecke der Brenner-Strecke liegt jetzt wieder bei Bozen.

Hitler bei einer militärischen Lagebesprechung im Hauptquartier der 9. Armee in Bad Saarow (Oderfront), 3. März 1945

Westen

Im Gebiet um England wurden 2 Dampfer versenkt, wahrscheinlich noch 5 weitere mit 17 000 BRT. [...] An der Mosel hat der Gegner auf dem eigenen rechten Flügel eine starke Kampfgruppe gebildet. Es scheint, daß die Franzosen sich für den Übergang am Oberrhein bereitstellen.
Meldung des Luftwaffen-Führungsstabes über die bevorstehenden Luftlandungen: [...] Die Vorbereitungen werden abgeschlossen sein, und es ist mit dem Beginn zu rechnen. [...] Mit dem amerikanischen Angriff wird in der Rhein-Main-Gegend gerechnet. Im Gesamt also ein klares Feindbild. Nach V-Mann-Meldung laufen in Südostengland Vorbereitungen zu einer Landung im Raum Holland und Ems-Mündung an. [...]
Die *Heeresgruppe G* steht im schwersten Abwehrkampf. Der Feind griff auf dem rechten Flügel nach Südosten an. In *Koblenz* hält sich noch ein Rest. Bingen wurde angegriffen. Der Brückenkopf von Mainz wurde verengert. [...]. Der Gegner im Vordringen in Richtung Landstuhl. An der Südfront ist jetzt der Westwall durchgehend besetzt.

Zoos im Krieg

Von den Luftangriffen auf deutsche Städte sind auch die Tierparks betroffen. Viele werden beschädigt, manche gänzlich zerstört, die Bestände dezimiert. Dennoch gehen in zahlreichen Zoos das Leben und auch der Besuch weiter, zum Teil bis in die letzten Wochen des Krieges.

Der Krieg traf alle, auch die Zootiere. In seiner ganzen Schrecklichkeit hatte sich das zum ersten Mal am 25. Juli 1943 in Hamburg gezeigt, als die Stadt den verheerendsten Luftangriff des Krieges erleiden musste (»Operation Gomorrha«). Der weltberühmte Tierpark »Hagenbeck« stand in Flammen. 120 Großtiere – Raubkatzen, Bären, Zebras, Büffel, Kamele, Antilopen und Pferde – starben im Bombenhagel. Andere mussten erschossen werden, denn viele Zäune und Käfige waren demoliert – und den Ausbruch von Tigern, Löwen oder Leoparden wollte man nicht riskieren. Auch hunderte von kleineren Tieren überlebten den Luftangriff nicht. Es starben Affen und Waschbären, Füchse und Schakale, Vögel und Fische, Krokodile und Schildkröten. Eine Arche stand nicht bereit – erst recht nicht im Hafen von Hamburg. Das Zoogelände wurde zu 70 bis 80 Prozent zerstört, so dass es wie ein kleines Wunder wirken musste, wenn im September 1943 hier immer noch über tausend Tiere lebten.

Trotz der schweren Schäden blieb »Hagenbecks Tierpark« weiterhin geöffnet. Unverdrossen besuchten die Hamburger das Gelände im Nordwesten der Stadt. Selbst im April 1945, als an fünfzehn Tagen dieses Monats Luftalarm herrschte, zählte man noch 3188 Besucher, darunter 1831 Kinder. Für die Menschen bedeutete der Besuch im Zoo eine willkommene Abwechslung und Ablenkung vom Kriegsalltag. Noch in den letzten Wochen des Krieges suchten viele ihre kleinen Fluchten. Zumindest in jenen Gegenden, die der Krieg gerade verschonte, waren die Gasthäuser und Wirtschaften damals so gut besucht wie schon lange nicht mehr. Auch die Kinos konnten nicht über Besucher-

Kein Platz für Tiere: Hagenbecks Tierpark wird bei Bombenangriffen zu 80 Prozent zerstört

mangel klagen. In einer Art Endzeitstimmung versuchten die Menschen, noch einmal, vielleicht ein letztes Mal, zu leben.

Auch andere deutsche Tiergärten waren vor Zerstörungen in ähnlicher Dimension wie im Hamburger Zoo nicht verschont geblieben. Am 21. März 1945 schrieb ein Mitarbeiter der Münchner Tierpark AG an den Oberbürgermeister der Stadt Augsburg, deren Zoo mittlerweile von der bayerischen Metropole aus verwaltet wurde:

»In den letzten Wochen und Monaten ist eine bedauerlich grosse Anzahl deutscher Zoologischer Gärten zu Verlust gegangen oder durch massierte Fliegerangriffe vernichtet worden, wie z. B. Königsberg, Posen, Breslau, Wien, Köln, Düsseldorf, Frankfurt a. M., Straßburg, Mühlhausen und andere. In diesen Gärten ist wertvollstes Material an Tierstämmen verloren gegangen, deren Erbmasse in den übrigen nicht sehr zahlreich ist. [...] Obgleich der Münchener Tierpark Hellabrunn sehr schwere Beschädigungen durch Fliegerangriffe aufweist, wird der Betrieb mit allen Kräften aufrechterhalten und diese mühevolle Aufgabe unserer Gesellschaft von allen Stellen der Stadt und der Partei nach Möglichkeit unterstützt, und wir hoffen, die grossen Schwierigkeiten, die wir mit der Fütterung, Heizung usw. des auch jetzt noch zahlreichen Bestandes an ausländischen Tieren haben, überwinden zu können.«

Anderswo war es schon gar nicht mehr möglich, die Tiergärten weiter zu betreiben. So musste etwa der Bochumer Tierpark bereits 1943 nach einem Bombenangriff geschlossen werden; die überlebenden Tiere wurden auf andere Zoos

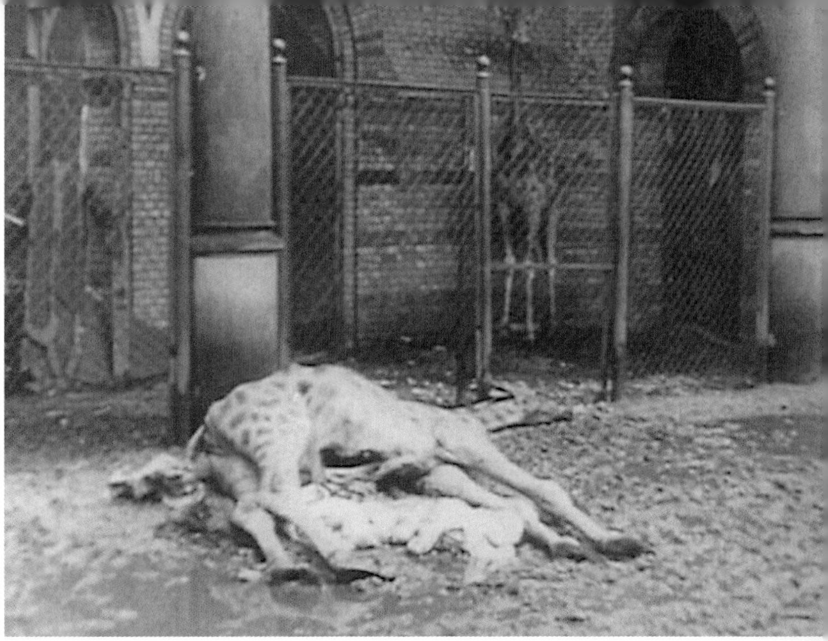

Der britische Angriff auf Berlin am 27. März 1945 tötet fast 4000 Zootiere

verteilt. Mit den Gebietsverlusten im Osten des Reiches gingen auch die dortigen Tierparks verloren. Und selbst wenn die Tiere Belagerung, Artilleriebeschuss und Kämpfe überlebten, war ein Austausch mit diesen Anlagen – etwa bei der Zucht – von nun an nicht mehr möglich. Die Verluste unter den Tieren in deutschen Parks lassen sich insgesamt kaum beziffern. Besonders gravierend waren sie vor allem dann, wenn es sich um Arten handelte, die in freier Wildbahn nicht mehr oder kaum noch vorkamen. In diese Richtung dachte auch der Mitarbeiter des Münchner Tierparks, der sich um seltene einheimische Arten ganz besondere Sorgen machte:

»Elefanten und Affen wird man nach dem Kriege wieder kaufen können, da ihr Aussterben in Freiheit nicht zu befürchten ist. Wenn aber auch noch die Augsburger Zuchtstämme an Wildpferden, Wisenten und anderen Tierarten verlorengehen, so wäre dies *ein kaum zu ersetzender Verlust*, da die Tierarten in der Freiheit eben nicht mehr vorkommen, und die Bestände anderer Gärten gänzlich zu Verlust gegangen sind.«

Donnerstag

22

März

Tag 49

Ilse Graßmann: Tagebuch einer Hausfrau (III)

In Aumühle bei Hamburg ist der Frühling eingezogen, die ersten Vögel kehren zurück. Doch bei Graßmanns kommt wenig Freude auf. Die persönliche Situation wird immer bedrückender und beengter. Denn nach der Ankunft der Verwandten aus Haynau im Februar stehen nochmals Besucher vor der Tür.

»22. März 1945. Gestern sind die Verwandten aus Stolp [in Pommern] angekommen. Ich war zuerst so erschrocken, daß ich nichts sagen konnte. Als es klopfte und ich die Tür öffnete, standen sie auf dem Weg zu unserem Haus, denn eine Treppe gibt es ja noch nicht. Auf der Holzstiege stand Tante Erna, dahinter ihre Tochter Annemarie mit einem kleinen Kind auf dem Arm. Daneben ein junges Mädchen in Annemaries Alter, eine Pflegetochter, wie Tante Erna sagt. Die armen Menschen, es ist unglaublich, was sie alles durchgemacht haben. Als sie Stolp verließen, waren die Russen schon in der Stadt, nachdem sie Stolp schon einige Tage vorher beschossen hatten. [...]

Auf dem Stolper Bahnhof erreichten sie noch einen Zug, der nach Gotenhafen [heute Gdynia] fahren sollte. Gepäck mitzunehmen war kaum möglich, da sie ja das kleine Kind bei sich hatten. Unterwegs wurde auch dieser Zug beschossen. Ein Volltreffer ging auf die Lokomotive. Der Zug blieb stehen, und einige Russen kletterten schon in die letzten Wagen. Da hieß es, rette sich wer kann. Sie mußten alles, was sie noch besaßen, im Zug zurücklassen, quer über die Felder laufen und versuchen, zu Fuß Gotenhafen zu erreichen. Sie haben es auch trotz des kleinen Kindes geschafft. In Gotenhafen wurden die Flüchtlinge auf Dampfer verladen, die in Richtung Swinemünde fahren sollten. Zwei Dampfer, die auch in ihrem Konvoi fuhren, wurden torpediert und versanken. Sie aber hatten Glück und kamen in Swinemünde an und dann über Anklam zu uns.

Nun wird es immer schwieriger. Platz gibt es hier kaum für uns, obwohl Martin [der 15jährige Sohn] schon mit seinem Bett in die Bude gezogen ist, trotz der großen Kälte.

Zuerst habe ich für Frühstück und Waschwasser gesorgt, dann heißt es erstmal einen Raum herrichten, wo sie schlafen können. Dann muß ich überlegen, was soll nun weiter geschehen, wir haben für alle weder zu essen noch Raum, um neue Betten aufzustellen. Die einzige Möglichkeit scheint mir, aufs Gemeindeamt zu gehen und um Hilfe zu bitten.

Eine letzte Atempause vor unruhigen Monaten: Weihnachtsfest 1944 bei den Graßmanns

+++ Amerikaner überqueren bei Oppenheim den Rhein und erobern Mainz +++ In Wien werden zum letzten Mal zehn Menschen hingerichtet

Der Bürgermeister und Herr Holm [ein Gemeindebediensteter] haben uns schnell und in netter Weise geholfen. Nachmittags habe ich schon einen Quartierzettel, und am Abend können sie in ein Dachgeschoß in der Müllerkoppel einziehen und dort schon schlafen. Sie werden sehr freundlich und hilfsbereit aufgenommen. Es ist eine große Erleichterung, dieser Sorge enthoben zu sein. Es gibt aber noch eine Menge Lauferei, um ihnen weiterzuhelfen. Sie müssen doch so lange bleiben, bis Onkel Paul sich gemeldet hat, denn mit ihm ist abgesprochen, der Treffpunkt für die Familie ist Aumühle. Onkel Paul muß auf seine Versetzung in Gotenhafen warten. Ob er dort noch rechtzeitig fortkommen kann, ist sehr fraglich. Ich frage mich immer wieder, daß in all dem Chaos, in dem wir leben müssen, Leute auf Anordnungen in ihrer Behörde warten, als sei tiefster Frieden. Wahrscheinlich ist Onkel Paul längst woanders, denn die Russen haben auch in Pommern schon die Oder erreicht.«

In Deutschland wuchs seit 1943 die Zahl der Evakuierten. Anfänglich waren es vor allem die Bombenangriffe, vor denen die Bewohner der Großstädte aufs Land ausweichen sollten. Die NS-Führung hatte jedoch trotz der verheerenden Schäden und ungezählten Toten Mühe, die Menschen aus ihren Wohnungen zu bringen. Die meisten wollten ihre Heimat und ihren Besitz nicht verlassen. Selbst 1944 wurden daher noch vergleichsweise wenige Deutsche evakuiert. 1945 jedoch, mit dem Vorrücken der Roten Armee, gewannen planlose Flucht und mehr oder weniger geplante Evakuierungen eine neue Dimension. Der Feind kam nicht mehr nur aus der Luft, sondern auch über Land. 1943 waren es nur tausende, später hunderttausende, aber

Tausende Ausgebombte und Flüchtlinge suchen eine Unterkunft

im letzten Kriegsjahr explodierte die Flüchtlingsanzahl: Anfang März 1945 schätzte das Reichsinnenministerium die Zahl der Evakuierten auf etwa 17 Millionen Menschen – eine Zahl, die schließlich auf fast 20 Millionen wuchs.

Nur die wenigsten Flüchtlinge konnten indes bei Verwandten unterkommen. Kaum eine Familie hatte Angehörige, die in ganz anderen Landesteilen wohnten. Und war dies der Fall, dann bedeutete das für die Gastgeber eine große Belastung. Ilse Graßmann hatte bereits die schlesischen Verwandten bei sich aufgenommen. Nun aber waren ihre Möglichkeiten erschöpft. Doch gelang es ihr, auch diesmal zu helfen. Dies war keine Selbstverständlichkeit, denn die Gauleiter der NSDAP hatten meist kein Interesse daran, ihren Herrschaftsbereich mit mittellosen, Arbeit suchenden »Volksgenossen« aufzufüllen. Oft wurden ganze Flüchtlingstrecks einfach abgeschoben. Auch die Lokalverwaltungen zeigten sich häufig halsstarrig. Improvisationen waren nicht ihre Stärke. Unter der Menschenverachtung des NS-Regimes hatten bislang ganz bestimmte Gruppen zu leiden – die »anderen«. Nun traf sie immer häufiger auch die eigene Bevölkerung.

Freitag

23

März

Tag 48

Roswitha Fröhlich: Tagebuch einer Kriegsgefangenen (II)

Roswitha Fröhlich hat nach dem Einmarsch der Amerikaner auf ihr persönliches Kriegsende gehofft. Aber was wird aus ihrem Mann, was wird, wenn Martin in Kriegsgefangenschaft kommt? Genau diese Befürchtung wird bald darauf Wirklichkeit.

Nach der Eroberung von Linz wird das ganze Lazarett, in dem Martin Fröhlich arbeitet, unter Arrest gestellt. Während die Schwestern mit ihrer baldigen Entlassung rechnen, droht ihm die Kriegsgefangenschaft. Der Militärarzt soll offenbar in ein amerikanisches Lager in Frankreich verlegt werden. Am 22. März kommt der Befehl, sich für die Abreise am nächsten Tag bereitzumachen. »Nur das Nötigste mitnehmen, kein überflüssiges Gepäck«, schreibt Roswitha Fröhlich in ihr Tagebuch, denn sie hat sich entschlossen, ihren Mann zu begleiten. Doch wie kann eine Frau, die nicht einmal eine reguläre Krankenschwester ist, zur Kriegsgefangenen werden?

»Nach einigem Hin und Her fand ich den belgischen Oberst, der hier das Kommando übernommen hat, unten im Arztzimmer und habe ihm meine Bitte vorgetragen. Vor Aufregung fiel mir kein französisches Wort ein, nur ›mon mari‹ und ›s'il vous plaît‹ und so was. Er hat mich angeguckt, als ob er's mit einer Verrückten zu tun hätte. Wahrscheinlich hat er kein Wort verstanden. Dann hat er die Achseln gezuckt und irgendwas mit ›Madame‹ gesagt, und ich bin schnell zu meinem Chef gerannt und habe wieder was gestottert. Seitdem feststünde, daß die Schwestern auch abtransportiert würden, wolle ich mich ihnen lieber anschließen, als allein zurückbleiben. […] Er hat mir einen DRK-Ausweis als Helferin versprochen, und heute mittag habe ich ihn wirklich bekommen. Auch die Schwesterntracht, die ich gleich angezogen habe. Als Martin das alles hörte, war er eigentlich auch ganz erlöst.«

So wurde Roswitha Fröhlich Kriegsgefangene. Es gibt wohl wenig Beispiele dafür, dass sich jemand freiwillig für ein Gefangenenlager meldete. »Ab nach Frankreich. Wollten wir nicht sowieso unsere Hochzeitsreise dorthin machen?« Am 23. März 1945 heißt es aber erst einmal Abschied nehmen. Für lange Zeit werden die Fröhlichs ihre Heimat nicht mehr wiedersehen, werden in Gefangenschaft voneinander getrennt leben müssen. Sie schildert den Aufbruch:

»Um elf Uhr werden wir in Lastwagen verladen. Das ganze Lazarett, Patienten und Zurückbleibende, nimmt Abschied. Alles ist in Aufruhr, dann müssen wir uns trennen. Martin wird noch in letzter Sekunde zum Assistenzarzt befördert – er und die anderen sitzen in einem anderen Wagen, aber ich springe noch schnell zu ihnen und sitze dann wirklich und wahrhaftig neben Mar-

+++ Winston Churchill besucht die Front in der Nähe von Venlo und beobachtet den Rheinübergang der britischen Truppen; wenig späte

tin. Herrliches Wetter. Wir fahren über die Pontonbrücke nach Remagen, Sinzig, Euskirchen. Dann, kurz hinter Zülpich, werden wir in einem Durchgangsgefangenenlager ausgeladen, Ärzte und Schwestern getrennt. Der erste Stacheldraht. Lauter kleine eingezäunte Karrees, alles in einem großen Karree. In der Mitte ein Zelt und eine Latrine, ein Gummibehälter mit gechlortem Trinkwasser. Hunderte von deutschen Gefangenen hocken auf der Erde, verdreckt, stumpf, mit völlig zerfetzten Kleidern. Trotzdem machen sie den Eindruck, als seien sie froh, aus dem ganzen Dreck einigermaßen gesund herausgekommen zu sein. Wir Schwestern laufen in unserem Karree hin und her. Die ersten Frauen in diesem Lager. [...]

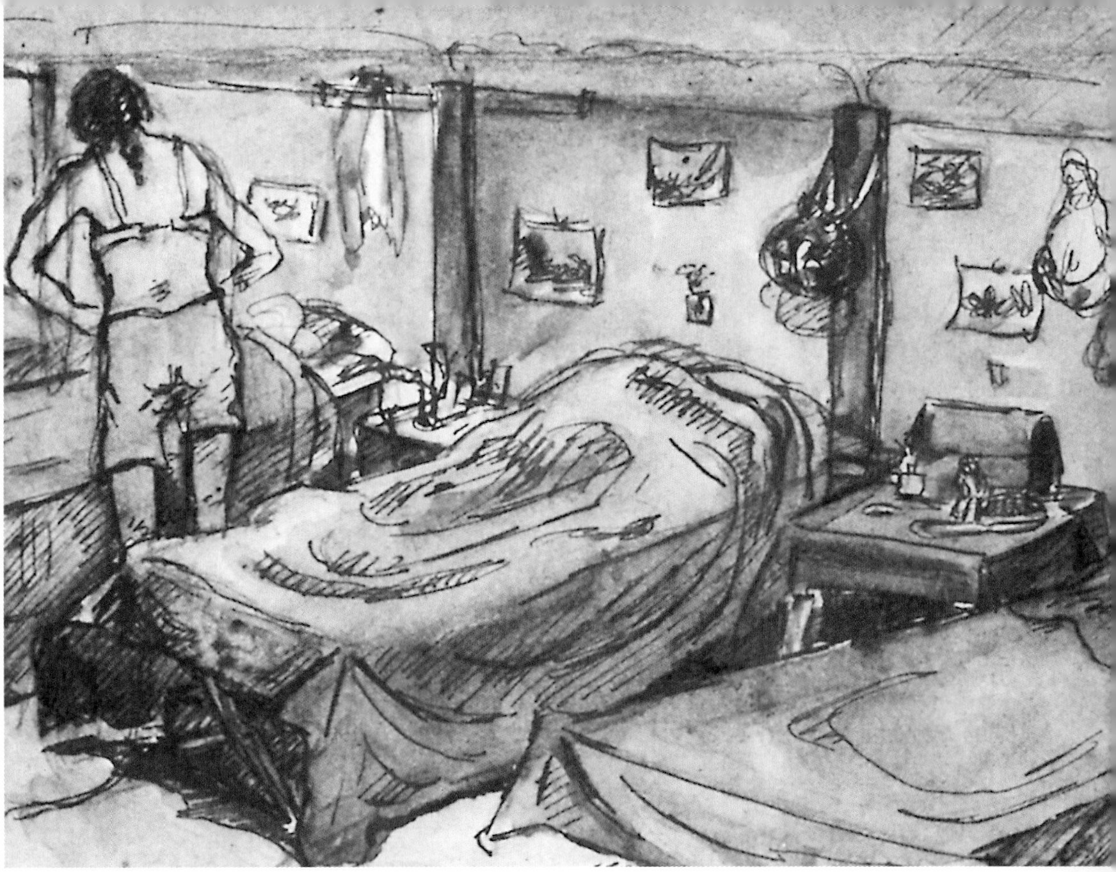
Im Gefangenenzelt: Zeichnung von Roswitha Fröhlich

Die Ärzte stehen drei Karrees weiter, wir winken uns verstohlen zu. Dann fragt uns ein deutscher Offizier mit einem Sowjetstern auf der Schulter aus. Ob wir endlich gemerkt hätten, wie wir belogen und betrogen worden seien. Er sei aus der Freiheitsarmee Seydlitz oder so was. [...]
Um vier Uhr müssen die Ärzte plötzlich antreten, und es sieht aus, als ob sie nun abmarschieren. Ich will schnell zum Zaun gehen, um Martin noch mal zu sprechen. Aber ich werde zurückgehalten. Dann kommen die Ärzte wieder zurück. Wir würden zusammen verladen, sagt ein Amerikaner. Ich glaube nicht daran, aber es stimmt. Um sechs Uhr werden wir in Autos verfrachtet, dann in drei Güterwagen. Offensichtlich geht es in Richtung Belgien oder Frankreich. Martin ist im letzten Wagen, ich im ersten. Wir bekommen Büchsen zur Verpflegung, Nudeln und Fleisch, ham and eggs, meat and tomatoes. Auch eine Büchse mit Keksen, Trinkpulver und sogar Bonbons. Tolle Verpflegung! Sogar die Schwestern, die eben noch geheult haben, werden wieder besserer Laune. Wir machen es uns gemütlich, so gut es geht, hocken kauend und bonbonlutschend auf unseren Koffern und Taschen. Dann fangen einige an zu singen, reichlich trübselig, die anderen legen sich auf den Boden, rollen sich in ihre Decken und geben vor zu schlafen. Ich bleibe noch sitzen. So eng und kalt es in diesem lausigen Viehwagen ist – irgendwie finde ich es auch ganz abenteuerlich.«

Samstag

24

März

Tag 47

Hugo Hartung: Tagebuch eines Soldaten (III)

Nach seinem Zusammenbruch liegt Hugo Hartung im Breslauer Festungslazarett, das man notdürftig im Brüderkloster eingerichtet hat. Zwar erholt er sich allmählich, doch konfrontiert ihn auch sein Lazarettalltag mit dem alltäglichen Sterben im Krieg. Am 24. März 1945 schreibt er in sein Tagebuch:

»Nicht nur wegen der russischen Bomben haben wir in der letzten Nacht so schlecht geschlafen. Ein sterbender Kamerad in einem Nachbarbett hat sich furchtbar gequält und immer wieder flehentlich gebeten, daß man ihm etwas zu trinken gebe. Am Vormittag hat er dann einige Spritzen bekommen, und während wir zu Mittag essen, schläft er ruhig für immer ein. Danach kommt, wie immer, der kleine verwachsene Unteroffizier, der die Nachlaßsachen an sich nimmt und der bei uns der ›Totenvogel‹ genannt wird. Die leergestorbenen Betten sind meistens schon nach wenigen Stunden wieder belegt.«

An der Ostfront standen sich zu Beginn des Jahres 1945 riesige Armeen gegenüber: 6 Millionen Soldaten sind es auf sowjetischer, 2 Millionen auf deutscher Seite. Beide Kriegsparteien mussten in den folgenden Monaten noch schreckliche Verluste hinnehmen. Allein auf deutscher Seite war die Zahl der Opfer gewaltig. Obwohl der Kampf längst sinnlos geworden war, verloren im letzten halben Jahr des Krieges – von Dezember 1944 bis Mai 1945 – insgesamt rund 1,5 Millionen deutsche Soldaten ihr Leben. Über zwei Drittel davon fielen an der Ostfront. Wie sehr sich die Überlebenschancen für die deutschen Soldaten verschlechtert hatten, verdeutlicht die Statistik: Ein Rekrut, der im Sommer 1939 zur Wehrmacht einberufen wurde, blieb – statistisch gesehen – vier Jahre lang am Leben. Wer im Frühjahr 1945 einrücken musste, über-

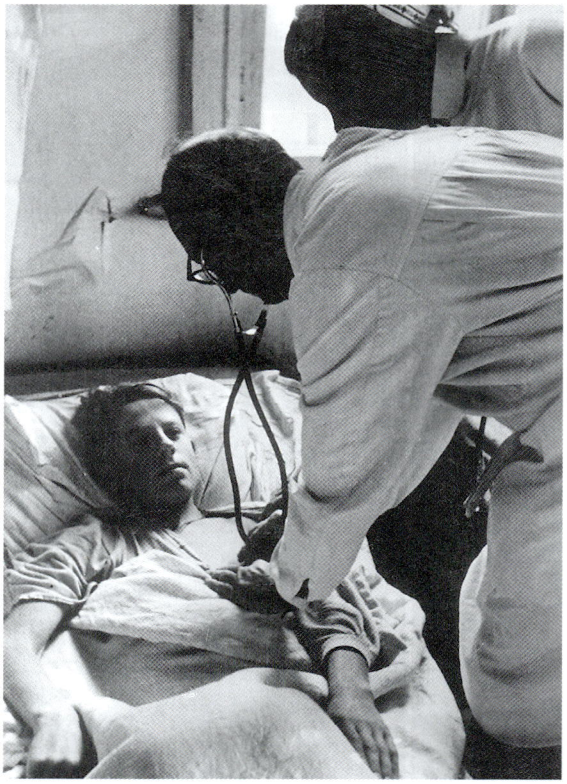

Ärztliche Betreuung für einen verwundeten Wehrmachtsoldaten im Osten

lebte im Schnitt nur noch vier Wochen. In den Jahren 1944 und 1945 gab es gewaltige Kesselschlachten, in denen ganze Armeen der Wehrmacht verschwanden. Trotzdem untersagte Hitler jeden Rückzug, während seine Generäle es gewöhnlich nicht wagten, eigenmächtig auszubrechen oder den Rückzug anzutreten. Auch jene Städte, die Hitler kurzerhand zu »Festungen« erklärt hatte, wurden verbissen verteidigt. Alte Kulturzentren wie Königsberg, Posen oder eben Breslau wurden dabei zerstört. Was der Bombenkrieg bislang verschont hatte, legte nun die sowjetische Artillerie in Schutt und Asche. Häuserkämpfe sind gewöhnlich besonders verlustreich, so dass hier zehntausende ums Leben kamen – nicht nur Soldaten, sondern auch zahllose Zivilisten.

Auch im Lazarett von Breslau ist der Tod nichts Besonderes mehr, sondern längst Routine und Teil eines grausamen Alltags. Der 24. März ist nicht der erste Tagebucheintrag von Hugo Hartung, der sich damit auseinander setzt. Schon am 13. März hat er notiert:

»Gestern abend habe ich den bisher schlimmsten Krampfanfall erlitten, aber heute ging es mir schon wieder ganz leidlich. Im Nebenkeller erscheint ein Friseur, der den Männern die Haare schneidet und sie rasiert. Auch ich genieße das Rasieren als eine friedensmäßige Wonne. Mein Stuhl steht neben dem Bett eines alten Volkssturmmannes, der im Sterben liegt. Sein Sohn, in einer schäbigen Infanteriekluft, sitzt mit großen, schlaff niederhängenden Händen auf seinem Bett und starrt den schon Bewußtlosen an. Als mir der Friseur das weiße Tuch abnimmt, ist der alte Mann tot. Nonnen decken sein Gesicht zu, während ich den Friseur bezahle.«

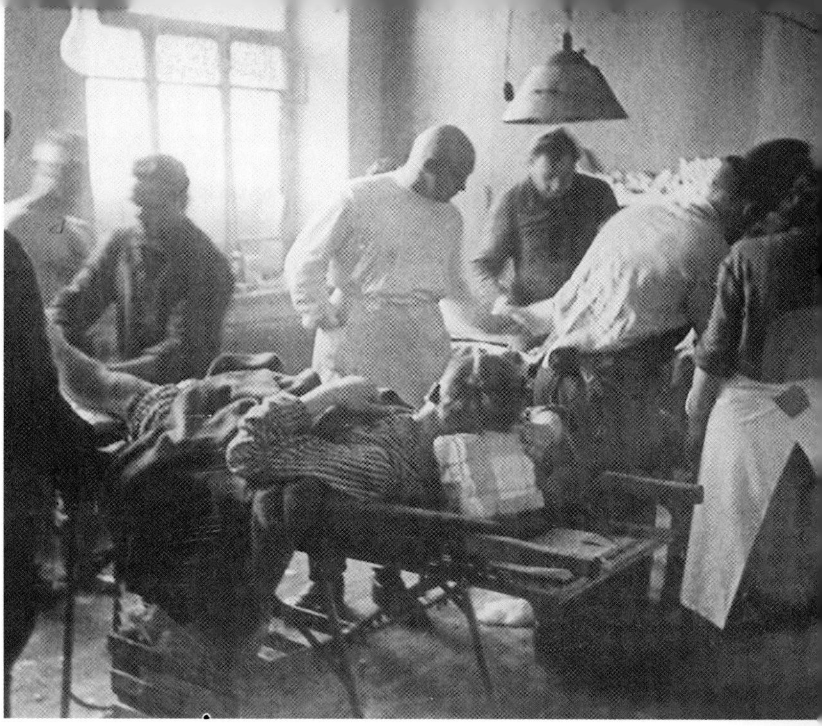

Entscheidung über Leben und Tod: OP-Tisch in einem Kriegslazarett an der Ostfront

Während Hugo Hartung im Brüderkloster allmählich wieder auf die Beine kommt, verwandelt sich um ihn herum die Stadt in ein Gräberfeld: Zu den gefallenen Soldaten kommen die toten Zivilisten, unter ihnen auch solche, die ihr Leben angesichts der aussichtslosen Lage freiwillig beenden. Alte, längst aufgelassene Friedhöfe müssen wieder in Betrieb genommen werden, ein ganzer Park wird zur Begräbnisstätte erklärt. Doch auch das reicht nicht aus. Bald beginnt man die Toten überall in Gärten und Grünanlagen zu beerdigen oder nur noch in aller Eile zu verscharren, anfangs in einfachen Holzkisten und Einzelgräbern, später nur noch in Säcke gehüllt und in Reihengräbern. Viele Opfer finden unter den Trümmern zerstörter Wohnungen und zerbombter Häuser ihre letzte Ruhestätte. Ein unerträglicher Verwesungsgeruch liegt über der Stadt, und ganze Heerscharen von Ratten wimmeln jetzt durch die Ruinen. Im Gegensatz zu den Menschen finden sie nun genug Nahrung.

Sonntag

25

März

Tag 46

Ermordung des Aachener Oberbürgermeisters Oppenhoff

In allen Großstädten westlich des Rheins sind mittlerweile die Alliierten einmarschiert. Neu eingesetzte deutsche Verwaltungen organisieren den Wiederaufbau. Doch die Verantwortlichen leben gefährlich: Der »Werwolf«, eine geheime Terrororganisation, verfolgt aus dem Untergrund die »Verräter«.

Palmsonntag 1945. Franz Oppenhoff nutzt einen der wenigen freien Momente, die ihm seine neue Aufgabe als Oberbürgermeister lässt. Zusammen mit seiner Frau Irmgard und den drei Töchtern sitzt er beim Mittagessen. Es gibt Kartoffeln mit Zwiebeln, später »echten« Bohnenkaffee und drei Teelöffel Zucker. Es ist ein freundlicher, heller Frühlingstag, doch die Stimmung in der Eupener Straße 251 ist gedrückt. Die Angst sitzt tief, denn noch ist Nazi-Deutschland nicht besiegt. In vagen Andeutungen spricht Oppenhoff von einer »Kugel, die bereits für mich gemacht ist«. Er kann nicht wissen, wie Recht er hat. Nicht weit entfernt, im Wald, lauern schon seine Mörder.

Franz Oppenhoff
(1902–1945)

Nach dem Ende der »Schlacht um Aachen« am 21. Oktober 1944 – Aachen war die erste größere deutsche Stadt, die von den Amerikanern eingenommen wurde – begann die US-Army sofort, eine neue, von ihr kontrollierte deutsche Verwaltung aufzubauen. Für das Amt des Oberbürgermeisters wurde eine Persönlichkeit gesucht, die über jeden Verdacht der Nähe zum Nationalsozialismus erhaben und somit geeignet war, die Zukunft eines neuen Deutschlands zu repräsentieren. In der Person des streng gläubigen Katholiken Franz Oppenhoff – der Vorschlag kam von Bischof van der Velde – fand man schon bald den richtigen Mann.
Oppenhoff, Jahrgang 1902, stammte aus einer angesehenen rheinischen Beamtenfamilie. 1933 hatte er sich in seiner Heimatstadt Aachen als Rechtsanwalt niedergelassen. Seine Kanzlei war schnell zu einer der ersten Adressen am Ort geworden. Als konservativer Katholik hatte Oppenhoff dem Nationalsozialismus immer fern gestanden, und es hatte ihm auch nicht an der Courage gefehlt, in zahlreichen politischen Prozessen Priester und Ordensleute zu verteidigen. Nach kurzem Zögern nahm Oppenhoff die Berufung an. Am 21. Oktober 1944 bezog er seine Amtsräume am Theaterplatz, in einem der ganz wenigen öffentlichen Gebäude, die in dem völlig

+++ Amerikaner erobern Worms und Germersheim; damit ist die gesamte Pfalz besetzt +++ Luftangriffe auf Osnabrück, Münster und Hannove

verwüsteten Aachen noch einigermaßen verschont geblieben waren. In seiner Aufgabe als Oberbürgermeister sah Oppenhoff einen »Beitrag zur Schaffung des neuen Vaterlandes«; Deutschland solle nicht »versklavt« werden, vielmehr sei es nun an den Deutschen, ein »neues, wahrhaftiges und friedliebendes Vaterland aufzubauen«.

Im »alten« Deutschland rüstete man derweil angesichts der rasch voranrückenden Truppen der Alliierten zum Untergrundkampf auf deutschem Boden. Der Reichsführer-SS, Heinrich Himmler, hatte im letzten Kriegswinter unter der Führung des Generals der Waffen-SS Hans Prützmann einen Partisanenverband mit dem martialischen Namen »Werwolf« ins Leben gerufen. Dessen Aufgabe war es, alle »Verräter und Verbrecher am Deutschen Volk« mit dem Tod zu bestrafen. In speziellen Ausbildungslagern trainierte man Männer, Frauen und Jugendliche für den Guerillakrieg. Im ganzen Land kursierten Flugblätter und Handzettel mit dem berüchtigten Runenzeichen und Aufschriften wie »Unsere Rache ist tödlich« oder »Wer nicht mitmacht – ist gegen uns!«. Das sollte die Menschen davon abbringen, zum Feind überzulaufen, und Furcht und Schrecken unter den Alliierten und der deutschen Bevölkerung in den besetzten Gebieten verbreiten.

Palmsonntag 1945, etwa zehn Uhr abends. Der Auftrag trägt den zynischen Decknamen »Unternehmen Karneval«. Die sechs Mitglieder des Mordkommandos – vier Männer, eine Frau, ein Junge – folgen bedenkenlos dem Auftrag eines fernen Beamten. Sie sollen einen Menschen töten, den sie nicht kennen. Mit einem erbeuteten amerikanischen Bomber hat man sie nachts von

Oberbürgermeister

Franz Oppenhoff

fiel am Spätabend des 25. März 1945 feigen Meuchelmördern zum Opfer.

Der Verstorbene hat das Verdienst, in bitterster Kriegszeit unter Hintansetzung aller persönlichen Interessen den Verwaltungsaufbau in der schwer zerstörten Stadt Aachen in Angriff genommen zu haben. Die Stadt Aachen dankt ihm dies über das Grab hinaus.

Die feierlichen Exequien finden am Mittwoch, dem 28. März 1945, um 9,30 Uhr im Dome statt. Die Beisetzung erfolgt am gleichen Tage um 11,30 Uhr auf dem Ost-Friedhof (Adalbertsteinweg).

Die Bevölkerung wird dem Verstorbenen die letzte Ehre erweisen und an den Trauerfeierlichkeiten teilnehmen.

Aachen, den 26. März 1945.

Die Stadtverwaltung

Todesanzeige für einen mutigen Mann, verantwortungsbewussten Politiker und deutschen Patrioten

Hildesheim aus hinter die feindlichen Linien geflogen und dort unbemerkt mit dem Fallschirm abgesetzt. Jetzt betreten sie durch den Kellereingang das Haus ihres Opfers. Doch außer dem Hausmädchen Elisabeth Gillessen ist niemand da. Die Einundzwanzigjährige muss den Oberbürgermeister erst aus dem Nachbarhaus herüberholen. Oppenhoff will die angeblich abgeschossenen Flieger unterstützen und eilt ins Haus, um Butterbrote zu holen. Als er zurückkommt, wartet sein Mörder vor dem Kellereingang. Der Schuss aus der schallgedämpften Pistole trifft Franz Oppenhoff in die linke Schläfe. Er ist sofort tot.

Bis auf zwei Begegnungen werden in Wien alle Fußball-Meisterschaftsspiele abgesagt; die Vereine können nicht genug Spieler aufstellen ++

Montag

26

März

Tag 45

Massenerschießung im Arbeitserziehungslager Hirzenhain

Die Alliierten haben den Rhein überwunden. Nun gibt es kein Halten mehr. Die Funktionäre und Handlanger des NS-Regimes bekommen Panik. Aber selbst jetzt gibt es noch Fanatiker, die alle Brücken hinter sich abbrechen und so viele Gegner wie möglich in den Tod reißen wollen.

In der Nacht vom 22. auf den 23. März setzen amerikanische Einheiten bei Oppenheim über den Rhein. Unter den NS-Funktionären verbreitet sich Hektik. Auch Hans Trummler räumt seine Dienststelle in Wiesbaden und begibt sich mit seinem Stab in das Arbeitserziehungslager (AEL) Hirzenhain. Als Befehlshaber der Sicherheitspolizei und des SD Rheinland-Westmark ist Trummler einer der gefürchtetsten Männer in dieser Region. Um Platz für sich und seine Leute zu schaffen, ordnet er kurzerhand die Räumung des Lagers an und entsendet ein Vorauskommando, ein gutes Dutzend junger, »volksdeutscher« SS-Männer. Das sind nicht die einzigen Leute, die in das Lager kommen. Gleichzeitig erreicht in der Nacht vom 24. auf den 25. März ein Transport von 44 Frauen aus dem gerade geräumten Frankfurter Gestapo-Gefängnis das Lager – fünf weiteren ist unterwegs die Flucht geglückt.

In Hirzenhain sind vor allem Frauen interniert, Zwangsarbeiterinnen aus Polen, der Sowjetunion und anderen besetzten Ländern; auch Deutsche werden hier festgehalten. Die meisten Häftlinge hat man wegen Verstößen gegen die »Arbeitsdisziplin« eingeliefert, manche auch wegen Promiskuität oder Prostitution. Als der Frankfurter Transport eintrifft, ist die Lagerführung zunächst ratlos – auf Neuankömmlinge ist man nicht vorbereitet, zumal die Auflösung Hirzenhains unmittelbar bevorsteht. Das Vorauskommando der Sicherheitspolizei regelt das Problem auf seine Weise. Etwa 800 Meter entfernt lässt es in einem Wald von männlichen Häftlingen eine Grube ausheben. Im Lager selbst wird selektiert: 36 Frauen werden ausgesondert. Man erklärt ihnen, sie sollten in ein anderes Lager verlegt werden. Was sich dann in den frühen Morgenstunden des folgenden Tages unweit des Lagers abspielt, beschreibt später ein Angehöriger aus Trummlers Stab. Als er MP-Salven hört, geht er in den nahen Wald, um zu sehen, was vor sich geht:

»Eine Gruppe von 40 bis 60 weiblichen Häftlingen stand im Wald. Auf dem Erdwall vor der Gruppe standen [SS-Hauptsturmführer] Fritsch mit einer Maschinenpistole und drei bis vier Männer, ebenfalls mit Maschinenpistolen. Die Häftlinge wurden in Gruppen zu zweien aus dem Wald zur Grube gezerrt und in die Grube hineingestoßen. Dann schossen Fritsch und die SS-Männer mit gezielten Hüftschüssen auf die in die Grube gestoßenen Häftlinge.«

++ Für britische Soldaten wird ein Fraternisierungsverbot erlassen +++ Der ehemalige britische Premier David Lloyd George stirbt mit 82 Jahre

Häftlinge des Arbeitserziehungslagers Essen/Mülheim bei Ausschachtungsarbeiten

An diesem Morgen sterben insgesamt 87 Menschen in Hirzenhain: zuerst die 44 Frauen aus Frankfurt, dann die tags zuvor selektierten Frauen des Arbeitserziehungslagers, zuletzt auch noch jene sechs Männer, von denen die Grube ausgehoben wurde – sie hatten ihr eigenes Grab geschaufelt. Wenig später kehrt Hauptsturmführer Emil Fritsch ins Lager zurück – blutbespritzt und mit einer Cognacflasche in der Hand. Er hat das Massaker geleitet. Wie so oft haben sich die Mörder bereits vor der Tat hemmungslos betrunken. Manche SS-Männer waren kaum mehr in der Lage, ihre Waffen kontrolliert und zielsicher abzufeuern. Als Trummler im Laufe des Tages in Hirzenhain eintrifft, wird ihm lapidar gemeldet, dass »die Angelegenheit mit den Russenweibern erledigt ist«.

Die Ermordung der Häftlinge im AEL Hirzenhain war kein Einzelfall. Aus der Endphase des Krieges ist eine ganze Reihe ähnlicher Ereignisse bekannt. Im Rombergpark in Dortmund etwa erschoss die dortige Gestapo im März/April 1945 auf ähnliche Weise rund 300 Häftlinge. Die Täter wollten die Befreiung bestimmter Gefangenengruppen verhindern. Vor allem rassisch oder politisch Verfolgte sollten diesen Tag nicht mehr erleben. Auch Trotz und Rache waren mit im Spiel. Himmlers Leute hatten nichts mehr zu verlieren. Nun sollten ihre »Feinde« mit ihnen untergehen. Außerdem befürchtete man, die jahrelang ausgebeuteten und gequälten ausländischen Zwangsarbeiter könnten nach ihrer Befreiung zu einer Bedrohung für die deutsche Bevölkerung werden.
Bisweilen machte man sich nicht einmal mehr die Mühe der Evakuierung. In Berlin etwa wurden die Gefangenen ohne große Umstände einfach in der Haftanstalt erschossen – in alphabetischer Reihenfolge. Als die Rote Armee dem Morden ein Ende bereitete, waren die Täter beim Buchstaben K angekommen. Auf diese Weise starben viele Gefängnisinsassen noch in den letzten Tagen, teilweise noch in den letzten Stunden vor dem Eintreffen alliierter Truppen.

Dienstag

27

März

Tag 44

Letzter V2-Beschuss von London

»V« wie »Vergeltung«: Die deutschen »V-Waffen« sollen die alliierten Flächenbombardements rächen. In Peenemünde werden gefährliche Raketen entwickelt – etwa die »A4«, die unter dem Namen »V2« bekannt wird. Seit 1944 sind sie einsatzbereit. Der Soldat Carl-Gregor Auer berichtet vom Start einer solchen »Wunderwaffe«.

Alles ist still. Die Soldaten flüstern nur. [...] Der Schießoffizier steigt auf eine kleine Treppe im Feuerleit-Panzer. [...] ›Schlüssel auf Schießen!‹, befiehlt er. ›Ist auf Schießen, Klarlampe leuchtet!‹, meldet ihm der Mann am Triebwerkpult. [...] ›Hauptstufe!‹ Daraufhin drückt der Finger des Triebwerkpultmannes den entsprechenden Knopf nieder. Die Erde erzittert und vibriert unter dem Druck der 25 Tonnen, senkrecht schießt die Rakete nach oben, legt sich dann langsam schräg zum Ziel hin.«

Mit einer Höchstgeschwindigkeit von 5500 Stundenkilometern raste die mit 24 Tonnen Sprengstoff beladene V2-Rakete auf ihr Ziel zu. Für ihren Flug von Holland nach London benötigte sie gerade einmal fünf Minuten. In der britischen Hauptstadt war man gegen diese Angriffe aus heiterem Himmel praktisch wehrlos. Die deutschen »Wunderwaffen« verbreiteten hier Angst und Schrecken. Waren »V1« und »V2« vielleicht nur die Vorboten von weitaus Schlimmerem? Aus Sorge, die Deutschen könnten noch effizientere Raketen oder gar die Atombombe entwickeln, hatten die Alliierten schon Mitte August 1943 die Raketenversuchsanstalt in Peenemünde auf der Halbinsel Usedom bombardiert. Doch die Produktion der »Vergeltungswaffen« konnte verlagert und in bombensicheren Stollenanlagen fortgeführt werden.

Junge, hochbegabte Wissenschaftler, die nach dem Krieg vorgaben, sie hätten eigentlich nur das Weltall und den Raumflug erforschen wollen, trieben die Waffenentwicklung mit Hoch-

Hoher Besuch in der Vallence Road im Londoner Stadtteil East End: Das britische Königspaar informiert sich über die Schäden eines V2-Angriffs

druck voran. Peenemünde war alles andere als ein »Ort reiner Wissenschaft«. Gerade Wernher von Braun (1912–1977), der seine Karriere anschließend in den Vereinigten Staaten fortsetzte und zu einem der »Väter des Mondflugs« wurde, kannte die Bedeutung seiner Arbeit für die Kriegsrüstung genau. Entgegen späteren Beteuerungen, sie seien dazu mehr oder weniger gezwungen worden, arbeiteten die meisten dieser ehrgeizigen Techniker aus Überzeugung an dem Raketenprogramm. Auch sie dürften der Durchhalteparole des Rüstungsministers Albert Speer geglaubt haben, dass »Masse [d. h. die alliierte Luftüberlegenheit] durch bessere Qualität nicht nur ausgeglichen, sondern besiegt werden kann«. Die Bereitschaft zur Kooperation belegt auch ein Schreiben an Heinrich Himmler vom 16. Dezember 1942:

»Die Heeresanstalt Peenemünde ist noch heute vom Besuch des Reichsführers SS tief beeindruckt. Oberstleutnant Stegmaier, der sich über die Sonderbegrüßung des Reichsführers SS wie ein kleines Kind gefreut hat, bittet, folgendes vortragen zu dürfen: Der Abteilungschef, Oberst Dornberger, bittet es zu ermöglichen, zusammen mit dem Entwickler, Dr. v. Braun, zu einem offiziellen Vortrag zum Führer zu kommen, um in Rede und Gegenrede die Absichten und Wünsche des Führers zu hören und unter deren Berücksichtigung die Einsatzmöglichkeit des Gerätes zu erörtern. Das dabei vom Führer Festgelegte würde dann den schon zum Teil laufenden Vorbereitungen für den Einsatz eine klare Richtung geben.«

Die NS-Diktatur war bereit, enorme Anstrengungen zu unternehmen, um neue Waffen mit einer bislang unbekannten Durchschlagskraft zu entwickeln. Hitler hatte den Projekten in Peenemünde am 7. Juli 1943 die höchste Dringlichkeitsstufe gewährt. Schließlich arbeiteten tausende von KZ-Häftlingen unter härtesten Bedingungen an der Serienproduktion der Raketen. Tausende kamen dabei um. Der »Mythos« der »Wunderwaffen« bleibt untrennbar verbunden mit dem grauenvollen Leid in Konzentrationslagern wie »Mittelbau Dora« bei Nordhausen.

Luftkriegsopfer auch in London: Am 27. März 1945 kommt es zum letzten Angriff deutscher V2-Raketen

Der militärische Effekt der »Vergeltungswaffen« blieb gering. Technische Mängel führten dazu, dass viele Raketen ihr Ziel nicht erreichten. Allerdings sorgten jene Raketen, die durchkamen, für schreckliche Verluste unter der Londoner Bevölkerung. Insgesamt starben durch 3779 Einschläge von »V1« und »V2« etwa 8500 Menschen. Beträchtlich war auch die psychologische Wirkung dieser Fernwaffen. Anders als bei der »V1« war bei der »V2«, die schneller flog als der Schall, keine Vorwarnung mehr möglich. Diese perfide Bedrohung aus der Luft sorgte in Großbritannien durchaus für Nervosität. Als ab Ende März 1945 die Raketenangriffe ausblieben, war die Erleichterung groß: Das Deutsche Reich verfügte über keine Möglichkeit mehr, Großbritannien und seine Hauptstadt zu bedrohen.

ung werden von den Sowjets verhaftet und wegen »zersetzender Tätigkeit im Rücken der Roten Armee« zu hohen Freiheitsstrafen verurteilt +++

Mittwoch

28

März

Tag 43

Kriegserklärung Argentiniens

Erst als die deutsche Niederlage unausweichlich ist, entscheiden sich zahlreiche neutrale Staaten zur Kriegserklärung gegen den NS-Staat. Besonders lange zögert Argentinien, das zu Deutschland bis zuletzt freundschaftliche Beziehungen gepflegt hat und nach dem Krieg zu einem wichtigen Fluchtziel vieler Nationalsozialisten wird.

Es ist Roosevelt nunmehr gelungen, auch Argentinien als letzten südamerikanischen Staat in den Krieg hineinzuziehen. Die Begründung für die [süd]amerikanische Kriegserklärung ist mehr als dünn. Man wendet sich gegen Japan als Hauptfeind Südamerikas und fügt hinzu, daß auch Deutschland der Krieg erklärt werden müsse, weil Deutschland mit Japan verbündet sei.«

Der Tagebucheintrag von Joseph Goebbels spiegelt Resignation gegenüber den außenpolitischen Realitäten. Die argentinische Kriegserklärung war auch ein Produkt der US-Diplomatie. Argentinien hatte sich lange auf seine traditionelle Neutralität berufen und seine Freundschaft zum Deutschen Reich betont – sehr zum Unmut der USA. Zwar war das Land wirtschaftlich fast gänzlich an seinen größten Handelspartner Großbritannien gebunden, doch für eine Annäherung an die Vereinigten Staaten fehlte zunächst jede Grundlage. Zu stark waren die Sympathien für Deutschland im argentinischen Militär, das nach deutschem Vorbild geschult war und eine ähnliche Vormachtstellung in Südamerika anstrebte wie das NS-Regime in Europa. Erst die Androhung eines totalen Wirtschaftsembargos und militärischer Interventionen konnte Argentinien am 26. Januar 1944 zum Abbruch der diplomatischen Beziehungen bewegen. Und als die Alliierten dies zur Bedingung für die Mitgliedschaft in den Vereinten Nationen machten, erklärte Argentinien – als letzter Staat überhaupt – dem Deutschen Reich und Japan am 28. März 1945 den Krieg.

Der Kommandant des kroatischen Konzentrationslagers Jasenovac, Dinko Sakic, mit seiner Frau Nada im April 1945 in Argentinien. Erst 1998 wurde er an Kroatien ausgeliefert

+++ Die Rote Armee erobert Gdingen +++ Hitler setzt General Guderian als Generalstabschef des Heeres ab; Nachfolger wird General Kreb

Generalmajor Adolf Galland (3. von rechts), nach dem Krieg Militärberater in Argentinien, 1943 mit Hermann Göring und Albert Speer

Neben Argentinien hatten auch zahlreiche weitere Staaten lange gezögert, ihre Neutralität aufzugeben. Solange der Ausgang des Krieges offen war, wollte man nicht das Deutsche Reich, die potenzielle Weltmacht, gegen sich aufbringen. Als sich die deutsche Niederlage aber immer deutlicher abzeichnete und gleichzeitig der Druck der Alliierten wuchs, kam es zu einer Serie von Kriegserklärungen. Hinzu kam, dass die Verbrechen des NS-Regimes immer mehr bekannt wurden. Zugleich verlor der Anti-Bolschewismus an Zugkraft, da die Sowjetunion offensichtlich gut in die Anti-Hitler-Koalition integriert war. Allein im Februar 1945 erklärten Ecuador, Paraguay, Peru, Uruguay, Venezuela, Ägypten, Syrien, der Libanon und schließlich auch Saudi-Arabien Deutschland den Krieg.
In Ägypten gab es sogleich das erste, dazu sehr prominente Kriegsopfer zu beklagen: Premierminister Ahmed Maher Pascha hatte die Kriegserklärung durchgesetzt, um die internationale Position seines Landes und vor allem das Verhältnis zu Großbritannien zu verbessern. Nach einer erregten Debatte im Parlament wurde der Regierungschef von mehreren Schüssen tödlich getroffen. Mit einer prodeutschen Haltung hatte dieses Attentat indes wenig zu tun. Der radikalnationalistischen Opposition und den Attentätern ging es vielmehr darum, den Kriegseintritt an der Seite der ehemaligen Kolonialmacht Großbritannien zu verhindern.

Auch in Argentinien war die in letzter Minute ergangene Kriegserklärung an das Deutsche Reich alles andere als populär. Es war bezeichnend, dass nach dem Krieg viele Deutsche und Österreicher ausgerechnet in Argentinien Zuflucht finden konnten. Vor allem unter Juan Domingo Perón, der vom einflussreichen Kriegs- und Arbeitsminister (1943–1945) zum diktatorischen Präsidenten (1946–1955 und 1973/74) aufstieg, wurde das südamerikanische Land zur neuen Heimat vieler Nationalsozialisten. Unter den bis zu 40 000 Deutschen und Österreichern, die dort in der Nachkriegszeit Aufnahme fanden, waren nicht nur enge Mitarbeiter von Goebbels, die nunmehr als »Demokratieverfolgte« – so ihre eigene Bezeichnung – Unterschlupf suchten, sondern auch hochdekorierte Luftwaffenoffiziere wie Adolf Galland oder Hans-Ulrich Rudel. Letzterer brachte es bis zum Luftwaffen-Berater des Diktators und agitierte später in der Bundesrepublik für die rechtsextremistische Sozialistische Reichspartei. Selbst so stark belastete NS-Täter wie Adolf Eichmann und Josef Mengele lebten bis Ende der fünfziger Jahre ungestört in Buenos Aires, so dass Argentinien bald als eine Art »Bermuda-Dreieck« für entschwundene Nazis in die Schlagzeilen geriet. Irritierend war das Nebeneinander verschiedener Immigrantengruppen: Zwischen 1933 und 1943 hatte Argentinien zehntausende jüdische Einwanderer, meist Flüchtlinge aus dem Deutschen Reich, ins Land gelassen. Nun wurde es zu einer Heimstatt der Täter.

SDAP-Reichsorganisationsleiter Robert Ley beginnt, ein Freikorps »Adolf Hitler« aufzustellen, das aus fanatischen Freiwilligen bestehen soll ++

Donnerstag

29

März

Tag 42

Dieter Borkowski: Tagebuch eines Flakhelfers (III)

In Berlin wird die Lage immer kritischer. Mittlerweile haben die sowjetischen Truppen Küstrin eingenommen. Die Hauptstadt bereitet sich auf Belagerung und Straßenkampf vor. Während die kleinen Leute Panzergräben ausheben, versuchen die Bonzen, für sich zu retten, was zu retten ist.

In Berlin herrscht Chaos. Kaum noch jemand glaubt daran, dass die Sowjets an der Oder aufgehalten werden. Hastig bereitet sich die Stadt auf eine Verteidigung vor. Obwohl jede Nacht die Alarmsirenen heulen, muss sich Dieter Borkowski nun auch noch tagsüber für den Straßenkampf ausbilden lassen:
»Wir Luftwaffenhelfer haben jetzt täglich unter SA-Führern im Friedrichshain Panzerfaustübungsschießen und Gewehrausbildung. Viele alte Männer sind ebenfalls dabei; sie sind beim Volkssturm. Wir bauen Panzersperren an der Landsberger und an der Kniprodestraße. Die Wehrmachtsberichte lassen mich erschrecken. [...] Die zertrümmerten Straßen Berlins sind voller Soldaten, von denen viele ihre Truppenteile verloren haben. Anscheinend soll nun die Kriegswende eintreten, oder will der Führer mit uns in Berlin heldenhaft untergehen?«

Sarkastische Bemerkungen über den »Führer«? Auch der junge Flakhelfer begann langsam an dem Endsieg, ja an Hitler selbst zu zweifeln. Nicht nur seine täglichen Erlebnisse desillusionierten ihn, sondern auch die Lektüre von Hitlers »Mein Kampf«: Das deutsche Volk müsse sich den ihm gebührenden Grund und Boden sichern – notfalls durch »Bluteinsatz«. Was, so fragte sich der 16-Jährige, konnte der »Führer« mit diesem Wort anderes gemeint haben als Krieg? Hitler hatte also schon 1924, als dieses Buch entstanden war, den Krieg gewollt, so die entsetzte Feststellung, die er seinem Tagebuch am 26. März anvertraute. Eine Frage drängte sich ihm auf: »Wieso spricht er immer davon, daß uns die jüdischen Plutokraten und Bolschewisten angegriffen haben, wenn er das gleiche vorhatte? Ich frage mich erneut, haben unsere Eltern und Lehrer dieses Buch niemals gelesen?«

Gerade in seiner Endphase zeigte der Nationalsozialismus auch den Deutschen schonungslos sein wahres Gesicht. Wegsehen war nicht mehr möglich. Ebenso wie die Totalität der militärischen Niederlage war es der völlige Bankrott des NS-Systems und der von ihm propagierten »Werte«, der vielen Deutschen die Augen öffnete. Zu diesem Bankrott gehörte auch, dass viele Funktionäre – vom Ortsgruppenleiter bis zum Reichsleiter und Reichsminister – die Bevölkerung rücksichtslos zum Durchhalten und Weiterkämpfen zwangen, während sie oft sich selbst, ihre Familien und mitunter sogar ihren Besitz in Sicherheit zu bringen suchten.

+++ Die Amerikaner erobern Frankfurt, Wiesbaden und Mannheim +++ Auch an der Südfront erreicht die Rote Armee die Reichsgrenz

Sie sollen die Rote Armee aufhalten: Hitlerjungen des Volkssturms auf dem Weg zur Front

Eine solche Evakuierungsaktion erlebt auch Dieter Borkowski am Vormittag des 29. März. Nun wird ihm deutlich vor Augen geführt, was von den Predigern der nationalsozialistischen »Volksgemeinschaft« tatsächlich zu halten ist:

»Heute vormittag hatten wir einen Sondereinsatz im Flakturm. Die kostbaren großen Radioapparate, Teppiche, alte Porzellane und Möbel aus den Villen von Dr. Goebbels und anderen Reichsministern wurden von SS-Kommandos in den Turm gebracht. Ich frage mich, wohnen die jetzt in den Luftschutzbunkern? Die ganze Sache ist streng geheim, Unteroffizier Moltzahn, der unseren Einsatz leitete, befahl, daß die Zivilbevölkerung, die ja bei Tages- und Nachtangriffen der Amerikaner unseren Flakturm zu Zehntausenden aufsucht, nichts von dieser Bergungsaktion erfahren darf. Das kann ich gut verstehen, denn die Arbeiterfrauen vom Friedrichshain und Prenzlauer Berg hätten auch gerne ihre Volksempfänger, Omas Klavier und die Schlafzimmermöbel vor den Bomben und Granaten der Feinde gesichert. Ich hatte Grund zum Staunen: Allein Dr. Goebbels, der ja nicht nur Minister, sondern auch Gauleiter der NSDAP von Berlin ist, hat sechs riesige Radioapparate aus der Villa auf der Insel Schwanenwerder und seinem Stadtpalais neben dem Brandenburger Tor hier bombensicher eingelagert. Noch niemals habe ich übrigens so große Radios gesehen. Ich finde es auch ungerecht, daß ein Mann an der Spitze der Regierung, der immerzu von der Volksgemeinschaft redet, sechs solcher Geräte hat. Wie viele Menschen haben überhaupt kein Radio oder verloren durch die Bomben ihre ganze Habe? Nach der Möbel-Aktion kamen noch die Lebensmittel an, unerhörte Mengen von Butter und Honig in Fässern, Mehl und Zucker in Säcken, Fisch- und Fleischkonserven. Das alles soll der Versorgung der Berliner dienen, wenn es zur Belagerung durch die Russen kommt … Karl-Heinz und ich haben heimlich einen dicken Zuckersack an einer Ecke angeschnitten, mit dem Kochgeschirr trugen wir den Zucker auf unsere Stube, wo wir die Beute ehrlich teilten.«

ie letzte Ausgabe des Reichsgesetzblatts Jahrgang 1945 erscheint: An Hitlers Geburtstag, dem 20. April, besteht in diesem Jahr Arbeitspflicht +

Freitag

30

März

Tag 41

Ein Stimmungsbericht

Wie reagieren die Deutschen auf die Katastrophe, die sich immer deutlicher abzeichnet? Wie ist die Stimmung in der Bevölkerung so kurz vor dem Zusammenbruch? Ein amtlicher Bericht von Ende März 1945, der sich später in den Akten der Geschäftsführenden Reichsregierung unter Großadmiral Dönitz finden wird, geht diesen Fragen nach:

Die Entwicklung der militärischen Lage seit dem Durchbruch der Sowjets aus dem Brückenkopf von Baranow bis an die Oder hat unser Volk von Tag zu Tag stärker belastet. Jeder Einzelne sieht sich seitdem vor die nackte Existenzfrage gestellt. […]
Folgende Grundtatsachen zeichnen sich ab:

1. Niemand will den Krieg verlieren. Jeder hat sehnlichst gewünscht, daß wir ihn gewinnen.
2. Keiner glaubt mehr, daß wir siegen. Der bisher bewahrte Hoffnungsfunken ist am Auslöschen.
3. Wenn wir den Krieg verlieren, sind wir nach allgemeiner Überzeugung selber daran schuld, und zwar nicht der kleine Mann, sondern die Führung.
4. Das Volk hat kein Vertrauen zur Führung mehr. Es übt scharfe Kritik an der Partei, an bestimmten Führungspersonen und an der Propaganda.
5. Der Führer ist für Millionen der letzte Halt und die letzte Hoffnung, aber auch der Führer wird täglich stärker in die Vertrauensfrage und in die Kritik einbezogen.
6. Der Zweifel am Sinn des weiteren Kampfes zerfrißt die Einsatzbereitschaft, das Vertrauen der Volksgenossen zu sich selbst und untereinander. […]

Es breitet sich der Schrecken aus, daß wir auf dem letzten Loch pfeifen, daß wir im Grunde genommen schon am Ende sind. Alles wurde ertragen, solange nur der persönliche Besitz verlorenging, die Wohnung, das Eigentum, solange Verwaltungsgebäude und Kulturdenkmäler zerstört wurden. Mit dem Verlust der Arbeitsstätten, mit den Schädigungen an der wichtigsten Rüstungsproduktion schwindet jedoch alle Hoffnung, den Krieg militärisch durchzuhalten, eine Wendung zum Besseren herbeizuführen, und damit der Glaube an den Sinn allen weiteren Mühens und Opferns.

Keine Durchhalteparolen können verhindern, dass Hoffnungslosigkeit um sich greift

+++ Luftangriffe auf Hamburg, Bremen und Wilhelmshaven +++ Lucius D. Clay wird zu Eisenhowers Stellvertreter in Zivilangelegenheiten ernannt

Der »Endsieg« in Berlin Mitte: Die Wahrheit des Trümmerbergs und die Illusion der Propaganda

Das deutsche Volk hat in den letzten Jahren alles auf sich genommen. In diesen Tagen zeigt es sich erstmalig müde und abgespannt. Noch wehrt und sträubt sich jeder anzuerkennen, daß es aus sein soll. Bis in die letzten Tage hielt sich ein Rest an Wundergläubigkeit, die seit Mitte des vergangenen Jahres von einer geschickten Propaganda um die neuen Waffen zielbewußt genährt worden ist. Noch wurde im Grunde des Herzens gehofft, daß wir, wenn die Fronten einigermaßen halten, zu einer politischen Lösung des Krieges gelangen. Niemand glaubt, daß wir mit den bisherigen Kriegsmitteln und -möglichkeiten noch um die Katastrophe herumkommen. Der letzte Hoffnungsfunke gilt einer Rettung von außen, einem ganz gewöhnlichen [!] Umstand, einer geheimen Waffe von ungeheurer Wirkung. Auch dieser Funke ist am Verlöschen. Die breiten Massen der einfachen Bevölkerung haben sich gegen die entsetzliche Hoffnungslosigkeit am längsten zur Wehr gesetzt. Die Überzeugung, daß der Krieg verloren ist, war um so früher da, je stärker der Einblick in größere Zusammenhänge ist. […]

Aus der allgemeinen Hoffnungslosigkeit werden persönlich die verschiedensten Folgerungen gezogen. Ein Großteil des Volkes hat sich daran gewöhnt, nur noch für den Tag zu leben. Es wird alles an Annehmlichkeiten ausgenützt, was sich darbietet. Irgendein sonst belangloser Anlaß führt dazu, daß die letzte Flasche ausgetrunken wird, die ursprünglich für die Feier des Sieges, für das Ende der Verdunklung, für die Heimkehr von Mann und Sohn aufgespart war. Viele gewöhnen sich an den Gedanken, Schluß zu machen. Die Nachfrage nach Gift, nach einer Pistole und sonstigen Mitteln, dem Leben ein Ende zu bereiten, ist überall groß. Selbstmorde aus echter Verzweiflung über die mit Sicherheit zu erwartende Katastrophe sind an der Tagesordnung. Zahlreiche Gespräche in den Familien mit Verwandten, Freunden und Bekannten sind von Planungen beherrscht, wie man auch bei Feindbesetzung durchkommen könnte. Notgroschen werden beiseitegelegt, Fluchtorte gesucht. Insbesondere die älteren Menschen quälen sich Tag und Nacht mit schweren Gedanken und finden vor Sorge keinen Schlaf mehr. Dinge, die sich noch vor wenigen Wochen niemand auszudenken wagte, sind heute Gegenstand einer öffentlichen Diskussion in den Verkehrsmitteln und unter stockfremden Menschen. […]

Das Vertrauen zur Führung ist in diesen Tagen lawinenartig abgerutscht. Überall grassiert die Kritik an der Partei, an bestimmten Führungspersonen und an der Propaganda. Mit dem guten Gewissen, alles getan zu haben, was möglich war, nimmt sich insbesondere der »kleine Mann« das Recht heraus, seine Meinung in offenster Weise und mit äußerstem Freimut auszusprechen. Man nimmt sich kein Blatt mehr vor den Mund. Bisher hat man sich immer wieder gesagt: Der Führer wird es schon machen. Erst wollen wir den Krieg gewinnen. Nun aber bricht ungestüm, gereizt und zum Teil gehässig die Enttäuschung darüber heraus, daß die nationalsozialistische Wirklichkeit in vieler Hinsicht nicht der Idee, die Kriegsentwicklung nicht den Verlautbarungen entspricht.«

Rote Armee erobert Danzig +++ Letzte Uraufführung eines Films: »Das alte Lied« in Berlin +++ Briten erobern Emmerich und Bocholt ++

Samstag

31

März

Tag 40

Erschießung von 78 italienischen Militärinternierten in Kassel

Die letzten Wochen des »Dritten Reichs« haben eine letzte Steigerung des Terrors zur Folge. Das Regime sorgt dafür, dass immer neue Gruppen von Menschen mit in den Untergang gerissen werden. Viele dieser Opfer verschwinden fast spurlos. Oft sind es nur wenige Zeugen und Zeugnisse, die an sie erinnern.

Es ist Karsamstag, doch den Elendsgestalten aus den Bautrupps, die auf dem Bahnhof Kassel-Wilhelmshöhe Sklavenarbeit leisten, ist kein freier Tag vergönnt. Es sind Italiener, die man als Militärinternierte nach Deutschland verschleppt hat. Dort hausen sie unter katastrophalen Bedingungen in irgendwelchen Lagern. Tag für Tag werden sie für Aufräumarbeiten eingesetzt. Auch in Kassel ist das so. Die Stadt, die zu gut achtzig Prozent zerstört ist, hat man zur Festung erklärt. Die Arbeit ist lebensgefährlich. Jederzeit drohen Explosionen durch Bombenblindgänger. Aber nicht allein dadurch lichten sich die Reihen, auch die miserable Versorgung, Epidemien und ständige Misshandlungen fordern ihren Preis. Doch dieses System des Terrors scheint nun zu verschwinden. Als am 31. März deutsche Zivilisten einen Verpflegungszug der Wehrmacht aufbrechen und plündern, sind auch viele Italiener dabei. Irgendwie müssen sie ihr Überleben sichern. Der Krieg, so sagt man ihnen, sei ohnehin vorüber; die Amerikaner stünden kurz vor der Stadt.

Wie sind diese Italiener überhaupt nach Kassel gekommen und warum werden sie dort wie Sklaven gehalten?
Alles begann am 8. September 1943. An diesem Tag wurde den Deutschen der geheime Waffenstillstand bekannt, den Marschall Pietro Badoglio – nach dem Sturz Mussolinis neuer italienischer Regierungschef – einige Tage zuvor mit den Alliierten abgeschlossen hatte. Italiens Teilnahme am Zweiten Weltkrieg war damit beendet – zumindest fürs Erste. Der Seitenwechsel der Italiener traf die deutsche Führung nicht unvorbereitet. Schon seit Mai hatte man vorgesorgt. Jetzt lösten die deutschen Truppen in Italien den Fall »Achse« aus. Der Überraschungsschlag hatte tatsächlich Erfolg. 600 000 deutschen Soldaten gelang es, über eine Million italienischer Militärangehöriger – gerade noch ihre Verbündeten – zu entwaffnen. Nord- und Mittelitalien waren damit in deutscher Hand. Das Versprechen, sie bald nach Hause zu entlassen, wurde nicht eingehalten. Vielmehr wurden mindestens 775 000 Italiener kurzfristig in Lagern interniert. Mehr als 600 000 kamen dann für längere Zeit in Kriegsgefangenschaft. Einen Großteil deportierte man nach Deutschland oder in andere besetzte Gebiete, wo diese Gefangenen Zwangsarbeit zu leisten hatten. Allein die unerträglichen Umstände sorgten dafür, dass etwa 180 000 dieser Militärinternierten mehr oder weniger freiwillig als Kampf-, Arbeits- oder Hilfswillige in deutsche

+++ Rote Armee erobert Ratibor und Katscher +++ Luftangriffe auf Berlin, Erfurt, Linz, Villach, Hamburg, Braunschweig, Brandenburg und Hall

Dienste traten. Mindestens 45 000 italienische Militärinternierte jedoch kamen während ihrer Kriegsgefangenschaft in Deutschland ums Leben.

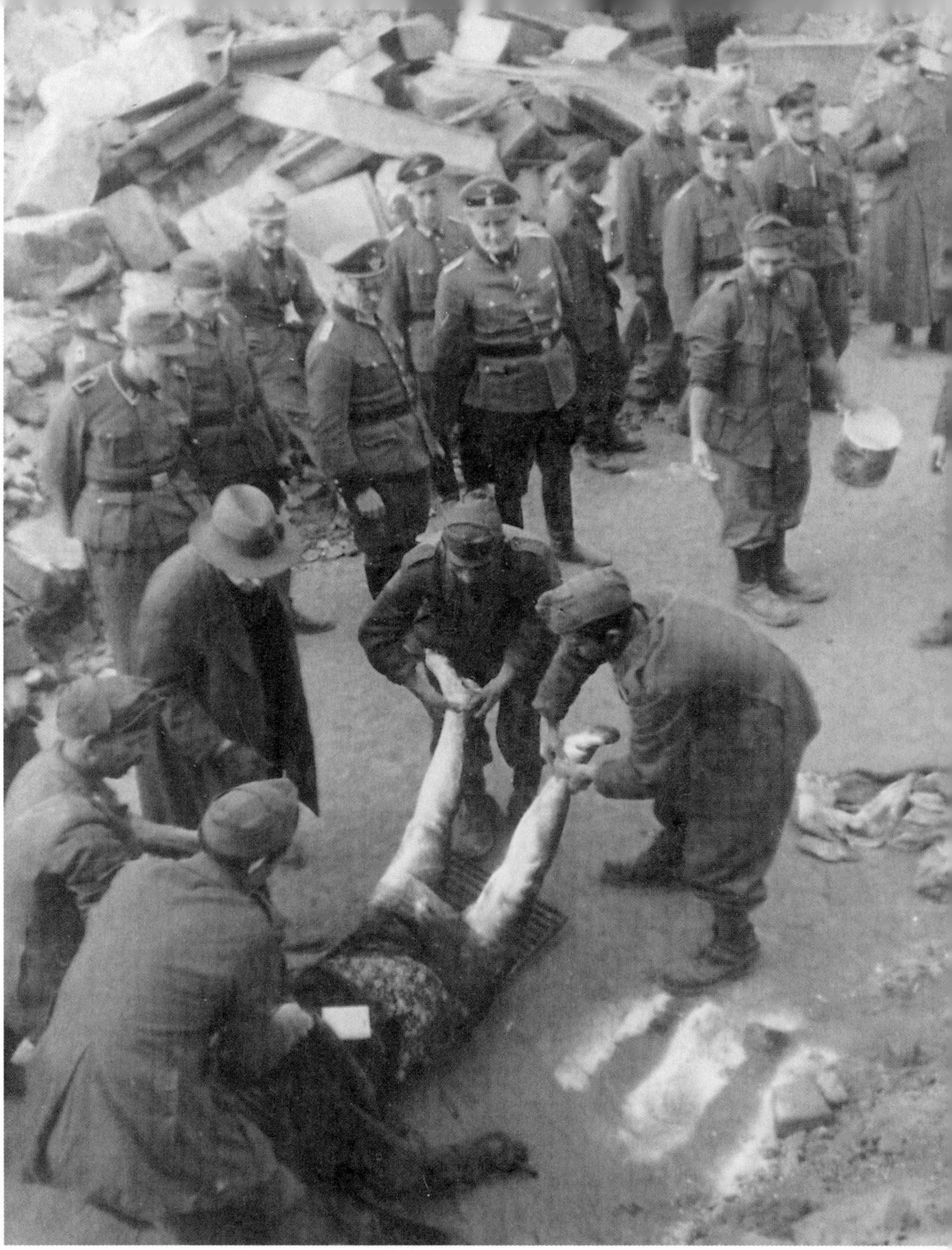

Nach der Erschießung der italienischen Militärinternierten durch SS- und Polizeiangehörige in Kassel: Die Leichen werden mit Chlorkalk bestäubt

»Meine Herren, bringen Sie mir keine Gefangenen mit, wir können sie weder verwahren, füttern, noch an die Bäume binden«, lautet der Befehl von Franz Marmon. Der SS-Sturmbannführer ist Kommandeur der Sicherheitspolizei von Kassel. Als man ihm mittags die Plünderung meldet, schickt er ein Kommando in Stärke von 10 Mann zum Bahnhof. Die deutschen Zivilisten bleiben unbehelligt. Nur die Zwangsarbeiter werden durchsucht. Bei 78 von ihnen findet man Lebensmittel. Wie soll man nun weiter mit ihnen verfahren? Das Kommando, das die Militärinternierten in einen Waggon gesperrt hat, telefoniert mit Marmon. Der zögert nicht lange: Alle 78 Delinquenten sind unverzüglich zu erschießen.
In kleinen Gruppen von sechs bis acht Menschen führt man die Gefangenen in eine Schreberkolonie, die sich an das Bahnhofsgelände anschließt. Bombentrichter übersäen das Areal. Am Rand dieser Gruben müssen sich die Opfer aufstellen, den Rücken ihren Mördern zugewandt. Man erschießt sie von hinten. Ist eine Gruppe umgebracht, holt man die nächste heran. Das grausame Ritual wiederholt sich, bis alle 78 italienischen Zwangsarbeiter ermordet sind. Ihre Mitgefangenen müssen die Bombentrichter zuschaufeln, in denen die Leichen ihrer Kameraden aufeinander liegen. Die Sicherheitspolizei hat wieder einmal für »Ruhe und Ordnung« gesorgt – auch am Bahnhof in Kassel-Wilhelmshöhe.

April 1945
Zusammenbruch

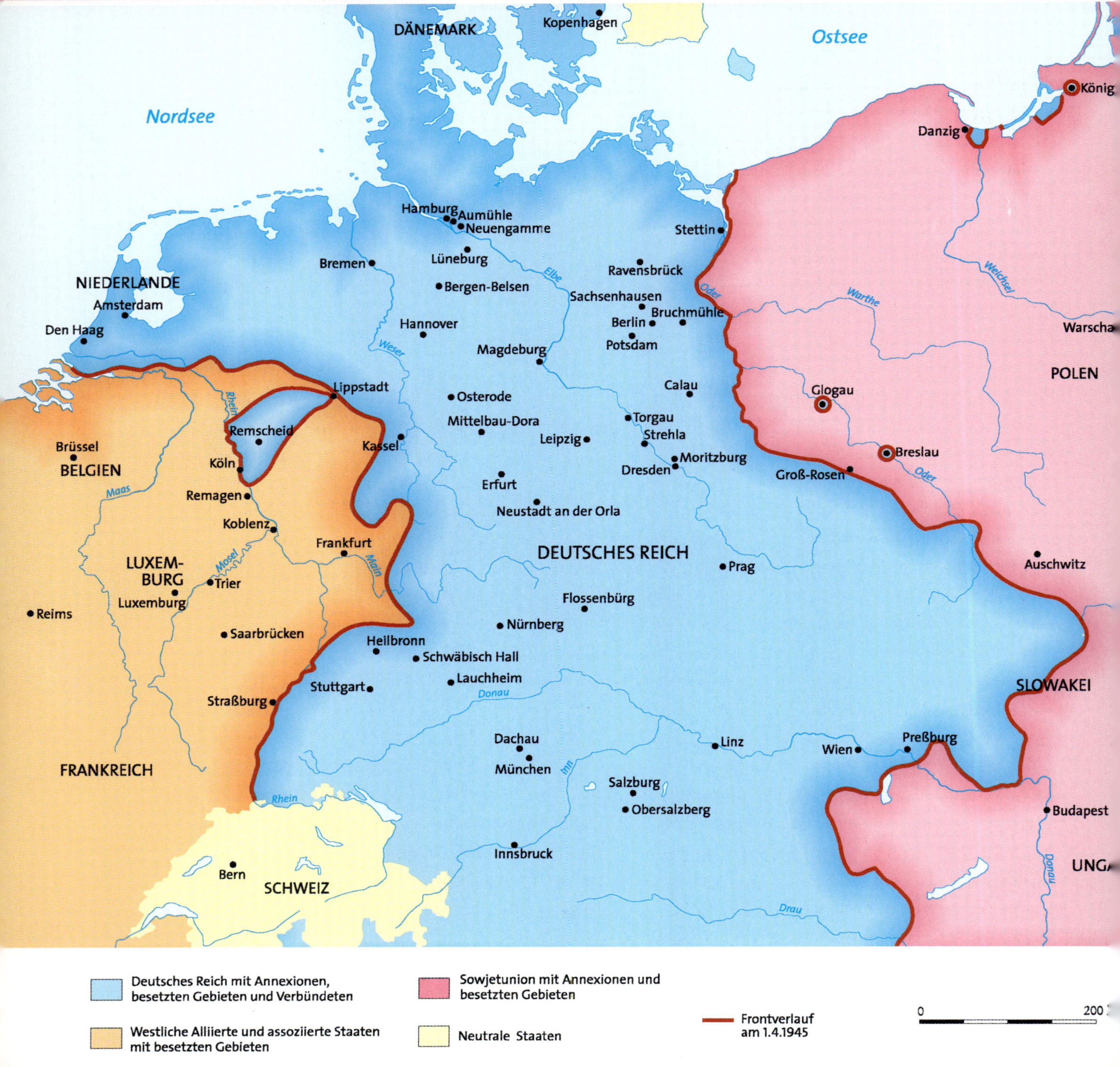

Der Zusammenbruch des Deutschen Reichs im April 1945 besaß viele Facetten. Am einschneidendsten waren die Ereignisse in der Hauptstadt, in Berlin. Bis zum 25. April hatten zwei sowjetische Heeresgruppen die Millionenstadt eingeschlossen. Fünf Tage später beging Hitler, der sich mit seinen letzten Getreuen in den Bunkeranlagen unter der Reichskanzlei verschanzt hatte, Selbstmord. Selbst jetzt hatte der Diktator noch lange gezögert. Den Ausschlag gab schließlich die militärische Lage: Am 30. April standen die sowjetischen Angriffsspitzen kurz vor dem »Führerbunker«. Wenigstens eine Prophezeiung Hitlers sollte sich jetzt bewahrheiten: Ein »November 1918«, Kapitulation und Revolution, wiederholte sich unter seiner Herrschaft nicht.

Der Preis für diesen Starrsinn war unvorstellbar hoch. Jeder weitere Tag des ungleichen Kampfes kostete tausenden das Leben. Im April wurde fast ganz Deutschland alliiertes Besatzungsgebiet. Die amerikanischen, britischen, kanadischen und französischen Armeen überrannten den Westen und Süden Deutschlands. Durch diesen Kraftakt holten sie gegenüber der Roten Armee auf und brachten die Hälfte des Reiches in ihre Gewalt. Weiter östlich als ursprünglich vorgesehen lief nun die Demarkationslinie zwischen Ost und West: durch Mecklenburg, dann entlang von Elbe und Mulde. Die letzten deutschen Truppen wurden auf den Alpenraum, auf das ehemalige Protektorat Böhmen und Mähren sowie auf Nordwestdeutschland zurückgedrängt. Wenn daneben auch im übrigen Europa noch einzelne deutsche Widerstandsnester existierten, so ist das ein Beleg dafür, dass eine selbstständige Kapitulation für die meisten deutschen Verbände nicht in Betracht kam, solange ihr Oberster Kriegsherr lebte. Außer den genannten Räumen befanden sich Teile Norwegens, Dänemark, Kurland, eine Reihe französischer Hafenstädte, Oberitalien, ja selbst einige griechische Inseln noch in deutscher Hand. Militärisch war dies längst ohne Sinn.

Erst mit Hitlers Tod brach der letzte Widerstand fast schlagartig zusammen. Auch das kann verdeutlichen, wie sehr der Diktator das Geschehen immer noch beherrscht hatte – zumindest in den ihm verbliebenen Machträumen. Er war der eigentliche Motor auf dem Weg in die Katastrophe. Allerdings wirkte er – auch das ist ein Kennzeichen dieser Endphase – kaum noch mit den Mitteln von Propaganda und Überredung, sondern vorwiegend mit unverhülltem Terror. Denn allem Fanatismus und aller ideologischen Indoktrinierung zum Trotz hatte sich die Stimmung in der deutschen Gesellschaft seit einigen Monaten gewandelt. Die Kluft zwischen den hochtönenden Behauptungen der NS-Propaganda und der militärischen, politischen und gesellschaftlichen Wirklichkeit ließ sich kaum noch übersehen. Manche hielten diesen Widerspruch nicht länger aus und suchten den Tod im Kampf oder im Suizid. Den meisten Deutschen musste spätestens jetzt klar werden, dass sie in dieser letzten Phase des Krieges den Preis für eine verbrecherische Ideologie und Politik zahlten, die sie viel zu lange mitgetragen hatten.

Eine Welle der Zerstörung und Gewalt war über das Deutsche Reich hinweggegangen – wie seit dem Dreißigjährigen Krieg nicht mehr. Dieses Reich war ausgelöscht, von fremden Mächten besetzt. Sein »Führer« aber hatte sich jeder Verantwortung entzogen.

Sonntag

1

April

Tag 39

Roswitha Fröhlich: Tagebuch einer Kriegsgefangenen (III)

Roswitha Fröhlich gelangt nach Carentan, einem amerikanischen Kriegsgefangenenlager in der Normandie, etwa 40 Kilometer von Cherbourg entfernt. Dort erlebt sie das Osterfest 1945. Solche Tage sind in der Fremde besonders schwer zu ertragen.

Im Lager Carentan kommen die Schwestern aus dem Linzer Hospital am 30. März an. Sie werden in ein riesiges Lagerlazarett weitergeleitet, in dem sich auch männliche Häftlinge aufhalten. Aber Martin Fröhlich ist nicht unter ihnen, er musste den Transport schon vorher verlassen und befindet sich nun, nur wenige Kilometer entfernt, im Lager Lison. Die Frauen werden von den Amerikanern gut behandelt, denn auch das weibliche Wehrmachtsgefolge steht unter dem Schutz des internationalen Kriegsrechts.

Die ersten Wehrmachtshelferinnen fielen den Alliierten 1944 bei dem überstürzten deutschen Rückzug aus Südfrankreich in die Hände. Tausende weitere waren es kurz vor der Kapitulation. In Berichten des Roten Kreuzes zwischen März 1945 und Juni 1946 wurden insgesamt 8717 deutsche Frauen in Kriegsgefangenenlagern und -lazaretten der Westalliierten registriert. Die weiblichen Kriegsgefangenen an anderen Fronten hatten es oft sehr viel schwerer. Daher versuchte die Wehrmacht – besonders im Osten – die Frauen als Erste zurückzuführen. Aber dies hatte nicht immer Erfolg, so dass beispielsweise bei Bukarest ein Lager mit etwa 1000 weiblichen Angehörigen der Heeresgruppe Südukraine eingerichtet wurde. Die ungefähr 20 000 im Osten kriegsgefangenen Frauen hatten in der Regel ein ähnliches Schicksal wie ihre männlichen Kameraden. Auch sie mussten Zwangsarbeit in der Sowjetunion leisten.

Am meisten leidet Roswitha Fröhlich unter der Trennung von ihrem Mann. Behandlung und Verpflegung sind hingegen gut. Am 1. April, ihrem ersten Tag im Lager, schreibt sie in ihr Tagebuch:
»Ostern! Draußen stürmt und regnet es. Wir kriechen in die merkwürdige Militärkluft, die sie uns gestern gegeben haben, und bewundern uns gegenseitig. Khakifarbenes Uniformzeug, lange Militärunterhosen mit Schlitz, Unterhemden mit Ärmeln, Hosen, Schnürschuhe, Jacken. Alles viel zu groß – sehr kleidsam. BHs sind nicht dabei.
[…]
Beim Breakfast dasselbe Ritual wie gestern. Hintereinander Aufstellung nehmen, dann am laufenden Band Empfang des Eßgeschirrs, das wir in einem Heißwasserkessel ausspülen müssen – und dann die Morgenration: Rühreier, Grießbrei, Bohnenkaffee, Sahne, einen Mordsklumpen Butter, Weißbrot, Marmelade. Wir kommen uns vor wie im Märchenland. In fünf Minuten müssen wir fertig sein, wir stopfen in uns rein, was wir nur irgend runterkriegen können, damit

Kriegsgefangene Frauen im Lager von Carentan: Zeichnung von Roswitha Fröhlich

wir nicht wieder die Reste in den Abfallkübel am Ausgang schmeißen müssen. […] Im Abfallkübel liegt sogar Butter, wie wir sehen. Ein POW-Mann [ein Prisoner of War, also ein Gefangener] sagt, das wäre hier nun mal so, daran würde man sich gewöhnen. Die Amerikaner hätten genug zu essen. Wir wagen nicht, an zu Hause zu denken – die Welt ist wahnsinnig. […]
Gegen Abend gehe ich mit in die kleine weiße Kirche, die Gefangene hinten im POW-Lager errichtet haben. Aber ich hätte es nicht tun sollen. Ostermesse … katholische Osterlieder, alles so schwermütig und sehnsuchtsvoll, daß ich es kaum aushalte. Am liebsten würde ich wieder rausgehen, aber das kann ich ja nicht. Dann knie ich mich hin wie die anderen und mache einfach alles mit. Mir ist so traurig zumute, und ich fühle mich so allein inmitten dieser Gemeinschaft von Betenden. Wie mag es Martin gehen? Was machen die Eltern? Ob sie gerade genauso an mich denken, wie ich an sie? Ob sie wissen, daß ich noch lebe, oder es wenigstens fühlen?«
Gedanken wie diese quälten Roswitha Fröhlich. Materiell fehlte es ihr hingegen an nichts, denn die USA hielten sich akribisch an die Vorschrift der Genfer Konvention, die besagte: »Die Verpflegung der Kriegsgefangenen soll in Menge und Güte derjenigen der Truppen der Mannschaftsdepots gleichwertig sein. Die Gefangenen sollen außerdem die Hilfsmittel erhalten, um sich die zu ihrer Verfügung stehenden Zusatznahrungsmittel selbst zuzubereiten.« In einzelnen amerikanischen Lagern wurde zusätzlich Gemüse angebaut. Auch gab es kleine Lebensmittelgeschäfte, in denen sich die Häftlinge von dem Sold, den sie für ihre Arbeit erhielten, Süßigkeiten oder manchmal sogar leichte Alkoholika kaufen konnten. Die Bedingungen verschlechterten sich allerdings nach Kriegsende. Die deutschen Kriegsgefangenen wurden jetzt schlechter behandelt, denn die US-Army musste nun nicht mehr befürchten, dass ihre eigenen Leute Gleiches in deutschen Lagern zu erwarten hatten. Gleichwohl ging es den Insassen der amerikanischen Camps noch besser als den meisten Zivilisten in deutschen Städten – von Bedingungen wie in deutschen oder sowjetischen Lagern konnte ohnehin keine Rede sein. Und mit Beginn des Jahres 1946 erreichte die Behandlung wieder den alten Standard.

Montag

2

April

Tag 38

Dieter Borkowski: Tagebuch eines Flakhelfers (IV)

Der 16-jährige Dieter Borkowski beginnt immer mehr an der Aufrichtigkeit und Glaubwürdigkeit der nationalsozialistischen Propaganda zu zweifeln. Ihre Phrasen klingen angesichts der aussichtslosen Lage in Berlin hohl und verlogen.

Vor dem Flakturm, in dem der junge Luftwaffenhelfer stationiert war, fand Anfang April die Vereidigung einer Volkssturmeinheit statt. Alte Männer mussten noch in letzter Minute den Eid auf den »Führer« schwören und geloben, ihr Leben für eine längst verlorene Sache einzusetzen und notfalls hinzugeben. Sogar der Reichsorganisationsleiter der NSDAP hatte sich hierzu eingefunden. Auch wenn er seit Kriegsbeginn kaum noch über Einfluss verfügte, zählte er doch zur Parteiprominenz: Dr. Robert Ley – vom Volksmund längst mit dem wenig schmeichelhaften, aber treffenden Titel eines »Reichstrunkenbolds« bedacht – sprach zu den Anwesenden.

Während Hitler im »Führerbunker« auf ein Wunder hofft, sollen Männer jeden Alters an der Front sein »Tausendjähriges Reich« retten

Am 2. April, dem Tag nach der Vereidigung, fasst Dieter Borkowski Leys Rede zusammen: Dieser habe gesagt, es wäre schwer, die Genialität des Führers zu begreifen, wenn man nicht den Einblick in alle Vorgänge der Kriegführung hätte. Denn er locke ja die Feinde bewusst so weit in das Reichsgebiet, um sie dann hier mit grauenhaften Waffen besser vernichten zu können – hohle Phrasen, die an Absurdität kaum noch zu überbieten waren: »Das mit der Lockung des Führers, den Feind vor Berlin zu vernichten, würde ja bedeuten, daß wir vor vier Jahren nicht hätten bis nach Moskau und Stalingrad marschieren müssen.« Doch Ley gibt sich kämpferisch und müht sich, die alten Männer zum Kampf anzuspornen: »Das letzte Bataillon auf dem Schlachtfeld wird ein deutsches sein!« So recht will die Rede allerdings nicht wirken. Offenbar hat Ley auch diesmal »etwas zu reichlich Alkohol getrunken […], denn er lallte man-

+++ Gauleiter Baldur von Schirach will Wien verteidigen; Befehlshaber ist SS-Oberstgruppenführer Sepp Dietrich +++ Amerikaner erobern

che Worte mehr, als daß er sie sprach«. So ist nur zu hoffen, dass möglichst viele seinen Schlusssatz nicht verstehen: »Ohne Gepäck marschiert es sich leichter!« – »Das«, so Dieter Borkowski, »sollte ein Trost für die Ausgebombten sein«, der für viele der Anwesenden wie blanker Hohn klingen muss, zumal der Redner durchaus wohlgenährt ist: »Hunger scheint Dr. Ley auch nicht zu kennen, er ist fast so dick wie Reichsmarschall Hermann Göring, von dem allerdings der Batteriechef immer sagt, daß er so korpulent sei, weil ein Geschoß aus dem Ersten Weltkrieg im Körper unseres Oberbefehlshabers ›wandere‹.«

Während dieser ranghohe Vertreter der Partei im trunkenen Zustand Greise vereidigt, die noch in den letzten Kriegstagen in den Tod geschickt werden sollen, werden in Berlin weiterhin Vorbereitungen für den Kampf um die Reichshauptstadt getroffen, die eher Zeichen der Verzweiflung als der Verteidigungsbereitschaft sind: »Auf den Hochhäusern – soweit sie noch stehen – werden leichte Flakgeschütze in Stellung gebracht. Ein paar alte Panzer, für die es keinen Liter Benzin mehr gibt, und Geschütze mit wenig Munition werden an Plätze postiert.« Nichts, was die Rote Armee lange aufhalten, geschweige denn zurückschlagen könnte.

Eigentlich ist Dieter Borkowski noch Schüler – und tatsächlich erhalten er und seine Kameraden in ihrem Flakturm immer noch ein paar Stunden Unterricht. Am 3. April ist damit Schluss, die Osterferien beginnen. Ihr Lehrer, Studienrat Stielau, trägt seit ein paar Wochen Uniform – und sieht darin aus wie eine Witzfigur, finden die Jungen. Keineswegs zum Lachen finden seine kämpfenden Schüler, deren

Kein »letztes Aufgebot« kann die sowjetischen Panzer stoppen

Leben jeden Tag bedroht ist, was er ihnen mit auf den Weg geben will:

»In der letzten Schulstunde sprach er von der Schlacht im Teutoburger Wald, wo sich die Germanen auch einer Überlegenheit von Römern heldenhaft entgegenstemmten. Er rühmte Deutschlands Mission als Ordnungsmacht Europas und sprach davon, daß es ehrenvoll sei, für unser Vaterland das eigene Leben einzusetzen. Aus dem Lateinischen zitierte er dann das Wort ›Süß und ehrenvoll ist es, für das Vaterland zu sterben …‹. Wir müßten Helden wie Armin dem Cherusker, Friedrich dem Großen, Bismarck und Hindenburg nacheifern. Im stillen mußte ich dabei lachen, denn für Geschichte habe ich mich immer interessiert. So weiß ich, daß außer dem ungeklärten Tod von Armin alle anderen genannten ›Helden‹ friedlich im Bett gestorben sind, als alte Männer! Und wir sollen so jung sterben, wozu ich mit meinen sechzehn Jahren keine Lust habe! Auch Fred, Udo und Karl-Heinz wollen nicht in der Schlacht um Berlin fallen. Udo sagte: ›Wenn wir das überstanden haben, liegt ja das ganze Leben noch vor uns!‹«

Dienstag

3

April

Tag 37

Deutsche Kriegsgefangene in der Sowjetunion

Bei der Einnahme von Glogau in Schlesien am 3. April 1945 geraten etwa 9000 deutsche Soldaten in sowjetische Kriegsgefangenschaft. Sie treten einen langen Weg ins Ungewisse an. Insgesamt erleiden über drei Millionen Deutsche dasselbe Schicksal.

Nördlich des Polarkreises gelegen, nicht weit vom Nördlichen Eismeer entfernt, ist Workuta einer der klimatisch unwirtlichsten Orte dieser Erde. Acht bis neun Monate dauern die Winter. Temperaturen bis zu 60 Grad unter null sind keine Seltenheit. Vom Eismeer her jagen gewaltige Schneestürme über die baumlose Tundra.

In dieser lebensfeindlichen Einöde waren in den 1930er Jahren reiche Kohlevorkommen entdeckt worden. Politische Häftlinge, aber auch gewöhnliche Kriminelle mussten diese Region erschließen. Die Bedingungen waren unvorstellbar. Es entstanden Lager, Bergwerke, eine Stadt für das Wachpersonal und eine Eisenbahnlinie, die der Volksmund heute noch »Workutas ersten Friedhof« nennt – es heißt, unter jeder Schwelle hätten zwei beim Bau verstorbene Häftlinge ihre letzte Ruhestätte gefunden.

Wassersuppe aus Schnee: Ein deutscher Kriegsgefangener in der Sowjetunion kocht für seine Kameraden

Im Zweiten Weltkrieg kamen auch einige tausend deutsche Kriegsgefangene nach Workuta. Ein Überlebender berichtet: »1946 waren in den Lagern in und um Workuta weder Matratzen noch Decken. Das Lager 3 in Workuta war noch im Bau, Baracken teilweise ohne Dächer, Lager ohne Brunnen, sumpfiges Wasser mußte abgekocht werden. Die Brigadiere [Führer von Arbeitskommandos] hatten noch das Recht zu prügeln.«

Deutsche Kriegsgefangene wurden auf Befehl Stalins nicht anders behandelt als sowjetische Gefangene. Zwar existierten Vorschriften, die einen gewissen Standard garantieren sollten und das zuweilen auch taten. Doch sah die Realität meist anders aus. Die Gründe des Gefangenenelends waren vielfältig. Einmal war die Versorgungslage in der Sowjetunion im Krieg und unmittelbar danach allgemein schlecht. Auch spielte das Motiv der Vergeltung eine Rolle. Die Sowjetunion war ein totalitärer Staat, der brutal mit den Menschen umging, die er als Gegner

+++ Heinrich Himmler befiehlt, alle zu erschießen, die eine weiße Fahne hissen +++ Alliierte Luftangriffe auf Kiel, Berlin und Nordhausen

ausgemacht hatte. Die deutschen Kriegsgefangenen waren davon nicht ausgenommen. Für sie bedeutete die Zeit in der Sowjetunion in der Regel Hunger, Kälte und Krankheit: »Als Medikamente wurden verabreicht Hagebutten (Schipovnik), Ebereschen (Vogelbeere) und abgekochtes Wasser mit Fichtennadeln (Chwoy), ab und zu auch Kwas (angegorenes Wasser mit Brot und Hefe).«
Zur katastrophalen Versorgung kam die harte Arbeit. Die sowjetische Führung sah im Arbeitseinsatz der gefangenen Deutschen eine Form der Wiedergutmachung für die Kriegsschäden. Die Kriegsgefangenen erlebten ihn vor allem als zähen Überlebenskampf: »Die Arbeitsbedingungen in Workuta […] waren schwer. Hohe Normen, welche für Unterernährte kaum zu erfüllen waren. Kohlenzubringer mußten oft am Boden kriechend, die Kohle auf einer alten Zeltbahn mit den Zähnen ziehend, 40–50 m weit bis zum ausgepölzten Stollen ziehen und in den Hunt werfen. Die Tagesnorm betrug 8 Tonnen. Arbeitskleidung wurde damals nicht beigestellt. Mit nassen Kleidern wurde ausgefahren und bei einer Kälte von 25–30 Grad minus der Heimweg angetreten.«

Von gut drei Millionen deutschen Kriegsgefangenen starben 1,1 Millionen in den sowjetischen Lagern oder auf dem Transport. Wer die Gefangenschaft überlebte, hatte oft jahrelang auf seine Heimkehr warten müssen. Bis Ende 1945 wurde gerade einmal die Hälfte der Kriegsgefangenen entlassen. Im April 1947 setzte die Moskauer Außenminister-Konferenz den Abschluss der Entlassungen auf Dezember 1948 fest – ein Termin, den Moskau nicht einhielt. Am 5. Mai 1950 verkündete die staatliche Nachrichtenagentur der Sowjetunion (TASS), dass »die letzte Gruppe von 17 538 Kriegsgefangenen nach Deutschland zurückgeführt worden« sei. Die letzten 13 000 Kriegsgefangenen konnten aber erst nach der Moskaureise von Bundeskanzler Konrad Adenauer im Jahr 1955 heimkehren. Wie sehr das Schicksal der Kriegsgefangenen die Deutschen auch zehn Jahre nach Kriegsende noch bewegte, zeigt Adenauers sprunghafter Popularitätsanstieg nach diesem Verhandlungserfolg, der zu seinem Wahlsieg im Jahr 1957 beitrug.

Anstehen bei der Essensausgabe: Deutsche Kriegsgefangene in einem sowjetischen Lager

Dagegen tat man sich in der Sowjetischen Besatzungszone und späteren DDR schwer mit dem Problem der deutschen Kriegsgefangenen in der Sowjetunion. Die SED steckte in einem Dilemma: Wie sollte man die eigene prosowjetische Propaganda glaubwürdig vermitteln, solange die »Freunde« nicht bereit waren, die deutschen Landsleute freizulassen? Aus westlichem Gewahrsam waren die letzten Gefangenen schon 1948 entlassen worden. Doch derart heikle Fragen konnte die ostdeutsche Seite nur mit größter Vorsicht zur Sprache bringen. Die Abhängigkeit von Moskau schwächte die Verhandlungsposition.

Mittwoch

4

April

Tag 36

Evakuierung des Konzentrationslagers Mittelbau-Dora

In einem unterirdischen Lagersystem im Harz wird ein Heer von Arbeitssklaven für die deutsche Rüstungsindustrie ausgebeutet. Unter Anleitung einiger Wissenschaftler und unter der Knute der SS fertigen sie die als »V2-Rakete« bekannte Terrorwaffe. Tausende sterben vor Erschöpfung. Doch jetzt ist auch dieses Projekt am Ende.

Was sich in den Konzentrationslagern Auschwitz und Groß-Rosen schon seit einigen Monaten abspielt, wiederholt sich nun auch hier: Der gesamte Lagerkomplex Mittelbau-Dora, insgesamt über 40 Lager bei Nordhausen in Thüringen, wird geräumt. Und auch hier bestimmen Brutalität und Hast die Evakuierung. Mit Häftlingen überfüllte Züge verlassen innerhalb von drei Tagen den Südharz. Die Ziele: Bergen-Belsen, Sachsenhausen, Ravensbrück. Daneben treten lange Kolonnen, brutal angetrieben von Wachmannschaften, einen Marsch durch den Harz in Richtung Nordosten an, den viele nicht überleben werden.

Mittelbau-Dora war kein gewöhnliches Konzentrationslager. Ursprünglich ein Nebenlager des KZ Buchenwald, war es inzwischen zu einem Hauptlager und einer Drehscheibe des Häftlingstransports geworden. Ungewöhnlich war vor allem die Funktion des Lagers. Hier, im weitverzweigten Stollensystem im Kohnstein bei Nordhausen, verbarg sich die Produktionsstätte eines völlig neuen Waffensystems, mit dem die Deutschen das Kriegsglück zu wenden hofften: das so genannte Aggregat 4 (A4), eine Raketenwaffe, die dann tatsächlich die Kriegführung revolutionieren sollte – allerdings erst nach 1945.

Diese Rakete, besser bekannt unter der Propagandabezeichnung »V2« (»Vergeltungswaffe 2«), war im Frühsommer 1943 in der Heeresversuchsanstalt Peenemünde auf der Insel Usedom zur Serienreife entwickelt worden. Nach schwe-

Häftlinge aus dem KZ Mittelbau-Dora montieren Raketenteile in Serie. Die schrecklichen Arbeitsbedingungen kosten über 20 000 das Leben

+++ Das Lager Ohrdruf wird von den Amerikanern befreit +++ Ganz Ungarn ist von deutschen Truppen geräumt +++ Franzosen erobern Karlsruh

Aufrüstung in der Unterwelt: Eingang zum Mittelwerk, der Produktionsstätte von V1- und V2-Raketen in einem Stollen bei Nordhausen

ren britischen Luftangriffen hatte man die weitere Herstellung der »Wunderwaffe« jedoch nach Thüringen verlegt, wo man sich unter Tage sicher vor den alliierten Luftstreitkräften glaubte.
Der Personalbedarf für dieses Projekt war immens und verschlang immer mehr Arbeitssklaven: KZ-Häftlinge, ausländische Zwangsarbeiter, Kriegsgefangene, aber auch dienstverpflichtete Deutsche. Im Frühjahr 1945 drängten sich rund 40 000 Insassen in den völlig überfüllten Unterkünften, unter ihnen auch Überlebende der »Todesmärsche« aus Auschwitz und Groß-Rosen. Die unmenschlichen Bedingungen forderten einen hohen Tribut: Von den insgesamt 60 000 Häftlingen, die man in der Zeit von August 1943 bis März 1945 ins KZ Mittelbau-Dora verschleppte, starben mehr als 20 000 Menschen. An diesem Verbrechen waren auch die begabten deutschen Raketeningenieure beteiligt, die dann nach 1945 ihre Arbeit ungehindert und unter weit besseren Bedingungen fortsetzen konnten – in Diensten der Siegermächte: die Elite um Wernher von Braun in den USA, die zweite Reihe unter der Kontrolle der Sowjetunion.

Gut zwei Monate nach der Befreiung von Auschwitz durch die Rote Armee nähern sich nun amerikanische Truppen dem Konzentrationslager Mittelbau-Dora. Schon am Abend des 3. April beginnt man mit der »Evakuierung« des Hauptlagers Dora: 4000 sowjetische Häftlinge werden mit der Bahn nach Bergen-Belsen gebracht. Einen Tag später erhalten auch die Lagerführer der übrigen Mittelbau-Lager den Befehl zur Räumung. Als die Soldaten der US-Army am 11. April 1945 eintreffen, finden sie nur noch einige hundert Kranke und Sterbende vor, die man zurückgelassen hat. Die Evakuierung von Mittelbau-Dora fordert nochmals unzählige Opfer: etwa 12 000 Häftlinge sterben, viele davon auf den »Todesmärschen«. Wer von den erschöpften Gefangenen nicht mithalten kann, wird vom Wachpersonal erschossen. Ein Überlebender, der französische Häftling André Mouton, erinnert sich an den Marsch von Osterode an die Oker am 8. April:

»Einige können das wirklich nicht. Sie sind furchtbar an den Beinen verletzt. Die SS hat schon Mühe mit den Gesunden gehabt, aber die Kranken… Sie werden sie umbringen.
Wir sind erst 10 oder 15 Kilometer gelaufen und einige können schon nicht mehr. Viele wollen sich am Straßenrand niederlassen. Ein Fußtritt, zwei Fußtritte. Wer dann nicht aufsteht, bleibt für immer liegen. Eine Revolverkugel, und die ewige Ruhe ist da. Die Müdigkeit lastet so schwer auf den Männern, daß sie sich nicht mehr um die Gefahr kümmern. Sie werden unbedacht, und einige Augenblicke später existieren sie nicht mehr. Wer dem Marsch nicht folgen kann, wird auf der Stelle erschossen. Die SS will nicht das Risiko eingehen, auch nur einen Mann am Leben zu lassen.«

Arthur Haulot: Tagebuch eines KZ-Häftlings (III)

Für die Häftlinge im Konzentrationslager Dachau zählt allein das Hier und Jetzt. Die Zeit hat jede Bedeutung verloren. Die einzige Flucht aus dem grausamen Alltag ist die imaginäre Vorstellung einer unbestimmten Zukunft, über die auch Arthur Haulot nachsinnt.

»5. April 1945. Ich denke an die Zukunft, die nahe Freiheit. Josef M., mein bester und liebster Freund, hilft mir dabei, wunderbare Pläne zu schmieden, die von Brüssel bis Gorki reichen. Aber ich konstatiere ein doppeltes Phänomen: einerseits die Möglichkeit, mir mit Hilfe des Gedächtnisses viele Einzelheiten des früheren Lebens wieder in Erinnerung zu bringen, z. B. Augenblicke, die viel Freude bereiteten; andererseits ein allgemeines Gefühl der Verfügbarkeit im Gide'schen Sinne. Ich fühle mich bereit, wenn die Umstände es erfordern sollten, sowohl in vollkommen fremder Umgebung neu zu beginnen, als auch morgen wieder in den Rahmen meiner früheren Existenz zurückzukehren. Ich bin dieser Vergangenheit gleichzeitig sehr nahe und sehr fern. Ist das von Vorteil? Zweifellos ist das Gefühl, die Zukunft frei wählen zu können, die Fähigkeit zu spüren, das Leben ganz von vorn anzupacken, ein Beweis von Kraft und Stärke. Aber vielleicht ebenso Zeugnis einer inneren Leere. Früher besaß ich ein reiches Innenleben. Alle Ereignisse, privater oder allgemeiner Natur, setzten sich mir in Bilder und Gedichte um. Wenn ich heute zu schreiben versuche, erfülle ich ein Pensum. Ich bin innerlich nicht mehr daran beteiligt, finde

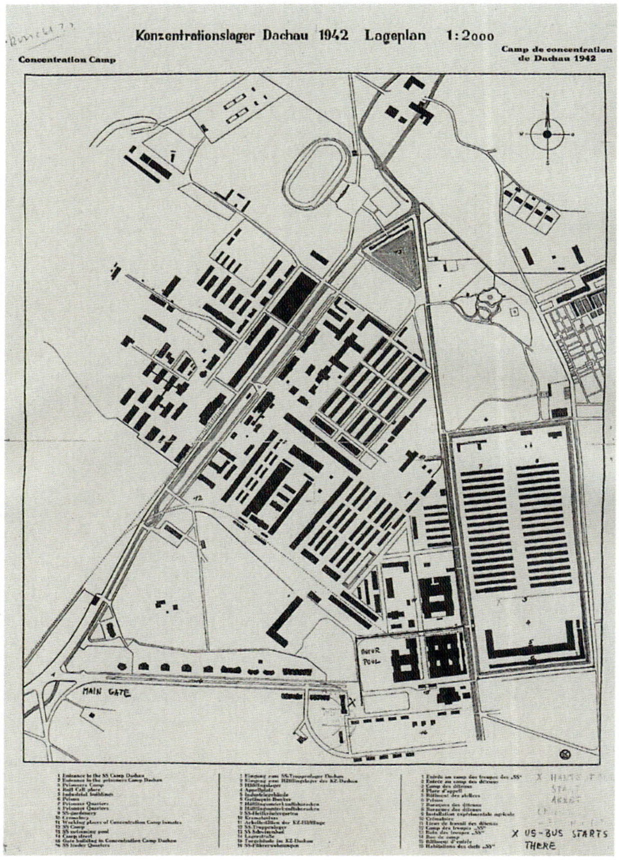

Lageplan des Konzentrationslagers Dachau (1942)

+++ In Košice wird eine provisorische tschechoslowakische Regierung gebildet +++ Die Sowjetunion kündigt Neutralitätsabkommen mit Japa

nur noch im Handeln Erfüllung. Ich habe das Gefühl, daß mein Herz zugefroren ist. Es scheint, als sei eine ganze Lebensform dahin. Verlust oder Gewinn? Ich weiß es nicht. Vielleicht verlangt die Zukunft von uns tatsächlich andere Dinge als Sensibilität; es ist sogar mehr als wahrscheinlich.«

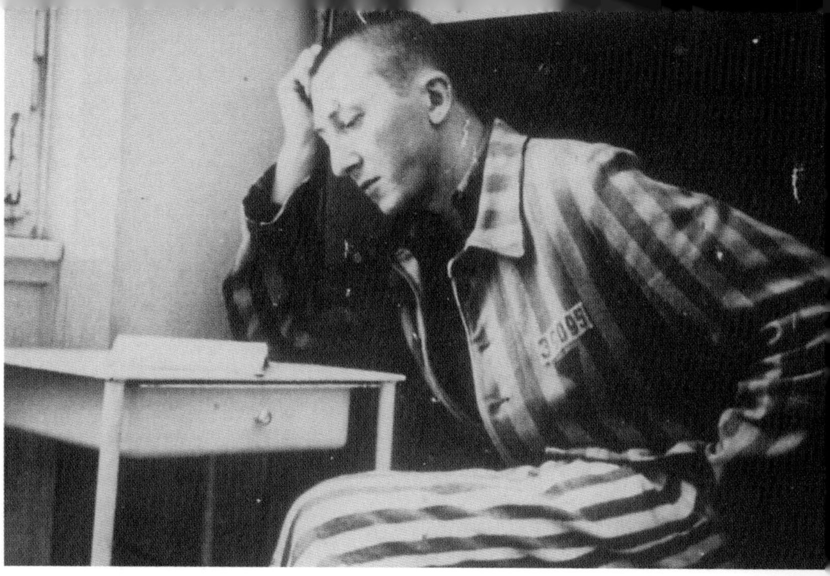

Allein in der ehemaligen Häftlingsbaracke: Arthur Haulot nach der Befreiung

Haulots Reflexion bewegt sich zwischen Vergangenheit und Zukunft. In der trostlosen Gegenwart findet er »nur noch im Handeln Erfüllung«. Sein »Innenleben« schweigt, sein Herz erscheint ihm »zugefroren«. Nur im Traum von Freiheit gibt es ein Entrinnen aus dem täglichen Überlebenskampf. Im Schmieden »wunderbare[r] Pläne« findet Haulot für Augenblicke Trost. In diesen Freiheitsphantasien spiegelt sich das verzweifelte Festhalten am Glauben an eine Zukunft jenseits der Lagertore. Ein solcher Glaube war von existenzieller Bedeutung. Wie sonst konnte man sich seinen Überlebenswillen bewahren? Denn wofür lohnte es sich, Tag für Tag und Nacht für Nacht um die eigene Selbsterhaltung zu ringen, wenn man keine Hoffnung mehr hatte? Zum ersten Mal schien nun Anfang April eine Befreiung aus dem Lager greifbar nahe. Damit stellte sich für jeden Häftling die Frage, wie es nach den langen Jahren im Lager »draußen« weitergehen sollte.

Vorerst müssen aber solche Überlegungen sehr vage sein. Noch ist man dem schrecklichen Lageralltag nicht entkommen. Noch herrscht die SS mit brutaler Willkür über Leben und Tod. Nur die Gedanken sind frei. In ihnen kann man der erdrückenden und zermürbenden Last der Gegenwart entkommen, die einem jede Selbstachtung zu nehmen droht. In der Flucht in jene imaginäre Welt gewinnt Haulot sein Selbstbewusstsein zurück. In ihr findet er »Kraft und Stärke«, das »Gefühl, die Zukunft frei wählen zu können«. Trotzdem spricht es für sich, wenn dieses Zukunftsbild vorerst noch höchst schemenhaft bleibt: Was soll ich tun? Soll ich in meine frühere Existenz zurückkehren oder »in vollkommen fremder Umgebung« neu beginnen? Die Welt scheint groß, zumindest in den Phantasien eines KZ-Häftlings, der jahrelang vom Rest der Welt abgeschnitten war. Von »Brüssel bis Gorki« scheint alles möglich. Die Freiheit ist nah, noch aber ist die Gegenwart übermächtig und lebensbedrohlich. Wer sich in seinen Zukunftsplänen und Zukunftsträumen verliert, riskiert sein Leben, denn die Sicherung des puren Selbsterhalts erfordert einen immensen Kraftaufwand. Gedanken an die eigene Vergangenheit – hier ist Haulots Tagebucheintrag eher untypisch – gelten unter den Gefangenen nach einem ungeschriebenen Gesetz als tabu, denn Trauer und Depression zehren an der Kraft, die man dringend für den fortwährenden Überlebenskampf im Konzentrationslager benötigt. Nur der Alltag zählt, nur das sture Weitermachen – und das Prinzip Hoffnung, dass es auch eine Zukunft nach Dachau gibt.

Freitag

6

April

Tag 34

Ein geplatzter Traum: Hitlers Kunstmuseum in Linz

Hitler will Linz, die Stadt seiner Jugend, zum kulturellen Zentrum Europas machen. Als Höhepunkt ist ein »Führermuseum« geplant: eine Gemäldesammlung vergleichbar den Uffizien in Florenz. In ganz Europa werden Kunstwerke geraubt, um die Magazine des Museums zu füllen – erst am 6. April 1945 bricht die Inventarliste ab.

Linz, seit 1939 neben München, Wien, Berlin und Hamburg eine von fünf »Führerstädten«, sollte nach Hitlers Willen ein »deutsches Budapest« werden. Die Pläne dafür, die der Diktator teilweise selbst entwarf, waren monumental. Außer dem Bau eines riesigen Verwaltungszentrums war vorgesehen, die »Jugendstadt des Führers« in ein »europäisches Kunstzentrum« zu verwandeln. Ein Aufmarschplatz für mindestens 100 000 Menschen durfte nicht fehlen, und alles überragen sollte ein riesiger Glockenturm mit dem Grabmal von Hitlers Eltern – mit 167 Metern höher als der Stephansdom in Wien. Geplant war ein großartiges Ensemble von Museen und Theatern, eine Einladung zum »idealsten Bummel der Welt«: ein »Pantheon der Bildhauerkunst«, eine Sammlung für Kunsthandwerk und Münzen, eine Bibliothek für eine Million Bände, eine Bruckner-Halle mit Bruckner-Orchester und Bruckner-Chor (Hitler schätzte den in Linz geborenen Komponisten überaus), Schauspiel-, Operetten- und Künstlerhaus, ein Ausstellungsgelände und ein Uraufführungskino der Ufa – und vor allem die Gemäldegalerie des »Führermuseums«, die deutschen Uffizien.

Neben der Architektur war die Malerei Hitlers bevorzugte Kunstdisziplin. Zeit seines Lebens verstand er sich als Künstler und als Baumeister, der den europäischen Kontinent neu gestalten würde. Die Tatsache, dass er zweimal von der

Bilder für das »Führermuseum« in einer Salzmine bei Altaussee

+++ Luftangriffe auf Leipzig, Halle und Gera +++ In Heilbronn werden vier Zivilisten erschossen, die eine weiße Fahne gehisst haben

Wiener Kunstakademie abgelehnt wurde und sich dann als Postkartenmaler sein Geld verdienen musste, war seiner Meinung nach allein in der Unfähigkeit einiger Professoren begründet, die sein Talent nicht erkannt hatten.
Am 26. Juni 1939 erließ der »Führer« den »Sonderauftrag Linz«, der die Beschaffung der Kunstwerke für eine der größten Kunstgalerien der Welt regeln sollte. Hatte man vor dem Krieg hauptsächlich gekauft oder getauscht, so boten sich nun durch die sukzessive Besetzung Europas ganz neue Möglichkeiten: Beschlagnahme und Plünderung. Am meisten hatten Polen und Frankreich unter diesem gigantischen Kunstraub zu leiden, seit September 1943 auch Italien. Die Kunstwerke stammten zumeist aus jüdischem Besitz. Bei nichtjüdischen Eigentümern wahrte man zumindest in den besetzten Zonen im Westen – Frankreich, Belgien und Holland – den Anschein des legalen Kaufs; im Osten hingegen wurde einfach requiriert. Alfred Rosenberg, der schon zuvor in Frankreich und den Niederlanden zur vollsten Zufriedenheit Hitlers und Görings tätig gewesen war, ließ in der Sowjetunion alles Brauchbare abtransportieren.
Beileibe nicht jedes Kunstwerk kam für Hitlers Kunstmuseum in Linz in Frage. Geeignet war nur, was irgendwie »germanisch« schien, denn den Schwerpunkt der Sammlung sollte eine »germanische Klassik« bilden. Der »Führer«, der Spitzweg und Böcklin liebte, hatte einen recht konservativen Geschmack. Für alle gekauften oder geraubten Objekte galt »Führervorbehalt«: Hitler stand die erste Wahl aus der beschlagnahmten Kunst zu. Als Zweiter wählte Göring, der seinen Landsitz bis zum Ende des Krieges regelrecht voll stopfte, meist mit zweitklassiger Kunst, denn der Reichsmarschall hatte eine Schwäche für die Kombination »deutsch

Während Berlin in Trümmern liegt, betrachtet Hitler noch im Februar 1945 das Modell der »Führerstadt« Linz

und nackt«. Bis kurz vor Kriegsende trafen immer weitere Kunstwerke in Deutschland ein, die man einstweilen in den schon bald überquellenden Luftschutzräumen unter dem Münchner »Führerbau« einlagerte, später dann auch auf Schloss Neuschwanstein und im bayerischen Altaussee.
Das fertige Architekturmodell für das »europäische Kulturzentrum« konnte indes erst Mitte Februar 1945 in der Berliner Reichskanzlei präsentiert werden, auch wenn die Bauarbeiten längst begonnen hatten und in den Granitsteinbrüchen des KZ Mauthausen nahe Linz laufend Baumaterial gebrochen wurde. Die Kapitulation Deutschlands setzte dem größenwahnsinnigen Projekt ein jähes Ende. Auch dieser Traum Hitlers – wie sein Testament beweist, vermutlich sein persönlichster – ging nicht in Erfüllung.

Viele der von den Nationalsozialisten gehorteten Kunstwerke werden bis heute vermisst. Zahllose Werke dürften bei Parteifunktionären und in den Wirren der Nachkriegszeit verschwunden sein, andere sind systematisch vernichtet worden. Die Verluste sind so groß, dass sie sich nicht schätzen lassen.

Samstag

7

April

Tag 33

Erster Einsatz von Rammjägern

Die militärische Lage der Deutschen und ihrer Verbündeten wird immer verzweifelter. In Ostasien stürzen sich japanische Selbstmordkommandos auf den Feind. Ein militärischer Irrsinn dieser Dimension wird in Deutschland vorerst nur erwogen. Aber es existiert bereits etwas, was dem japanischen »Kamikaze« sehr nahe kommt:

Eines Morgens war es soweit. Alarm und ran an die Maschinen. Meine Me 109 war bereits klar [...]. Dann kam das Zeichen. Ich startete als zweiter. Meine Maschine war völlig vertrimmt. Noch bei einer leichten Linkskurve mußte ich rechts Seitenruder geben. Schöne Aussichten. Aber umkehren? Es wird so lange geflogen, bis der Motor auseinanderfliegt, lautete der Befehl. Im Raume Lüneburg angekommen, waren wir etwa auf 8000 Meter gestiegen. Durch den eingeschalteten Sender hörte ich währenddessen flotte Marschmusik und eine betörende Frauenstimme, die den Stand der Bomberverbände angab.«

183 deutsche Jagdmaschinen, Messerschmitt und Focke-Wulf, starten an diesem Morgen. Eskortiert werden sie von zahlreichen Me 262, den neuen Düsenjägern. Es ist sehr kalt am Morgen des 7. April, die Sicht ist gut.
Was nun folgt, ist der letzte große Schlag der deutschen Luftwaffe im Zweiten Weltkrieg. Es ist eine Geschichte von Tapferkeit und Todesverachtung. Und es ist eine Geschichte von Hoffnungslosigkeit, Irrsinn und Entsetzen. »Schulungslehrgang Elbe« heißt die Einheit, zu der sich die Piloten der Luftwaffe am Ende des Krieges melden können. Angenommen werden nur Freiwillige. Die Ausbildung ist kurz, denn die Piloten haben nur einen Auftrag: Jeder soll einen der großen gegnerischen Bomber, einen der gefürchteten »Vier-Mot.s«, zum Absturz bringen – mit allen Mitteln, notfalls auch durch Rammen. In diese wahnwitzige Aktion setzt die deutsche Luftwaffenführung ihre letzten Hoffnungen. Nichts hatte eine Wende gebracht – nicht die Düsen- oder Raketenjäger, nicht die Jagdflieger mit ihren hunderten von Abschüssen, nicht die Strahlbomber und nicht die Raketenwaffen. Nun sollen

Der totale Bombenkrieg: Die alliierten »Viermots« erreichen immer ungestörter ihr Ziel

+++ Amerikanische Truppen erobern Bad Pyrmont, Hofgeismar, Pforzheim, Mergentheim und Hildburghausen +++ General Rendulic übernim

»Rammjäger« die Wende herbeiführen. Man hofft, dass die Alliierten nach dieser Verzweiflungstat ihre Luftangriffe erst einmal aussetzen werden. Ein solches Denken ist symptomatisch für die Situation der deutschen Luftwaffe.

Ihr Oberbefehlshaber Hermann Göring (1893–1946), selbst hochdekorierter Jagdflieger des Ersten Weltkriegs, Reichsmarschall und designierter Nachfolger Hitlers, war längst zum Gespött der Deutschen geworden, aus denen er einst »ein Volk von Fliegern« machen wollte. Noch bei Kriegsbeginn hatte er selbstgerecht verkündet: »Ich will Meier heißen, wenn auch nur ein feindliches Flugzeug über Deutschland erscheint.«
Aber alles kam anders. Dabei war gerade die Luftwaffe lange Zeit das verhätschelte Lieblingskind unter den drei Teilstreitkräften der Wehrmacht gewesen. Die materiellen, finanziellen und nicht zuletzt auch personellen Ressourcen, die man in die hochmoderne Luftstreitkraft hineinpumpte, schienen grenzenlos. Jahrelang experimentierte man mit hunderten von Flugzeugtypen und Waffensystemen – und erzielte dabei einige bahnbrechende Erfolge, technisch und auch militärisch. Aber zusammengefasst und klug ausgespielt wurde das alles nicht. In den zeitlich begrenzten Blitzfeldzügen zu Beginn des Krieges hatte die Luftwaffe noch brilliert. Doch schon ab 1942 zeigte sie sich dem strategischen Bombenkrieg der westlichen Alliierten immer weniger gewachsen. In der Zeit der Defensive zeichnete sich dann die Niederlage nirgends so früh und so deutlich ab wie in der Luft.

Auch dieses Unternehmen wird zum Fiasko. Gerade 23 Viermotorige Bomber können von den Rammjägern vernichtet werden. 133 eigene Flugzeuge kehren nicht mehr zurück, 77 deutsche Piloten sterben. Immerhin können die Düsenjäger 28 weitere Abschüsse melden. Doch all das ist teuer erkauft. Auch wenn die 8. amerikanische Luftflotte damals eine »der resolutesten Abwehrattacken« registriert, »welche Luftwaffenstreitkräfte jemals gegen die Achte Luftflotte wagten«, so ist die Entscheidung am Himmel schon längst gefallen.

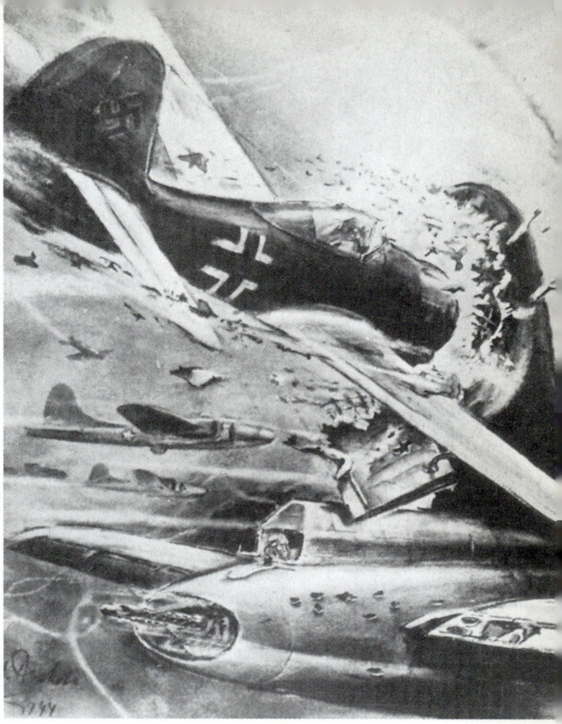

Ramm-Angriff auf einen amerikanischen Bomber vom Typ Boeing B-17 »Flying Fortress«: Propagandazeichnung aus dem Jahr 1944

Auch von diesem Einsatz bleiben daher nicht mehr als ein paar Geschichten – etwa von jenem deutschen Piloten, der sich von seinem Schwarm löste, »um auf eigene Faust schneller an den Gegner zu kommen«, und dem es dann tatsächlich gelang, einen Bomber zu durchtrennen, sich danach noch abzuschnallen und mit dem Fallschirm zu retten. Oder von jener »Fliegenden Festung«, die mit abgerissenem Höhenleitwerk aus 6000 Metern zur Erde fiel, zusammen mit einem amerikanischen Flieger, dessen Fallschirm sich am Bug verhakt hatte. Oder von jenem deutschen Piloten, der nach dem Zusammenprall mit geborstenem Schädel noch aus seiner Maschine aussteigen und seinen Fallschirm auslösen konnte. So wurde seine Leiche langsam und sicher zu Boden getragen.

Sonntag

8

April

Tag 32

Tiefflieger

Der Angriff auf das Reich erfolgte zunächst aus der Luft. Lange waren vor allem die Großstädte und Ballungszentren das Ziel der alliierten Bomberflotten, während das Land weitgehend verschont blieb. Doch seit 1944 liegt fast ganz Deutschland in der Reichweite der alliierten Jagdbomber. Sie verbreiten Angst und Schrecken unter der Bevölkerung im ganzen Land:

Sonntag, den 8. April 1945. Morgens um 6 Uhr zogen die Jabos [Jagdbomber] und die sonstigen schnellen Kampfflugzeuge kreuz und quer über das Tal. Für alle Fälle stand ich auf. Ein klarer Sonntagmorgen blickte zum Fenster herein, als ich die Verdunkelung beiseite getan hatte; die Wiesen mit Reif bedeckt, die Pfützen und kleineren Rinnsale gefroren. Ich hatte mir vorgenommen, die schön geformte kugelige Weide im ersten Schmuck ihrer sprossenden Blätter zu photographieren. […] Über dem Tal kreisten Flieger, aber man hatte den Eindruck, daß sie alle scharf frontwärts flogen. Eben war auf der Station ein Personenzug eingefahren. Ich dachte: in diesem Zug möchte ich nicht sitzen, und beschleunigte meinen Rückweg.«

Reinhold Maier, später Ministerpräsident von Baden-Württemberg, wusste, wie gefährlich es war, im Frühjahr 1945 unterwegs zu sein. Der idyllische Frühlingsmorgen konnte darüber nicht hinwegtäuschen. Der Luftkrieg hatte auch die entlegensten Winkel Deutschlands erreicht. Lange Zeit war man auf dem Lande vor ihm relativ sicher gewesen. Zwar sah man gelegentlich die alliierten Bomberflotten in großer Höhe am Himmel vorüberziehen, doch eine wirkliche Gefahr stellten sie für die Bevölkerung auf dem Land nicht dar. Sie flogen auf die großen Zentren zu.

Inzwischen aber gab es nicht nur die großen Bomberflotten, es gab auch die kleinen, wendigen Jagdbomber, die gefürchteten »Jabos«. Durch Zusatztanks hatte sich ihre Reichweite enorm gesteigert. Außerdem konnten sie jetzt von Frankreich aus operieren. So wurden sie in der Endphase des Krieges zu einer wahren Landplage. Meist hatten sie zunächst den Auftrag, den großen Bombergeschwadern Geleitschutz zu geben. War das erledigt, galt das Prinzip der »freien Jagd«. Die Besatzungen der Jabos hatten Weisung, die Munition für ihre Bordwaffen möglichst nicht nach Hause zu bringen. Hier auf dem Land, wo sie unbehelligt durch die deutsche Luftabwehr manövrieren konnten, machten sie Jagd auf lohnende Ziele. Militärische Konvois, aber auch einzelne Lastkraftwagen und vor allem Eisenbahnzüge gerieten dabei ins Fadenkreuz. Gerade die Züge wurden gnadenlos gehetzt. Dabei war es für die Piloten aus der Luft nicht klar zu erkennen, ob die Waggons militärischen Zwecken dienten oder nicht. Auch kam es immer wieder vor, dass Jabos einzelne Zivilisten, etwa Bauern bei der Feldarbeit, beschossen.

+++ Luftangriffe auf Plauen, Halberstadt, Stendal und Zerbst +++ Bombardierung der Treibstoffwerke Lützendorf und des Hamburger Hafen

Massenfertigung des amerikanischen Jagdbombers vom Typ Republic P-47 »Thunderbolt«

Reinhold Maier sollte sich in seiner dunklen Vorahnung bestätigt sehen. Kurz darauf wurde er Augenzeuge eines Jabo-Angriffs:

»Wie ich mich der Mühle näherte, setzten zwei Flugzeuge zum Angriff an und schossen los. Die Kartuschen der abgefeuerten Maschinengewehrmunition prasselten in den Hof der Mühle. Ich nahm eine auf, die noch heiß vom Abschuß war. Das Ziel der Geschosse war der Personenzug, der inzwischen [...] weitergefahren war; er wurde bei Wagenhofen, 400 m von mir, getroffen. Lokomotive kaputt. So und soviel Tote, so und soviel Verwundete. In 50 m Höhe flogen die Angreifer über der Mühle zurück. Jede Einzelheit dieser Flugzeuge mit roter Kanzel und rotem Schwanz war erkennbar. Otto, der die ganze Nacht gearbeitet hatte, fuhr sogleich mit dem Auto los und holte den Arzt von Lauchheim zur Unglücksstätte. Er zeigte sich als der hilfsbereite rechte Mann, der an sich selbst zuletzt denkt. Nach zwei Stunden kam er sehr bewegt zurück. Der Lokomotivführer durch Schüsse am Bein schwer verletzt, verblutet und gestorben, der Heizer tot. Besonders nahe ging ihm das Schicksal eines Reisenden – in der Uniform eines Oberzahlmeisters –, der an der Seite von Frau und Sohn getötet wurde. Bei den Angriffen auf Stuttgart hatte er alles verloren, von seiner Familie lebte er seit einem halben Jahr getrennt und war nun endlich in der Lage gewesen, seine Frau und seinen elfjährigen Sohn zu sich nach Gmünd zu holen. Der Anblick sei herzzerreißend gewesen, wie die Frau sich von dem Toten, den sie an die Eisenbahnböschung gelegt hatten, nicht habe trennen wollen.«

Montag
9
April
Tag 31

Kapitulation Königsbergs

Am 13. Januar 1945 beginnt die Rote Armee die Großoffensive gegen Ostpreußen. In der »Festung« Königsberg wird die Lage immer kritischer. Doch der Kommandant kapituliert erst Wochen nach Einschließung der Stadt. Unteroffizier Kurt Doß, der wie viele andere Soldaten ein unnötiges Blutbad vermeiden will, berichtet vom Geschehen:

Die letzte Nacht unserer ›Freiheit‹ begann. Das Fort wurde von uns Soldaten geräumt. Wir bekamen den Befehl, uns in die Schützengräben, die provisorisch um das Fort ausgehoben waren, zu begeben, um hier dem russischen Angriff zu begegnen. Mir war eine Gruppe von 10 Mann zugeteilt, die genausowenig Lust hatten, im Nahkampf für Deutschlands Ehre noch zu fallen, wie ich. Nachdem ich die Stimmung der Männer erkundet hatte, gab ich die Losung aus: ›Aus diesem Abschnitt wird bei dem morgigen Angriff nicht mehr geschossen. Wir ergeben uns ohne Gegenwehr. Es ist die einzige Chance, das Leben zu retten.‹ Unsere ›Bewaffnung‹ bestand sowieso nur aus 9 Karabinern und einer Pistole. […]

Panzerabwehrstellung und Parole: Die Wehrmacht soll die »Festung« Königsberg bis zur »letzten Patrone« verteidigen

Ich ging in der Nacht, sie war verhältnismäßig ruhig, noch in den Nachbarabschnitt, wo ich eine ähnliche Stimmung fand wie bei uns. […] Nur einer war damit nicht einverstanden. Ein junger Leutnant. […] Er war ein begeisterter Hitlerjugendführer gewesen, voll echtem Idealismus. […] Er teilte mir mit fast teilnahmsloser Stimme mit, er sei entschlossen, zu sterben, wenn morgen die Russen kämen. Ein junger Mann, getränkt mit der NS-Ideologie, war bereit zu sterben, da alles zerstört war, was ihm lebenswert erschien. Die Weltanschauung, der Besitz, die Heimat, die Familie, alles war ihm genommen. […] Ich hörte dann später, daß Leutnant M. zwei Handgranaten vor seiner Brust abgezogen hatte und zerfetzt war, als die Russen in den Graben kamen.«

Die Mehrheit der Soldaten wollte nicht mehr. Aufzugeben war eine Sache der Vernunft. Der Königsberger Festungskommandant, General Otto Lasch, brauchte für diesen Entschluss

+++ General Blaskowitz wird Kommandant der »Festung Holland« +++ Amerikaner erobern Würzburg +++ Alliierte Großoffensive in Oberitalie

viel zu lange. War es nur »soldatisches Ehrgefühl«, das ihn trieb? Seine Situation war komplexer. Da war zunächst der Befehl seines obersten Kriegsherrn, jede Stadt bis zum letzten Mann und bis zur letzten Patrone zu verteidigen. Und da war die Bedrohung durch die »Sippenhaft«. Für die Durchführung von Hitlers Befehl haftete der General mit seinem Kopf – und mit seiner Familie. Tatsächlich wurden einige Angehörige Laschs verhaftet, nachdem bekannt geworden war, dass er sich den sowjetischen Truppen ergeben hatte. Aber es gab noch einen anderen Faktor: einen Gegner, von dem man annehmen musste, dass er kein Pardon mehr geben wollte. Also befahl der Kommandant, die Verteidigung fortzusetzen, obwohl die militärische Lage in Königsberg nicht nur kritisch, sondern aussichtslos war.
Mit Befestigungsanlagen, die noch aus dem letzten Jahrhundert stammten, und einer spärlich bewaffneten, viel zu schwachen Besatzung hatte die Stadt in einem bitterkalten Winter dem Gegner nur wenig entgegenzusetzen. Doch Lasch zögerte und zögerte. Erst als die Soldaten der Roten Armee bereits kurz vor seinem Bunker standen, kapitulierte er. Die Verteidigung Königsbergs hatte längst keinen militärischen Sinn mehr. Sie war nichts anderes als ein kollektiver Selbstmord, weil dem verantwortlichen Befehlshaber jede Perspektive abhanden gekommen war. Der Preis war hoch: Königsberg lag in Trümmern. Wie viele Soldaten in diesen letzten Tagen und Wochen dort gefallen sind, weiß niemand.

Auf die Überlebenden warteten harte Jahre in sowjetischer Kriegsgefangenschaft, die viele nicht überlebten. Auch unzählige Zivilisten wurden in die Sowjetunion verschleppt und als Zwangsarbeiter ausgebeutet. Mehr Glück hatte der Unteroffizier Doß: An Ruhr erkrankt, wurde er schon bald wieder entlassen und konnte nach Deutschland zurückkehren. In seinen Aufzeichnungen schildert er die Kapitulation seiner Einheit:

Soldaten der 3. Weißrussischen Front rücken in das fast völlig zerstörte Königsberg ein

»Der Morgen dämmerte, ein kurzer Feuerschlag begrüßte uns. Dann aber kamen sie. Aufrecht gehend, in großen Scharen, die Russen, die Sieger, die Maschinenpistole lässig im Anschlag. Sie waren nicht auf Mord, sondern auf Beute aus. Auf einen leisen Befehl von mir warfen unsere Leute die Waffen in den schlammigen Graben. Keinem von uns geschah etwas. Die Uhren waren wir allerdings schnell los. Nur zweihundert Meter von uns entfernt geschah das, was ich immer gefürchtet hatte: Ein fanatisierter Feldwebel mit dem Deutschen Kreuz in Gold eröffnete das Feuer auf die ruhig ankommenden Russen. In wenigen Minuten waren er und seine Gruppe in einem Hagel von MP-Salven erledigt. Es wurde dann still in den Gräben von Fort ›Königin Luise‹. Für mich war der Krieg zu Ende. Aus dem Unteroffizier Kurt Doß wurde einer der Millionen namenlosen Gefangenen, die zum nächsten Sammelplatz getrieben wurden.«

Dietrich Bonhoeffer, Admiral Wilhelm Canaris und General Hans Oster wegen ihrer Widerstandstätigkeit im KZ Flossenbürg hingerichtet +++

Dienstag

10

April

Tag 30

Ein sowjetischer Feldpostbrief

Über Jahre hinweg hat man die Soldaten der Roten Armee zum Hass auf alles Deutsche erzogen. Beim Einmarsch in die Gebiete des »Todfeindes« kommt es zu Gewaltexzessen gegen die deutsche Bevölkerung sowie zu Plünderungen. Der Brief eines sowjetischen Soldaten an seine Familie zeigt aber, dass es auch ganz andere Beispiele gibt:

Sie haben große Angst, wenn man in ihre Wohnung kommt, dann springen sie alle auf und heben die Hände hoch und zittern wie ein Hammelschwanz oder verstecken sich unter der Decke und gucken von dort heraus, und du kannst in der Wohnung machen, was du willst. Ich habe einen weichen Charakter und stehle nichts.«

Diese Betrachtungen aus den eroberten deutschen Gebieten schrieb der sowjetische Panzerfahrer Michail Nikolajewitsch S. am 10. April 1945 nach Hause. War die Todesangst der deutschen Zivilisten wirklich so erstaunlich? Sie war mehr als nur ein Produkt der NS-Propaganda. Beim Einmarsch der Roten Armee in Deutschland ereigneten sich zahllose Grausamkeiten gegenüber der Bevölkerung. Diese Schreckensmeldungen sprachen sich schnell herum. Das Verhalten der Sowjetsoldaten hatte allerdings viele und widersprüchliche Facetten. Das offensichtliche Mitleid von Michail Nikolajewitsch mit dem »faschistischen Todfeind« war keineswegs ein Einzelfall. Nicht wenige Rotarmisten zeigten Menschlichkeit. Nur an der Front wurde in der Regel unversöhnlich gekämpft: »Wir zerren die Faschisten am Schwanz und an der Mähne hinter Breslau. Ich habe zwar einen weichen Charakter, aber ich gebe dem Deutschen auch Feuer, wofür ich bald zweifacher Ordenträger werde. Der Befehl ist schon da.«

Freiwild: Rotarmisten belästigen in Dresden eine Passantin

+++ Amerikaner erobern Hannover und Essen +++ In Braunschweig wird ein SA-Sturmführer erschossen, weil er seine Uniform beseitigt ha

Zeugnisse wie dieses verdeutlichen, dass der sowjetische Einmarsch sehr unterschiedlich verlaufen konnte. Das hatte verschiedene Gründe. Die Soldaten der Fronttruppe – wie etwa dieser Panzerfahrer – standen unter dem Tempo des Bewegungskriegs. Ein sowjetischer Offizier erinnerte sich später: »Der ersten Staffel blieb also gerade Zeit, die ›Uhri‹ und Schmuckstücke einzusammeln. Die zweite Staffel hatte es weniger eilig; ihr blieb genügend Zeit, sich an die Frauen zu machen. Für die dritte Staffel gab es weder Schmuck noch frische Frauen mehr; doch konnte sie als Nachhut, die in der Stadt zurückblieb, in aller Muße ihre Koffer mit Kleidungsstücken und Stoffen voll stopfen.«

Vorsichtige Annäherung: ein sowjetischer Soldat und ein deutscher Junge

Doch besaß das unterschiedliche Verhalten der Rotarmisten nicht allein militärische Ursachen. Die Sowjetunion war nicht nur ein extrem großer, sondern auch ein extrem heterogener Staat. Schon allein deshalb war die Wirkung der offiziellen Hass-Propaganda gegen die Deutschen alles andere als einheitlich. Der sowjetische Einmarsch konnte für die deutsche Bevölkerung zur Hölle werden, er konnte aber auch verhältnismäßig normal verlaufen. Immer wieder gab es sowjetische Soldaten, die sich für die Deutschen einsetzten.
So waren die deutschen Zivilisten nicht selten einem Wechselbad ganz verschiedener Erfahrungen ausgesetzt. Ein Breslauer Bezirksbürgermeister erzählte später anschaulich über die Widersprüche: »Man muss erlebt haben, wie der russische Soldat mit deutschen Kindern sein letztes Brot teilt oder wie ein russischer Kraftfahrer auf der Landstraße ein altes Mütterchen samt ihrem halbzerbrochenen Wagen unaufgefordert auflädt und heimbringt, man muss aber auch erlebt haben, wie dieselben sich vielleicht auf einem Friedhof auf die Lauer legten, um dort einzeln gehende Frauen und Mädchen zu überfallen, auszuplündern und zu vergewaltigen.«

Der Panzerfahrer Michail Nikolajewitsch S. wurde für seine Gutmütigkeit nicht belohnt. Neun Tage nachdem er seinen Brief verfasst hatte, fiel er vor Breslau. Er war damit einer von geschätzten 9 Millionen Gefallenen, welche die Rote Armee während des Zweiten Weltkriegs zu beklagen hatte – davon fast alle im Krieg gegen Deutschland.

Nach einem Luftangriff auf Kiel kentert die »Admiral Scheer«, die »Admiral Hipper« und die »Emden« werden schwer beschädigt +++

Roswitha Fröhlich: Tagebuch einer Kriegsgefangenen (IV)

Im Lager von Carentan wird Roswitha Fröhlich inzwischen wegen ihrer guten Sprachkenntnisse als Dolmetscherin verwendet. Außerdem arbeitet sie für die Ernährungskommission, die sich um die Verpflegung der Häftlinge kümmert. Dabei ergeben sich nähere Kontakte zu den Amerikanern.

Seit dem 9. April arbeitet Roswitha Fröhlich im Dietition-Bureau und muss Ernährungspläne erstellen, komplett auf Englisch. Ihre Chefin ist Leutnant der amerikanischen Armee, heißt Rose David und wird von allen nur Davy genannt. Am 11. April vertraut ihre deutsche »Assistentin« ihrem Tagebuch an:

»Meine Hochachtung, Miss Davy! Heute habe ich erfahren, daß Sie Ihre Kenntnisse der Menü-Zusammenstellung auf einer Universität in Amerika erworben haben. Jetzt weiß ich auch, warum sie sämtliche Kalorien und Protein-Gehalte im Vanillepudding kennt und immer alles so wissenschaftlich betreibt, was sie hier zu erledigen hat. Amerika muß ein seltsames Land sein – irgendwann möchte ich einmal dorthin. Diese amerikanischen Schwestern! Alle so zurechtgemacht – Haare, Fingernägel, Puder-Teint, rote Lippen. Miese Figuren wie bei uns scheint's dort gar nicht zu geben. Es scheint sogar zu ihren Dienstvorschriften zu gehören, daß sie so elegant aussehen, und auch der Häßlichsten unter ihnen kann man's kaum anmerken, daß sie häßlich ist. Wie machen sie das nur? Und wie mögen wir dagegen wirken? [...]
Am Nachmittag: Die David und ich waren gerade allein im Zelt. Plötzlich wandte sie sich mir zu und wollte sich offenbar gern mit mir unterhalten.
›Europe is so dirty‹ meinte sie. Sie könne nicht begreifen, wie man freiwillig in diesem verstaubten Europa wohnen könne. Wie man sich hier überhaupt wohl fühlen könne? In Amerika sei alles viel sauberer. Ob es bei uns in Deutschland auch alles so schmutzig sei?
Sie sagte das nicht etwa gehässig, als ob sie mich kränken wollte, sondern eher kollegial, neugierig, als befänden wir uns auf der gleichen Stufe, und sie hätte vergessen, daß ich ihre Gefangene bin. ›Nein‹ antwortete ich, ›Deutschland ist nicht schmutzig – im Gegenteil. Und selbst wenn es schmutziger wäre‹ (was ist das überhaupt für eine Vorstellung?) – wir haben immerhin die ältere Kultur. Unsere Maler, unsere Dichter, unsere berühmten Bauwerke.‹
Die David nickte, nicht besonders beeindruckt, und wir arbeiteten weiter. Ein Gefühl des Hochmuts durchströmte mich plötzlich, fast ein wenig Mitleid. Die Amerikaner! Sie werden siegen, aber es wird kein Sieg des Geistes sein, sondern der politischen Macht. Und wir Jungen tragen die Verantwortung, daß unser Geist und alles, was uns heilig ist, nicht untergeht in diesem politischen Kampf.«

Das Zeltlager von Carentan: Zeichnung von Roswitha Fröhlich

Situationen wie diese gab es damals oft, nicht nur in Carentan: »Aneinander-Vorbeireden« und Hochmut auf beiden Seiten. Trotzdem: Das Verhältnis zwischen Deutschen und Amerikanern in den Kriegsgefangenenlagern wurde gewöhnlich positiv beurteilt, als »korrekt« bis »ausgesprochen freundlich«. Das war auch die offizielle amerikanische Richtlinie: »firm but fair«. In den USA war man damit nicht immer zufrieden, es gab Vorwürfe, die Gefangenen würden zu gut behandelt. Auch waren die persönlichen Beziehungen zum Teil besser, als es der Armeeführung lieb war. Diese fürchtete um die Moral der Truppe. Fraternisierung – und in diese Richtung ging auch das Gespräch der beiden Frauen – verwischte die Grenze zwischen Siegern und Besiegten und konnte die Disziplin schädigen. Regelmäßige Schulungen des Wachpersonals waren deshalb üblich, aber wenig erfolgreich. Die Veröffentlichung einer Broschüre, die den US-Soldaten Argumente für politische Diskussionen mit Deutschen an die Hand geben sollte, sprach für sich.

Leichter konnten es sich die Amerikaner machen, wenn sie ihre Kriegsgefangenen einfach an Frankreich übergaben. In diesem Land waren die deutschen POWs, die Prisoners of War, für Amerikaner und Briten weitgehend nutzlos. Frankreich hatte hingegen einen enormen Bedarf an Arbeitskräften. Daher trafen die Westalliierten bereits im Dezember 1944 eine entsprechende Übereinkunft. Frankreich erhielt fast 800 000 deutsche Kriegsgefangene. Die insgesamt 1 065 000 Kriegsgefangenen in französischer Hand – auch die französischen Truppen hatten Gefangene gemacht – wurden wesentlich schlechter ernährt und medizinisch versorgt als bei der britischen und amerikanischen Armee. Mitunter weigerten sich diese deshalb, ihre Gefangenen herauszugeben. So stoppten die Amerikaner beispielsweise in der Normandie ihre Übergaben. Stattdessen begann die US-Army, die bereits überstellten Gefangenen mit zusätzlichen Lebensmitteln zu versorgen. Roswitha Fröhlich hatte indes Glück und blieb bis zu ihrer Entlassung in einem amerikanischen Lager.

Amerikaner befreien das KZ Buchenwald +++ In Donauwörth wird ein russischer Häftling wegen angeblicher Leichenfledderei erschossen ++

Donnerstag

12 April

Tag 28

Roswitha Fröhlich: Tagebuch einer Kriegsgefangenen (V)

Kommt es zu einem zweiten »Mirakel des Hauses Brandenburg« – wie einst im Siebenjährigen Krieg, als Preußen durch den Tod der Zarin Elisabeth gerettet wurde? Hitler hofft auf ein Auseinanderbrechen der alliierten Koalition, wenn einer ihrer Führer stirbt.

Präsident Roosevelt ist gestorben. Im Radio spielen sie den langsamen Satz aus einem Brandenburgischen Konzert, dann Bachsche Kantaten. Ich sitze hier allein im Büro und muß plötzlich losheulen. Gott sei Dank kommt Levis, der messchief, gerade noch so rechtzeitig, daß ich mich beherrschen muß. Dann kommen auch

Franklin D. Roosevelt (mit Fliege) und sein späterer Nachfolger Harry S. Truman im Juli 1944

Davy und die anderen, und die tragische Seite der Angelegenheit scheint damit erledigt.
Okay ... Ein paar kurze Worte zu diesem Thema – dann reden sie von was anderem. Auch im Radio geht man langsam wieder zu flotteren Weisen über. Swing, Gepfeife, Gejohle – wie gehabt. Ich bin wirklich erstaunt. Das ist alles? Ich glaube, da bin ich doch zu gut deutsch erzogen, um das zu verstehen. Bei uns hätte das Radio längst auf Heldenmusik umgeschaltet. Nachrufe, Trompeten und Fanfaren, Salvengedonner unter Anteilnahme des gesamten Volkes. Hier nichts dergleichen. Das ist scheinbar so in Amerika. Sie bemühen sich nicht einmal, ein ernstes Gesicht zu machen an so einem Tag, in einem solchen Augenblick. Natürlich wage ich nicht zu fragen, woher das kommt. Vielleicht sind sie alle gegen Roosevelt? Oder interessiert er sie gar nicht? Im Radio wird man wieder feierlicher. Ein Vaterunser, ein frommer Chor und eine kurze Predigt in gedämpftem, aber noch immer recht flottem Amerikanisch, dann ein ausgedehntes Aaaamen – und Schluß mit der Tragödie.«

Der amerikanische Präsident war außerordentlich beliebt, doch im Krieg hatte man andere Sorgen als einen Staatsakt. Außerdem schien mit

+++ Luftangriffe auf Villach und Linz +++ Gauleiter Hanke erhält für die Verteidigung Breslaus das Goldene Kreuz des Deutschen Ordens

dem nun amtierenden Vizepräsidenten Harry S. Truman die politische Kontinuität gesichert. Den Weg zum Sieg im Zweiten Weltkrieg hatte freilich Franklin Delano Roosevelt eingeschlagen. 1882 in Hyde Park (New York) geboren, war der Demokrat 1933 zum 32. Präsidenten der USA gewählt worden. Ihm gelang es, mit einem umfassenden sozialen und wirtschaftlichen Reformprogramm – dem so genannten New Deal – die Auswirkungen der Weltwirtschaftskrise in Amerika zu überwinden. Seit 1939 unterstützte er Großbritannien gegen die Achsenmächte, da er früh erkannt hatte, welche Gefahr von Hitler-Deutschland und überhaupt von den totalitären Diktaturen ausging. Roosevelt bereitete sein Land systematisch auf den Krieg vor. Dem japanischen Angriff auf Pearl Harbor folgte am 11. Dezember 1941 die deutsche Kriegserklärung, so dass der amerikanische Kriegseintritt von der Öffentlichkeit umso leichter akzeptiert wurde. Trotz der japanischen Anfangserfolge im Pazifik blieb Roosevelt ein Verfechter der Strategie des »Germany first«, die zunächst eine Entscheidung auf dem europäischen Kriegsschauplatz suchte. Mit der Gründung der Vereinten Nationen wollte er nach dem Krieg endlich eine stabile Weltordnung etablieren. Die Spätfolgen einer Erkrankung an Kinderlähmung setzten seiner nur wenige Wochen zuvor angetretenen vierten Amtszeit jedoch ein jähes Ende.

Hitler täuschte sich, wenn er glaubte, der Tod dieses Mannes würde ein Auseinanderbrechen der alliierten Koalition nach sich ziehen. Der neue Präsident Truman hielt unbeirrbar an Roosevelts Politik fest. Auch Roswitha Fröhlich – und mit ihr viele Deutsche – erkannte dies. Sie stellte am 12. April nüchtern fest: »Die Amerikaner 70 Meilen vor Berlin. Russen in Leipzig, Elbe überschritten, kurz vor Hamburg. Der Krieg kann nicht mehr lange dauern.«
Für sie selbst sollte sich der Krieg allerdings noch hinziehen. Das Schlimmste war die Trennung von ihrem Mann Martin. Eine Abwechslung vom Lageralltag brachten lediglich ihr zeichnerisches Talent sowie ihre Auftritte im Lagertheater, das Goldonis »Diener zweier Herren« aufführte. Mitte August erreichte sie die erste Nachricht von Martin. Es gelang ihnen, über erkrankte Gefangene, die von einem Lager ins andere verlegt wurden, Briefe auszutauschen. Am 6. Oktober 1945 sahen sie sich nach sechs Monaten zum ersten Mal: Martin besuchte sie heimlich, in Wäschesäcken versteckt. Bei einem zweiten Besuch Mitte November wurden sie von den Aufsehern erwischt. Martin wurde bestraft, wenn auch nur milde. Härter war, dass er in ein Lager bei Le Havre verlegt wurde, 300 Kilometer von Roswitha entfernt. Besuche gab es danach nicht mehr, aber zumindest der Briefkontakt hatte Bestand. Auch das Weihnachtsfest mussten beide in Gefangenschaft verbringen. Die Sehnsucht nach zu Hause wurde damals besonders schwer. Immerhin gab es im neuen Jahr Nachrichten von den Eltern und den Geschwistern, die den Krieg überlebt hatten. Erst Ende Februar 1946 wurde Roswitha Fröhlich entlassen. Über Le Havre und Amiens gelangte sie ins Heimkehrerlager Herborn und von dort am 8. März endlich in Freiheit. An diesem Tag endet ihr Tagebuch.

Roswitha Fröhlich nach dem Krieg

Freitag

13

April

Tag 27

Eroberung Wiens durch die Rote Armee

Seit dem 6. April ist Wien Kampfgebiet. Schon zwei Tage später stehen die sowjetischen Truppen unmittelbar vor dem Stadtzentrum. Am selben Tag ruft die Österreich-Redaktion des amerikanischen »Office of War Information« die Wiener zum Widerstand gegen die sinnlose Verteidigung auf:

Liebe Freunde in Österreich: Durch den Äther dringt die Stimme der freien Welt zu der Bevölkerung von Wien, die im Donner der Geschütze ihrer Befreiung harrt. [...] Militärisch ist der Kampf [...] längst entschieden. Immer enger schließt sich der stählerne Ring um die Stadt, immer weiter stoßen russische Sturmkolonnen gegen das Stadtinnere vor. Von Stunde zu Stunde wird die vollkommene Aussichtslosigkeit, die verbrecherische Sinnlosigkeit weiteren Widerstandes deutlicher. Die Nazis kennen keine Vernunft und keine Rücksicht. Sie sind entschlossen, Wien der Zerstörung preiszugeben.«

Inzwischen hatte die Rote Armee den »Gürtel« erreicht, jenen baumbestandenen Straßenzug, der in Wien die äußeren von den inneren Stadtbezirken trennt. Vor den sowjetischen Angriffsspitzen lag das historische Zentrum. Dort hatten sich Wehrmacht, SS und Volkssturm verschanzt. Wien war nur unzureichend auf den »Endkampf« vorbereitet. Noch bis vor kurzem hatte die deutsche Propaganda immer wieder behauptet, die Stadt werde an einem »Südostwall« verteidigt, einer ominösen Linie, die von Pressburg bis in die Untersteiermark reichen sollte und sich schließlich als das erwies, was sie war – als ein Produkt der Propaganda. Der am 6. April eröffneten Großoffensive der Roten Armee auf Wien hatte man wenig entgegenzusetzen. Zwei Tage später schlugen erste Granaten in den Stephansdom ein, die Schlacht um die Altstadt begann. Sie sollte immerhin noch fünf Tage dauern. Eine Chronologie der Ereignisse:

9. April: Bis auf einzelne kleine Kampfgruppen räumen die deutschen Truppen die Bezirke zwischen Gürtel und Donaukanal. Vorsichtig rücken die Rotarmisten vor. Trupp für Trupp sickert in die Bezirke ein. Jedes gesicherte Haus trägt in kyrillischer Schrift die Markierung »Hausblock überprüft«. Es kommt zu ersten Plünderungen und Vergewaltigungen. Immer mehr öffentliche Gebäude, wie etwa das Burgtheater, stehen in Flammen. Der Stephansdom wird erneut getroffen – diesmal von deutschen Granaten, die nun auch in diese Zone einschlagen.

10. April: Kurz bevor die Rote Armee den Donaukanal erreicht, sprengen die deutschen Verteidiger die Brücken.

11. April: Früh am Morgen gelingt es den sowjetischen Truppen, an einigen Stellen über den Donaukanal zu setzen und Brückenköpfe zu bilden. Der Kampf um die Altstadt wird immer dramatischer. Auf dem Messegelände kommt es

Gestellte Propagandaaufnahme: Nach der Einnahme von Wien hissen Rotarmisten auf der Hofburg die sowjetische Fahne

zu einem erbitterten Nahkampf, bei dem beide Seiten hohe Verluste erleiden. Der Wurstelprater steht in Flammen, der Naschmarkt wird völlig geplündert. Als schließlich die Dunkelheit einbricht, überqueren sowjetische Truppen in großer Zahl den Donaukanal. Mit Panzern und Infanterie besetzen sie noch in derselben Nacht einen Großteil des 2. und 20. Bezirks.

12. April: Die deutschen Verteidiger halten nur noch einen kleinen Teil der Innenstadt zwischen Floridsdorfer Brücke und Nordwestbahnhof. Sabotage verhindert die befohlene Sprengung der Reichsbrücke: Unbekannte haben die Sprengladungen unschädlich gemacht. So bleibt die Wiener Reichsbrücke als einziger Donauübergang zwischen Linz und Budapest erhalten. Der Stephansdom wird dagegen erneut von deutschen Granaten getroffen. Beim folgenden Großbrand zerspringt in der Gluthitze die »Pummerin«, die größte Glocke des Doms.

13. April: Die Schlacht ist längst entschieden. Dennoch hält Kampfkommandant General Rudolf von Bünau unbeirrbar an seinem Auftrag fest. Sucht er den Tod? Oder will er die ganze Stadt und ihre Bevölkerung mit in den Untergang reißen? Andere hohe Militärs wie SS-Standartenführer Rudolf Lehmann, Kommandeur der 2. SS-Panzerdivision, sowie die SS-Generäle Wilhelm Bittrich und Sepp Dietrich zeigen mehr Vernunft. In einer Reihe von Telefonaten gelingt es ihnen, die Berliner Führung von der Sinnlosigkeit jedes weiteren Widerstands zu überzeugen. Daraufhin räumen die Deutschen den letzten Brückenkopf auf dem südlichen Donauufer. Um 14 Uhr endet offiziell die Schlacht um Wien. Nahe der Floridsdorfer Brücke wird freilich mit unveränderter Härte weitergekämpft – bis zum Abend ist die deutsche Verteidigungszone auf einen Radius von nicht mehr als 200 Metern zusammengeschrumpft. Bei Hereinbrechen der Nacht verebbt auch hier der Kampflärm. Die restlichen deutschen Truppen können sich ungehindert über die Brücke auf das nördliche Donauufer zurückziehen.

Samstag

14

April

Tag 26

Luftangriff auf Potsdam

Seit 1942 sind die deutschen Städte massiven Bombenangriffen der Alliierten ausgesetzt. Dabei sterben nicht nur zahllose Zivilisten. Oft gehen auch jahrhundertealte Kulturdenkmäler für immer verloren. In der Nacht vom 14. April – der Krieg ist schon fast zu Ende – trifft der Luftkrieg auch Potsdam mit seiner ganzen Wucht.

Seit Mitte des 17. Jahrhunderts hatte sich um das Städtchen Potsdam am seenartigen Lauf der Havel eine einzigartige Kulturlandschaft entwickelt. Planvoll gestaltete Fluren und Alleen prägten ihr Bild, zu dem zahlreiche bedeutende Kirchen, Schlösser und Schlösschen gehörten. Verbunden wurde alles durch eine großzügige Gartenkunst. Barock und Rokoko hinterließen hier ebenso ihre Spuren wie Klassizismus und Neugotik. Ihren Höhepunkt fand diese Entwicklung zu Beginn des 19. Jahrhunderts: Nach Plänen des Gartenschöpfers Peter Joseph Lenné von 1833 wurde die Potsdamer Kulturlandschaft zu einem einzigen, einmaligen Ensemble zusammengefasst, das sich über fast zwanzig Kilometer beiderseits der Havel erstreckte.

Im modernen Bombenkrieg gab es kaum Möglichkeiten, Kulturlandschaften wie diese vor Zerstörung zu schützen. Während man viele kleinere Kunstwerke auf das Land oder in Bergwerke verlagern konnte, waren die Bauwerke in den Städten der Bombardierung ausgeliefert. In Deutschland hatte der Palmsonntag des Jahres 1942 einen Schock ausgelöst, als ein britischer Luftangriff auf Lübeck in dreieinhalb Stunden ein Zehntel der historischen Altstadt mit ihren gotischen Kirchen zerstörte. Der örtliche Stadtbaudirektor sprach gar vom Untergang des gotischen Lübeck. Über den militärischen Sinn einer solchen Aktion wurde auch in Großbritannien gestritten. So meldete sich am 9. Februar 1944 der Bischof von Chichester, George Bell, im bri-

Mutter und Kind in einem Wald bei Potsdam: Der Krieg entwurzelt und zerbricht die Menschen …

tischen Oberhaus zu Wort: »Im fünften Jahr des Krieges muß es doch jedermann klar sein, wie weit die Zerstörung der europäischen Kultur schon fortgeschritten ist. Wir sollten uns überlegen, ob wir auch noch den Rest zerstören wollen. Noch immer kann etwas von diesen Gütern gerettet werden, wenn die Verantwortlichen erkennen, daß die Fabriken in der Regel außerhalb der alten deutschen Stadtkerne mit ihren historischen Denkmälern liegen.«

Seine Ansprache verhallte ungehört. Der alliierte Luftkrieg traf nicht nur das Deutsche Reich und seine Gesellschaft, sondern auch deren Geschichte und Kultur. In Potsdam dauerte das Bombardement vom 14. April 1945 gerade einmal zwölf Minuten. 1593 Menschen starben, fast die Hälfte der historischen Bausubstanz, insbesondere der Kern der Altstadt, wurde vernichtet oder beschädigt. Verschont blieben allerdings die berühmten Schlösser im Park von Sanssouci.

Die Nationalsozialisten zeigten im Übrigen wenig Interesse an einem Wiederaufbau der verwüsteten deutschen Städte. Im Gegenteil: Geradezu dankbar, so Heinrich Himmler gegenüber den deutschen Oberbürgermeistern, müsse man den Alliierten für die Zerstörungen sein, denn nun seien endlich die »Bausünden des 19. und 20. Jahrhunderts wiedergutzumachen«. Wenig beruhigend war auch, dass »historische und künstlerisch wertvolle Bauwerke, die unter dem Bombenterror gelitten« hatten, einem Schreiben der Parteikanzlei der NSDAP vom 20. Juli 1944 zufolge erst nach einer »Führergenehmigung« endgültig abgetragen werden durften. Wirkliches Interesse am Denkmalschutz konnte man das nur schwerlich nennen.

... und zerstört die steinernen Zeugnisse ihrer Zivilisation: die Trümmer der Hohenzollerngruft in der Garnisonskirche von Potsdam

Als am 8. Mai 1945 endlich die Waffen schwiegen, war Deutschland ein Trümmerfeld. Allein auf dem Gebiet der späteren Bundesrepublik waren 431 000 Wohngebäude vernichtet worden. Unter den Baudenkmälern – nach der bis Kriegsende noch engen Auslegung des Denkmalbegriffs – betrug der Anteil der Totalverluste etwa zwanzig Prozent des Gesamtbestands. Bei den Aufräumarbeiten der Nachkriegszeit ging abermals ein Teil der historischen Bausubstanz verloren. Das lag nicht nur daran, dass die Zerstörungen größer waren, als ursprünglich befürchtet. Ein weiterer Grund war der forcierte Modernisierungsschub, dem in den Jahrzehnten nach 1945 viel scheinbar Wertloses und Überholtes geopfert wurde – das galt auch und gerade für den Bereich der historischen Bausubstanz. Die Folge dieser verheerenden Zerstörungen war eine in der deutschen Baugeschichte einzigartige Situation: Laut Statistik waren im Jahr 1988 rund 66 Prozent des Baubestands der Bundesrepublik Deutschland erst nach 1948 entstanden. Demnach stammt gerade einmal ein Drittel unserer gebauten Umwelt aus der Zeit vor dem Zweiten Weltkrieg. Zwei Drittel sind das Werk der Nachkriegsgesellschaft.

Sonntag

15

April

Tag 25

Deutsche Kriegsgefangene in den »Rheinwiesenlagern«

Zwischen dem Fall Triers am 2. März und der Besetzung von Koblenz am 18. März gerät der größte Teil der deutschen Truppen westlich des Rheins in amerikanische Kriegsgefangenschaft. Die Besatzer sind auf die über 700 000 Gefangenen nicht vorbereitet. Die berüchtigten »Rheinwiesenlager« entstehen.

Das »Rheinwiesenlager« in Remagen: Die Kriegsgefangenen Hans Hofmeister und Hansheinrich Thomas, geschwächt von langen Fußmärschen und strapaziösen Eisenbahntransporten, finden sich auf flachem, offenem Gelände wieder, das mit Stacheldraht umzäunt ist. Sonst gibt es fast nichts. Auf der »goldenen Meile«, wie ihre Mitgefangenen das Lager euphemistisch nennen, haust man unter freiem Himmel. Alles ist eng, dreckig und kalt. Das Lager ist hoffnungslos überfüllt. Viele haben Höhlen in die feuchte Erde gegraben, um sich vor Wind und Regen zu schützen. Die wenigen sanitären Anlagen, die es gibt, reichen nicht aus. Auch sonst mangelt es an allem. Die Verpflegung ist unzureichend, es gibt kaum Kleidung, die medizinische Versorgung ist schlecht. Dabei hätten viele Gefangene gerade diese bitter nötig. Doch das amerikanische Militärpersonal tut kaum das Nötigste, während die von ihm eingesetzten deutschen Lagerleiter und Lagerpolizisten die Gefangenen schikanieren. Nicht alle überleben diese Wochen. Hofmeister und Thomas beschreiben in ihren Erinnerungen das Leben im »Rheinwiesenlager«:

»Wir buddeln wie die Maulwürfe. Tausende sind Einzelgänger. Wer kümmert sich schon um die anderen! Es geht um das eigene, armselige,

»Jeder Tag 90–100 Tote«: Zeichnung des Kriegsgefangenen Wilhelm Götting im Lager Bad Kreuznach

+++ Die Briten befreien das KZ Bergen-Belsen; weitere 14 000 Häftlinge sterben in der Folgezeit noch an Unterernährung +++ Alliierte Tr

nackte Leben. Diese Einzelgänger werden zu ›Ein-Mann-Loch-Bewohnern‹, grau und hager sind ihre Gesichter, verschmutzt die Hände und erdverkrustet die Uniformen. [...] So entstehen Tausende und aber Tausende dieser Erdlöcher. [...] Eines Tages geht ein schweres Gewitter über das Rheinland nieder. Es ist fast ein Wolkenbruch, mitten in der Nacht. Viele wähnten sich klug, wenn sie in zwei Meter Tiefe die Wand eines Erdloches zu einer Nische aushöhlten, in der sie sich sicher fühlten wie in Abrahams Schoß. Das Wasser aber nagt und spült und schlemmt die Wände ab. Wie ein Gießbach stürzen die gestauten Regenfluten in das Loch, und dann bricht die ganze Erdkruste nach. Gellende Schreie von Erstickenden durchdringen plötzlich die Lagernacht. Man ruft nach Hacke und Spaten, aber die Hände und die Konservendosen können den Tod nicht einholen. Wieder trägt man Leichen aus dem Lager, wie die Toten, die täglich im Ruhrkeller der Feldscheune sterben.«

»Wie die Maulwürfe«: Erdbehausungen im »Rheinwiesenlager« bei Sinzig

Die Verhältnisse in den »Rheinwiesenlagern« waren schlimm, teilweise katastrophal. Dennoch waren sie keineswegs alliierte »Vernichtungslager«, wie später manchmal behauptet wurde. So entstand sogar die Legende, in diesen Lagern hätten die Amerikaner eine Million Kriegsgefangener vorsätzlich und systematisch umkommen lassen.

Die historische Wahrheit – in der seriösen Forschung ist man sich hierin einig – sieht anders aus. Tatsächlich waren die Amerikaner von der Geschwindigkeit ihres Vorrückens im Westen Deutschlands überrascht. Auf die kurzfristige Aufnahme und Versorgung hunderttausender deutscher Kriegsgefangener war man nicht vorbereitet. Mitte März befanden sich immerhin noch etwa 700 000 bis 800 000 deutsche Soldaten westlich des Rheins. Die Amerikaner standen vor einem kaum lösbaren Problem: Das von ihnen eroberte Reichsgebiet lag über weite Strecken in Trümmern; Straßen, Brücken und Bahnlinien waren oft nicht mehr zu gebrauchen. Schon allein deshalb war es unmöglich, eine derartige Zahl von Kriegsgefangenen wie bisher üblich nach Frankreich zu bringen, wo bessere Versorgungsmöglichkeiten bestanden. Die Folge war, dass die insgesamt 13 hoffnungslos überfüllten Lager am Rhein eine relativ hohe Sterblichkeitsrate aufwiesen. Im Lager Remagen/Sinzig beispielsweise zählte man am 8. Mai 252 392 Gefangene. Die Zahl der Opfer wurde auf circa 1000 bis 1200 beziffert. Die Sterblichkeit lag also bei etwa einem halben Prozent. Dagegen herrschten in den amerikanischen Kriegsgefangenenlagern in Frankreich und erst recht in den USA wesentlich bessere Lebensbedingungen. Mit der Behandlung der gefangenen Rotarmisten durch die Deutschen, der ca. drei Millionen Menschen zum Opfer fielen, können daher die Zustände in den »Rheinwiesenlagern« auch nicht annähernd verglichen werden.

Montag

16

April

Tag 24

Dieter Borkowski: Tagebuch eines Flakhelfers (V)

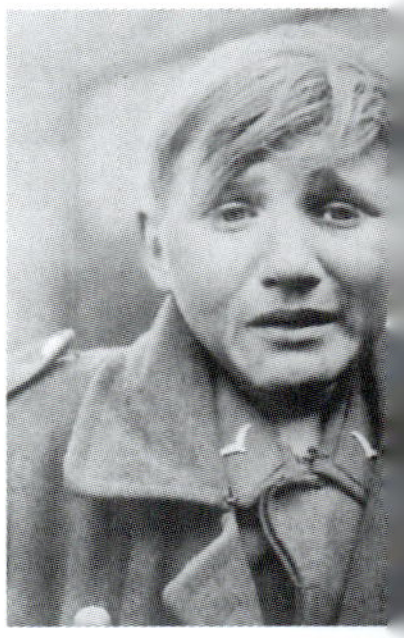

Die Schlacht um Berlin hat begonnen. Die sowjetischen Truppen haben die Offensive gegen die Reichshauptstadt eröffnet. Für Dieter Borkowski brechen mit diesem Tag zwei Wochen an, die zu den schwersten seines Lebens werden.

Seit dem frühen Morgen rollt der Angriff von zwei sowjetischen Heeresgruppen auf Berlin. Die 1. Ukrainische Front unter Marschall Iwan Konjew durchstößt noch an diesem Morgen im Süden die deutschen Stellungen an der Lausitzer Neiße, während die 1. Weißrussische Front unter Marschall Georgij Schukow östlich von Berlin auf den Seelower Höhen noch zwei Tage aufgehalten werden kann. Hektisch versuchen sich die Berliner auf das Kommende vorzubereiten: »Die Stadt summt wie ein Bienenschwarm. Heute nacht sollen die Russen an der Oder mit der Großoffensive begonnen haben. […] Die Panzersperren in der Reichshauptstadt werden besetzt. Lebensmittelrationen […] sind heute vorfristig aufgerufen worden. Vor den Geschäften stehen lange Menschenschlangen, viele haben Angst, daß es der letzte Einkauf ist.«

Borkowski hat indes andere Probleme, denn sein Heimaturlaub geht zu Ende. Am 18. April schreibt er: »Jetzt müßte ich eigentlich in den Flakturm zurück. Doch wir sorgen uns um unsere Mutter, die aus dem Krankenhaus entlassen werden soll. Sie muß noch liegen; wer kann sich um sie kümmern, wenn ich in die Schlacht ziehen soll?«
Er bleibt, doch tags darauf muss er in den Luftschutzkeller: »Hier wurde Onkel Fritz, der alter Parteigenosse ist und sich als Eisenbahner rechtzeitig aus Ostpreußen absetzte, ziemlich brutal: ›Dieter, du mußt jetzt zurück in deine Batterie, das ist deine Pflicht!‹ Er ist ein kräftiger Mann, fünfundvierzig Jahre alt, und drückt sich seit Wochen hier im Hause herum. Aber mir droht er, falls ich nicht in den Flakturm gehe, soll ich von ihm bei der Partei gemeldet werden.« Der Morgen bricht an, 20. April, »Führers Geburtstag«. Doch zu seiner Stellung ist kein Durchkommen mehr. Also meldet er sich befehlsgemäß bei der zuständigen NSDAP-Ortsgruppe: »Hier erlebte ich widerwärtige Dinge. Die meisten Parteigenossen saßen oder lagen auf dem Rinnstein; sie waren betrunken. Der Ortsgruppenleiter hatte alkoholische Beuteware verteilt. Er, selbst noch ein ganz junger Mann, stand dann käsebleich vor den alten Kämpfern des Führers, die sich kaum erheben konnten und teilweise bekotzte Uniformen hatten. ›Kameraden, die Stunde der Bewährung hat geschlagen! Ihr werdet an der Reichskanzlei eingesetzt und unseren geliebten Führer retten. Während ihr dort eure Pflicht leistet, werde ich mich hier um eure Frauen und Kinder kümmern!‹« Dieter Borkowski ist angeekelt. Zwei Tage später gelingt es ihm, einem alten Hauptmann einen

+++ Letztes Konzert der Berliner Philharmoniker vor Kriegsende unter Dirigent Robert Heger; gespielt werden Beethoven und Wagner

Marschbefehl abzuschwatzen. Er ist wild entschlossen, sich doch noch zu seiner Batterie durchzuschlagen: »Die Stadt ist graugrün von Schwefel«, notiert er am 23. April in sein Tagebuch, »jetzt schießen die Stalinorgeln der russischen Artillerie unentwegt. Nur mit Mühe kam ich bis zum Friedrichshain.«

Zurück im Turm, halten ihn seine Kameraden für verrückt: »Du hättest dich eben einfach in einem Trümmerhaus verstecken sollen, das geht doch rapide zu Ende!« Die Luftwaffenhelfer müssen nun die Panzerabwehrstellungen beziehen – Dieter Borkowski und seine Kameraden in der Parkanlage Märchenbrunnen. Es ist eine groteske Situation: »Meine Panzerfaust zwischen Hänsel und Gretel und dem Froschkönig! Der runde Kopf des Spießes lugt zwischen den sieben Zwergen hervor.« Immer noch treibt ihn die Sorge um die kranke Mutter. Am 26. April setzt er sich vorübergehend ab, um seine Mutter zu versorgen. Doch er kommt nicht weit – er wird von einer SS-Streife aufgegriffen: »›Verräter, feiges Schwein, Du wolltest fliehen!‹ […] Der SS-Sturmführer verkündete das Todesurteil. […] Der Kampfkommandant winkte den SS-Männern zu, zwei nahmen mich in die Mitte. Zusammen mit den Franzosen und Holländern ging es nach oben. In den Kolonnaden des Kaufhauses wurden die ausländischen Arbeiter erschossen. Der Sturmführer griff mir an den Kragen meines Kampfanzuges und zischte: ›Hau ab! Die nächste Streife legt dich sowieso um …‹«

Mit knapper Not entkommen – doch der Tag ist noch nicht vorüber: »Und dann sah ich mit Entsetzen drei russische Stalin-Panzer. Ich rannte wie von Sinnen zurück, ohne Hoffnung zu entkommen. […] Ich hörte das Wort ›Dawai‹,

Verwundete Kriegsgefangene warten auf der einstigen Prachtallee »Unter den Linden« auf ihren Abtransport

›schnell …‹ Danach lachten die Vordersten über mich, […] jedenfalls schossen sie nicht, ließen mich fortrennen.« Nach diesen Erlebnissen wird Borkowski vorsichtiger. Zwei Tage später erreicht er seinen Flakturm. Tags darauf wird er mit seinen Kameraden an die Hauptkampflinie in der Höchste Straße verlegt. Dieter erfährt vom Schicksal der 23-jährigen Inge Dombrowski: »Sie ist tot. Oberleutnant Seidler hat sie erschossen, anschließend beging er Selbstmord!« Im Morgengrauen des 2. Mai gibt es neue Befehle: Nach Norden soll ein Durchbruch versucht werden – aussichtslos. Dieter versteckt sich in einem Geschäft und schläft vor Erschöpfung ein: »Ich werde von einem fremden Laut geweckt: ›Dawai, Dawai …! […] Woyna kapuut, Hitler kapuut!‹«

Zusammen mit vielen anderen muss Dieter Borkowski nach Osten marschieren. Das Ziel: die Arbeitslager in der Sowjetunion. Aber schon in Posen bricht der Sechzehnjährige zusammen. Ruhr und Typhus fordern ihren Tribut. Kurz darauf wird er nach Hause entlassen.

Dienstag

17

April

Tag 23

Kriegsende in Schwäbisch Hall

Auch in Schwäbisch Hall stellt sich die Schicksalsfrage: Widerstand oder Aufgabe? An dieser Entscheidung hängen viele Menschenleben. Viele Städte und Ortschaften werden in den letzten Wochen des Krieges bis auf die Grundmauern zerstört. Schwäbisch Hall bleibt diese Katastrophe erspart. Wie so oft sind es Zufälle, die den Ausschlag geben.

Die amerikanischen Truppen konnte nichts mehr aufhalten. Am 10. April war Heilbronn nach erbittertem Widerstand gefallen. Es war nur noch eine Frage weniger Tage, bis sie Schwäbisch Hall erreichten. Der Ort mit dem mittelalterlich geprägten Stadtbild war lange vom Krieg verschont geblieben. Vom Bahnhof und einem Militärflughafen abgesehen, hatte die Stadt keine nennenswerten Zerstörungen zu beklagen. Doch was bislang weitgehend an Schwäbisch Hall vorübergegangen war, drohte nun in letzter Minute. Sollte man den Widerstand einstellen und die Stadt den amerikanischen Truppen übergeben? Sollte man sie verteidigen, was unausweichlich zu hohen Verlusten und großen Zerstörungen führen musste?

Amerikanische Militärpatrouille in Schwäbisch Hall

Während man in Heilbronn schon kämpfte, mobilisierte man in Schwäbisch Hall die allerletzten Kräfte. Ein Volkssturmbataillon, nicht mehr als 200 Mann, stand bereit, um einen weit überlegenen Gegner aufzuhalten.

In der Stadt spitzte sich die Lage zu. Die Meinungen gingen weit auseinander. Zwar war der

+++ Die Rote Flotte torpediert drei Flüchtlingsschiffe vor der Halbinsel Hela: fast 6000 Tote +++ Der Gauleiter von Halle-Merseburg, Joachim A

Kreisleiter der NSDAP schon am 14. April zusammen mit einigen letzten Getreuen geflohen. Doch auch der neu ernannte Kampfkommandant hielt »Widerstand bis zum letzten Atemzug« für die beste Lösung. Er wusste natürlich gut, was bei einer kampflosen Aufgabe der Stadt drohen konnte, vor allem dann, wenn deutsche Truppen sie noch einmal zurückeroberten. Der Reichsführer SS Heinrich Himmler hatte kurzen Prozess befohlen: Hing an einem Haus die weiße Fahne, dann waren alle männlichen Bewohner über vierzehn Jahre zu erschießen. Der Sturheit des Kommandanten und seiner Anhänger stand eine Allianz der Vernunft gegenüber. Leutnant Hüfner, der Leiter der Versprengtensammelstelle, und Bürgermeister Prinzing plädierten dafür, sinnloses Blutvergießen zu vermeiden und der historischen Altstadt – inzwischen war nach Luftangriffen das Rathaus vollständig niedergebrannt – weitere Zerstörungen zu ersparen.

Die Lage war verworren, denn in dieser Situation war völlig unklar, bei wem das Kommando lag. Der fanatische Kampfkommandant besaß so etwas wie »militärische Macht«, die er aber nicht zu gebrauchen verstand. Hilflos feuerte er mit seinem Karabiner auf den ersten amerikanischen Panzer. Der zeigte sich davon wenig beeindruckt und schoss seinerseits zwei Scheuern auf dem »Teurershof« zusammen. Damit hatte der Krieg dann sein Ende – zumindest in Schwäbisch Hall. Am Nachmittag des 17. April hingen aus vielen Fenstern der Stadt weiße Laken zum Zeichen der Kapitulation. Bereits gegen 18.00 Uhr hatten die Amerikaner die Stadt vollständig besetzt. Von vereinzelten Gefechten abgesehen, war eine relativ ruhige Übergabe gelungen. Ein Augenzeuge berichtet:

Das Rathaus von Schwäbisch Hall: nach einem Luftangriff völlig ausgebrannt

»Es war ein strahlend schöner Frühlingstag. Von Gailenkirchen und Untermünkheim rückte das Geschütz- und MG-Feuer immer näher und Jabos überflogen schießend am laufenden Band die Stadt und die Umgebung. Der Lärm ihrer Motoren beim Niedertauchen in den Talkessel war ohrenbetäubend. [...]
Es war ein erregendes Gefühl für mich, als ich nun tatsächlich auf den Feldern zwischen Gottwollshausen und dem Rand des Kochertales kleine dunkle Punkte sich rasch bewegen, dann stehenbleiben und wieder weiterrollen sah: Panzer! Einer nahm die Richtung gegen den Teurershof zu, von wo der Lärm des Infanteriefeuers kam. Dort leisteten die letzten Reste des Haller und Gmünder Volkssturms noch erbitterten Widerstand. Bald konnte ich auch die ersten feindlichen Infanteristen sehen, [...] die amerikanische Vorhut. [...] In einer aufgelösten Reihe, Mann hinter Mann, das Gewehr schußbereit in der Hand, in weiten Abständen zogen sie vorsichtig, immer verhaltend, weiter. Nun verschwanden die ersten auf halber Höhe der Steige an der Eisenbahnüberführung, und nach einiger Zeit kamen die ersten diesseits des Durchganges heraus und schritten vorsichtig, immer wieder anhaltend und Deckung nehmend, zur Stadt hinunter. [...] Es war etwa 1 Uhr nachmittags.«

Mittwoch

18

April

Tag 22

Hugo Hartung: Tagebuch eines Soldaten (IV)

Die Feldpost war für die Moral der Soldaten von größter Bedeutung. Sie bot in der Regel die einzige Möglichkeit, Verbindung mit der Heimat zu halten. Das gilt auch für Hugo Hartung im belagerten Breslau, der am 18. April 1945 erstmals seit Wochen wieder Post erhält. Erleichtert notiert er in sein Tagebuch:

Heute ist ein unbeschreiblicher Glückstag für mich: Nach zehn Wochen bekomme ich die erste Post von den Meinen! Ich bin außer mir vor Freude und habe das Gefühl, daß nun doch noch alles gut wird. Der Brief aus Thüringen stammt zwar vom 10. März, und wahrscheinlich leben sie dort inzwischen unter fremder Besatzung, aber sie sind den Schrecken von Dresden entgangen und werden mit Gottes Hilfe auch alles andere überstehen.«

Lange hatte Hartung befürchtet, seine Familie sei in die verheerenden Bombenangriffe auf Dresden geraten. Gerade fünf Tage zuvor hatte ihn, der inzwischen wieder aus dem Lazarett entlassen war, während der Nachtwache »die graueste Depression« überfallen: »Ich gebe mit einem Mal die letzte Hoffnung auf, daß meine Familie noch leben könnte.«

Wie wichtig ein funktionierendes Feldpostsystem für Moral und Durchhaltewillen der Soldaten war, hatte die Wehrmacht bereits vor dem Krieg erkannt. Mit Beginn des Zweiten Weltkriegs wurde deshalb ein Feldpostdienst eingerichtet, der allen Soldaten der Wehrmacht unentgeltlich zur Verfügung stand. Welche Bedeutung diesem Service beigemessen wurde, belegt eine Dienstanweisung der Reichspost aus dem Jahr 1940: »Die Aufrechterhaltung einer schnellen und sicheren Postverbindung zwischen Truppe und Heimat ist eine der Voraussetzungen für die Erhaltung der Stimmung und Schlagkraft der Truppe.«

Die Nutzung des Feldpostdienstes war verpflichtend. Briefe durften nicht auf anderem Wege transportiert oder einfach mit ins Feld genommen werden. Man befürchtete, sie könnten bei ihrer Erbeutung Aufschluss über militärische Geheimnisse liefern. Aus dem gleichen Grund war den Soldaten das Schreiben eines Tagebuchs verboten. Außerdem wurde ein Teil der Briefe zensiert. Gleichwohl waren sie in der Heimat – wo die Propaganda des Regimes alle Nachrichten beherrschte – als zuverlässige Informationsquelle über den tatsächlichen Stand der Dinge an der Front geschätzt. Wie wichtig die Feldpost während des Zweiten Weltkriegs war, lässt allein schon die Zahl der beförderten Briefe und Päckchen erahnen: Nicht weniger als 30 bis 40 Milliarden Sendungen wurden auf diesem Wege zugestellt.

Bis 1944 funktionierte das Feldpostsystem sehr gut. Die Laufzeiten für einen Brief konnten – je

+++ In Ansbach wird ein Student gehängt, der in Flugblättern die kampflose Übergabe der Stadt gefordert hat; kurz darauf erobern die Amer

nach Stationierungsort – drei Tage bis zwei Wochen betragen. Anfang 1945 änderte sich dies allerdings. Die Feldpost konnte nun ihren Dienst nicht mehr so zuverlässig erfüllen wie in den Kriegsjahren zuvor. Trotzdem erreichten immer noch viele Briefe ihren Empfänger – wenn auch mit erheblicher Verzögerung. Wie aber erhielt ein deutscher Soldat in einer belagerten, von der sowjetischen Armee völlig eingeschlossenen Stadt wie Breslau Post? Am 19. April beschreibt Hugo Hartung eine ungewöhnliche Begegnung mit einem der Beförderungsmittel, die nun zum Einsatz kamen:

»Heute habe ich wieder einmal ein merkwürdiges Erlebnis mit einer Granate. Ich gehe eben durch den Seminargarten zum Gefechtsstand, als ich in nächster Nähe ein Rauschen höre. Ich vergesse, mich platt auf den Boden zu werfen, sondern renne einfach davon. Aber auch dieses Geschoß explodiert nicht – weil es gar keins ist. Es ist eine von einem unserer Versorgungsflugzeuge abgeworfene Postbombe, deren Fallschirm sich nicht geöffnet hat und die nun mit ihrer angenehmen Ladung irgendwo in der Nähe liegen muß.«

Wieder kann sich Hartung freuen. Tags darauf notiert er in sein Tagebuch: »Die ›Granate‹ hat Post gebracht: Ich bekomme gleich zwei Briefe von den Meinen, datiert vom 15. und 19. März, die mir Mut und Hoffnung geben. Klaus erzählt mir in seiner köstlichen Orthographie ein selbsterfundenes Märchen von einer Prinzessin im Walde (›Prinsesin in Walde‹). Nun macht es mir nichts aus, daß ich bis drei Uhr nachts im Gefechtsstand an der Schreibmaschine sitzen und langweilige Berichte tippen muß.«

Eine Kampfpause verschafft der Sehnsucht Raum: An der Ostfront schreibt ein deutscher Soldat einen Feldpostbrief nach Hause

Neugründung der SPD

Seit seinem 18. Lebensjahr ist Kurt Schumacher überzeugter Sozialdemokrat. Auch nach der Machtergreifung Hitlers bleibt er seinen Idealen treu. Zehn Jahre in verschiedenen Konzentrationslagern hat er überstanden. Aber wie soll es nun mit Deutschland weitergehen?

Deutschland hatte noch nicht kapituliert, als Kurt Schumacher am 19. April 1945 beschloss, den Hannoverschen Ortsverein der SPD wiederzugründen. Am 6. Mai erhielt der Verein seine offizielle Zulassung durch die britischen Besatzungsbehörden. Hier begann die Nachkriegsgeschichte der deutschen Sozialdemokratie. Vom »Büro Schumacher« aus organisierte er den Wiederaufbau der seit 1933 verbotenen Partei. Für ihn stand fest, dass der SPD beim »Neubau« von Staat und Gesellschaft nach dem Ende Nazi-Deutschlands eine zentrale Rolle zukommen müsse. Sich und seine Mitstreiter sah er dabei als Repräsentanten und Sprecher jenes »anderen« Deutschlands, das sich der NS-Diktatur nicht gebeugt hatte und das nun bereitstand, »das Ziel einer grundlegenden und dauerhaften Veränderung« des Landes zu verwirklichen. »Je größer unser Erfolg bei der Bekehrung unserer durch die schreckliche Tyrannei verwilderten und richtungslos gewordenen Mitbürger ist, desto mehr Vertrauen werden wir in der Welt erringen«, lautete das Credo Schumachers. Er war Sozialist und Internationalist, zugleich aber ein glühender Patriot. Den totalitär ausgerichteten Kommunismus lehnte er als überzeugter Demokrat scharf ab. Die Sowjetunion war für ihn nichts anderes als ein verbrecherisches Regime, mit dem keine Zusammenarbeit möglich war.

Kurt Schumacher (1895–1952)

Auch während der Zeit des Nationalsozialismus hatte der 1895 im westpreußischen Kulm geborene promovierte Rechts- und Staatswissenschaftler seine Überzeugungen nicht verleugnet. Schon vor der Machtübernahme der NSDAP war er mit Goebbels aneinander geraten: Als dieser die SPD im Reichstag als »Partei der Deserteure« beschimpfte, hielt Schumacher, der im Ersten Weltkrieg schwer verletzt worden war, eine Stegreifrede, die zu Recht als eine der schärfsten parlamentarischen Attacken gegen den Nationalsozialismus gilt. Trotz seiner persönlichen Gefährdung – schon wenig später wurde Schumacher steckbrieflich gesucht –

-+++ Joseph Goebbels hält eine Rundfunkansprache, in der er Hitler als den »Mann des Jahrhunderts« bezeichnet +++ Luftangriff auf Helgolan

nahm er noch nach Hitlers Machtübernahme an der Reichstagssitzung vom 23. März 1933 teil, in welcher der SPD-Vorsitzende Otto Wels in seiner berühmten Rede das »Nein« der Sozialdemokraten zum »Ermächtigungsgesetz« begründete. Mitautor war Kurt Schumacher.
Dass er sich am Widerstand gegen das Regime beteiligte, stand für ihn außer Frage. Schon am 6. Juli 1933 verhaftete man Schumacher jedoch in Berlin. Für den schwer kriegsversehrten Politiker folgte ein zehnjähriger Leidensweg durch verschiedene Konzentrationslager, darunter Flossenbürg, Dachau und Neuengamme bei Hamburg. Während der letzten beiden Kriegsjahre stand Schumacher in Hannover unter Hausarrest.

Das »Büro Dr. Schumacher«, inoffizielle Parteizentrale der neu gegründeten SPD in Hannover (rechts von Schumacher: Erich Ollenhauer)

Kurt Schumacher war nach dem Krieg unbestritten der führende Mann der deutschen Sozialdemokratie. Auf dem SPD-Parteitag in Hannover im Mai 1946 wurde er zum Parteivorsitzenden gewählt. Dieses Amt bekleidete der brillante Redner bis zu seinem Tod. Am 6. September 1949 wurde er außerdem Fraktionsvorsitzender der SPD im Deutschen Bundestag, nachdem seine Partei bei der ersten Bundestagswahl den bürgerlichen Parteien unterlegen war. Schumacher lieferte sich fortan als Oppositionsführer harte Auseinandersetzungen mit Konrad Adenauer. Der Sozialdemokrat kritisierte die Außenpolitik des ersten Bundeskanzlers, der eine strikte Westbindung anstrebte, und forderte mehr Selbstbestimmungsrecht und Gleichberechtigung in der internationalen Politik. Das wichtigste Ziel war ihm die Wiedervereinigung Deutschlands. Die Grenzen der Bundesrepublik, die Kanzler Adenauer bald akzeptierte, blieben für ihn unannehmbar. Auch deshalb lehnte Schumacher eine Wiederbewaffnung entschieden ab. Er wollte vermeiden, dass Tatsachen geschaffen würden, welche die Spaltung Deutschlands und Europas zementieren könnten.
In den letzten Jahren seines Lebens forderten Kriegsverwundung, KZ-Haft, Beinamputation – als Spätfolge der Zeit im Konzentrationslager – und das enorme Arbeitspensum ihren Tribut. Schon seit 1948 konnte Schumacher oftmals nur vom Krankenbett aus ins politische Geschehen eingreifen. Nach einem schweren Kreislaufkollaps im Dezember 1951 wandte er sich nur noch gelegentlich in Rundfunk und Presse an die Öffentlichkeit. Am 20. August 1952 starb Kurt Schumacher im Alter von knapp 57 Jahren.
Zu den historischen Verdiensten des ersten Nachkriegsvorsitzenden der Sozialdemokraten gehören neben dem raschen Aufbau der SPD besonders seine unermüdliche Arbeit für die Stabilisierung einer demokratischen und sozialen Ordnung in Deutschland, aber auch die erfolgreiche Abwehr aller kommunistischen Ansprüche auf Westdeutschland. Kurt Schumacher gehört zu den Gründungsvätern der Bundesrepublik Deutschland.

Freitag

20

April

Tag 20

Hugo Hartung: Tagebuch eines Soldaten (V)

In Breslau wird noch immer gekämpft. Hugo Hartung ist mittlerweile in einem Regimentsgefechtsstand eingesetzt, der sich in einem ehemaligen Priesterseminar befindet. Der Dienst ist nicht sehr aufregend: Hartung ist dem Schreiber als Hilfskraft zugeteilt. So kommt der 20. April 1945: »Führergeburtstag«.

Selbst innerhalb der NS-Bewegung hatte der Geburtstag Adolf Hitlers vor 1933 nur wenig Aufmerksamkeit erregt. Nach der Machtergreifung begann sich das bald zu ändern. Der 20. April wurde nun zu einem wichtigen Element des Führerkults und fester Bestandteil des nationalsozialistischen Festkalenders. Zum Grundmuster gehörten Gratulationsempfänge, Aufmärsche, Fackelzüge und Paraden, ein Ständchen der SS-Leibstandarte »Adolf Hitler« und die obligatorische Rundfunkansprache von Propagandaminister Joseph Goebbels. Außerdem wurden an diesem Tag die Zehnjährigen als neuer Jahrgang feierlich in die Hitlerjugend aufgenommen und die Funktionäre der NSDAP, die Politischen Leiter, vereidigt.

Im Jahr 1939 erreichte dieser Kult seinen Gipfel: Aus Anlass von Hitlers 50. Geburtstag wurde der 20. April zum nationalen – und damit arbeitsfreien – Feiertag erklärt. Die zweitägige Feier bot in gigantischem Ausmaß alles, was die nationalsozialistische Festliturgie zu bieten hatte. Mit hohem technischem Aufwand organisierte man eine Rundfunk-Ringsendung, in der die Hitlerjugend aus allen Teilen des Reichs ihrem Führer gratulierte. Den Höhepunkt bildete eine Parade der Wehrmacht. Vier Stunden lang zogen vier Divisionen an 20 000 Ehrengästen vorbei. Das »Dritte Reich« demonstrierte Macht und militärische Stärke – ein halbes Jahr später überfiel es seinen Nachbarn Polen und löste den Zweiten Weltkrieg aus.

Die letzte Briefmarke mit »Führerbild«: Wohltätigkeits-Sonderausgabe zum 55. Geburtstag Hitlers, ausgegeben am 14. April 1944

Sechs Jahre sind vergangen. Die Zeit der großen Paraden ist endgültig vorüber – zehn Tage nach seinem 56. Geburtstag wird sich Hitler im Bunker unter der Reichskanzlei umbringen. Viele, die 1939 an der großen Parade teilgenommen haben, sind schon tot. Doch selbst jetzt noch wird der Geburtstag des »Führers« festlich begangen – auch in jenem Breslauer Gefechtsstand, in dem Hugo Hartung dem Untergang der deutschen Verteidiger entgegensieht:

»Im großen Seminarsaal findet eine funebre Feier zu ›Führers Geburtstag‹ statt. Der Oberst hält in etwas hohlem Pathos eine Gelöbnisrede der Siegeszuversicht. Die meisten seiner Offiziere blicken recht skeptisch drein. Wieder werden Orden verliehen und Beförderungen mitgeteilt. Das Positive an diesem Tag ist, daß wir vorzügliches Mittagessen und eine Flasche Wein bekommen.«

Den meisten Teilnehmern wird klar sein, dass die erneuten Durchhalte- und Endsiegparolen keine Substanz mehr haben. Sie sind nichts weiter als Propagandaphrasen. Es folgt die Routine der regelmäßig zu Hitlers Geburtstag vorgenommenen Beförderungen und Ordensverleihungen. Doch Lob, Essen und Wein ändern nichts daran, dass die Stimmung eher an ein Leichenbegängnis erinnert als an eine Geburtstagsfeier.

Eine solche Stimmung ist angemessen: Am 6. Mai kapituliert die Festung Breslau. Die völlig verwüstete Stadt wird von sowjetischen Truppen besetzt. Hugo Hartung und viele seiner Kameraden sind nun Kriegsgefangene. Er hat Glück: Schon knapp zwei Monate später, am 30. Juni, wird er wegen seiner angeschlagenen Gesundheit entlassen. Am 1. Juli tritt er den Weg nach Westen an – zunächst entlang zerstörter Gleise zu Fuß, später mit der Bahn. Nach zehn Tagen erreicht er am 11. Juli 1945 Neustadt an der Orla, wo seine Frau und seine Kinder untergekommen sind:

Die vermutlich letzte Aufnahme des Diktators: Hitler besichtigt Ende April 1945 die Trümmer der Reichskanzlei

»Ich renne in dem fremden Haus die Treppe hinauf. An einer Tür im zweiten Stock steht in einer vertrauten Handschrift der eigene Name. Das fremde Haus wird Heimat. Auf einem dunklen Flur warte ich einen Augenblick und lausche. Vier Stimmen höre ich aus der Tür – vier Stimmen. Zwei helle, laute Kinderstimmen sind dabei. Da muß ich rufen: ›Susi! Klaus!‹ Am 11. Juli 1945 um halb neun Uhr abends fanden wir uns wieder.«

Samstag

21

April

Tag 19

Arthur Haulot: Tagebuch eines KZ-Häftlings (IV)

Das Überleben in den letzten Tagen des Konzentrationslagers Dachau ist besonders schwierig. Das Eintreffen der Alliierten steht kurz bevor, doch keiner kennt den genauen Zeitpunkt. Es gibt kaum noch Lebensmittel, und niemand weiß, was mit den Häftlingen geschehen wird. Es kursieren zahllose Gerüchte und Spekulationen.

»21. April 1945. Das Blatt wendet sich. Und auch seine Betrachtungsweise. Die Armeen nähern sich uns mit einer Geschwindigkeit, die sich nur mit ihrer […] Schwerfälligkeit vergleichen läßt. […] Hinsichtlich folgender Themen wechselt die Lageratmosphäre von Stunde zu Stunde von äußerstem Optimismus bis zu schwärzestem Pessimismus:

1. Nahrung: Die Pakete werden seit zwei Wochen nicht mehr ausgeliefert. […] In der Zwischenzeit reduzierte man die tägliche Essensration auf ein Minimum, 1/7 Brot pro Kopf. Wassersuppe. Keine Extras mehr für die Kranken. Heute gelang es mir endlich, ein Paket pro Mann zu verteilen. Aber in den Strafblöcken krepiert man buchstäblich vor Hunger. Trotzdem trifft man jeden Tag auf gut informierte Leute, die verkünden, daß sich das Rote Kreuz um die Lebensmittelversorgung in Dachau kümmern wird!

2. Evakuierung: Die verschiedensten falschen Gerüchte sind in Umlauf. Massendeportation nach Tirol. Oder in die Schweiz. Eine weitere Version: nur die Deutschen werden verlegt. Dagegen steht die Meinung derjenigen, die annehmen, daß Dachau dort bleibt, wo es ist, und offiziell den Alliierten übergeben wird. […]

3. Liquidierung? Die größten Pessimisten sprechen natürlich von einer Liquidierung Dachaus nach dem klassischen Muster: Massenexekution oder Gaskammer. […]

Ich persönlich bin immer noch unerschütterlich in einen Flirt verwickelt, der keine Konsequenzen nach sich ziehen wird, aber letzten Endes prickelnd ist und zum Zweck hat, mein seelisches Gleichgewicht zu bewahren, indem er mich von der allgemeinen Besessenheit ablenkt. Ich kämpfe verbissen darum, so viele Pakete wie möglich von der Post für meine Kameraden im Block zu erhalten, leite meine Baracke und ziehe Erkundigungen ein. Laut neuester Nachrichten von heute morgen kann es sein, daß ich mit Tom und einigen Engländern bei einer der nächsten Fuhren, die für das an das Krematorium angrenzende ›Wäldchen‹ bestimmt sind, dabei sein werde. Ich nehme das ruhig und ohne Erregung zur Kenntnis. Schade, vielleicht 10 km von der Freiheit entfernt abzukratzen. Aber was dagegen unternehmen? Ich wußte, daß ich, als ich mich am 21. Juli 1940 dazu entschloß, nach Brüssel zurückzukehren, dort nicht die Hände in den Schoß legen würde, und daß ich eines Tages mehr oder weniger teuer dafür werde bezahlen müssen. Ich habe gespielt, gut gespielt, und vielleicht werde ich verlieren! Aber nicht gänzlich. […] Was zählt, ist nicht *nach* der Schlägerei dazusein, sondern sie

KZ-Häftlinge aus Dachau werden durch Wolfratshausen getrieben. Heimliche Aufnahme eines Beobachters

geführt oder zumindest begonnen zu haben. Das Danach geht die Nachfolgenden etwas an. Wichtig ist, daß wir zumindest glauben können, daß unsere Kinder das, was wir gesehen haben, nicht kennenlernen werden. Und vielleicht ist auch besser, die Enttäuschungen, die diesem Krieg ebenso wie dem vorherigen folgen werden, nicht zu erfahren. Der Friede ist ein schrecklicher Totengräber der Illusionen!«

Das Ende zeichnet sich ab. Welches Ende? Das eigene, das des Lagers oder das des ganzen Systems? Je näher das Kriegsende rückt, desto schwieriger gestaltet sich der Überlebenskampf für die Häftlinge. Die Versorgung des Wachpersonals ist mittlerweile zusammengebrochen, und die SS-Leute bedienen sich aus den Lebensmittelpaketen, die eigentlich für die Insassen bestimmt sind. Der Hunger ist unbeschreiblich. Während die Schwächsten elend zugrunde gehen, kämpfen andere wie Arthur Haulot darum, das Allernötigste für sich und andere zu beschaffen.

Fast noch quälender ist aber die bange Frage, wie es überhaupt weitergehen wird. Die Alternativen kennt man: Evakuierung in mörderischen »Todesmärschen« oder Massenexekution, wie etwa in den Konzentrationslagern Ravensbrück und Mauthausen, wo an diesem Tag die letzten Giftgasmorde beginnen. Unter den Häftlingen gehen, so schreibt Haulot, »die verschiedensten falschen Gerüchte« um. Er selbst bleibt nüchtern, denn Gerüchte erzeugen Illusionen, die von der Realität des täglichen Überlebenskampfes ablenken.

Sein »Flirt« bietet dagegen mehr als nur Ablenkung: Als Oberpfleger für Typhuskranke hat Haulot ein vorsichtiges Vertrauensverhältnis zur Sekretärin des Lagerkommandanten aufgebaut. Solche Kontakte aber – die Bezeichnung »Flirt« ist lediglich Jargon – können überlebenswichtig sein, denn sie verschaffen Protektion und nicht selten auch Vergünstigungen. Auch Haulot wird davon profitieren: Jene Frau informiert ihn einige Tage später über den Befehl Himmlers, das Konzentrationslager zu räumen. Dieses Wissen erleichtert das Überleben in diesen gefährlichen Tagen zwischen Zusammenbruch und Befreiung.

Sonntag

22

April

Tag 18

Tod von Käthe Kollwitz

Lange scheint es so, als ob sie sich überlebt hätte – die Künstlerin und Pazifistin Käthe Kollwitz. Doch das Kriegsende wird nicht nur ihre sozialen und politischen Überzeugungen rechtfertigen, sondern auch ihr künstlerisches Werk. Sie selbst erlebt das nicht mehr. Am 13. Juni 1944 schreibt sie an ihren Sohn Hans und dessen Frau:

»Mein tiefster Wunsch geht dahin nicht mehr zu leben. […] Erschreckt nicht und versucht nicht, es mir auszureden. Ich segne mein Leben, das mir bei allem Schweren so unendlich viel Gutes gegeben hat, […] ich habe nach meinen besten Kräften gelebt. […] Der Wunsch, die unstillbare Sehnsucht nach dem Tode bleibt.«

Plakat der engagierten Pazifistin von 1924

Die Todessehnsucht der Künstlerin erfüllte sich gut zehn Monate später. Kurz vor Ende des Zweiten Weltkriegs, am 22. April 1945, starb Käthe Kollwitz in Moritzburg bei Dresden. Dort hatte sie auf Einladung des Prinzen Ernst Heinrich von Sachsen ihre letzten Monate verbracht. Von den Nationalsozialisten geächtet und mit einem inoffiziellen Ausstellungsverbot belegt, hatte sie seit 1937 sehr zurückgezogen gelebt – damals hatte das Regime eine Ausstellung zu ihrem 70. Geburtstag verhindert. Symptomatisch war, dass die Welt erst über zwei Monate nach dem Kriegsende vom Tod der großen Pazifistin erfuhr. Die erste Meldung erschien am 15. Juli 1945 in der Dresdner »Tageszeitung für die deutsche Bevölkerung«.

Der künstlerische Durchbruch der am 8. Juli 1867 in Königsberg geborenen Tochter eines Maurermeisters und Predigers war ihr 1898 mit einem Bilderzyklus nach Gerhart Hauptmanns Drama »Die Weber« gelungen. Seither prägte ihr gesamtes Werk ein leidenschaftliches soziales Engagement. Das Eintreten für die Benachteiligten und Armen, denen sie Tag für Tag in der Berliner Arztpraxis ihres Mannes begegnete, und die künstlerische Verarbeitung von deren alltäglichen Tragödien wurde für sie

»ein Ventil oder eine Möglichkeit, das Leben zu ertragen«.
Ihren schwersten Schicksalsschlag erlitt die Mutter zweier Kinder im Ersten Weltkrieg, als ihr Sohn Peter fiel. Nur die Arbeit am Mahnmal »Die Eltern« für den Soldatenfriedhof in Belgien, auf dem ihr Sohn begraben lag, und ihr Eintreten für den Frieden hielten die Künstlerin in dieser Zeit aufrecht. Von da an richtete sie ihre Kunst vor allem gegen den Krieg, der ihr den Sohn genommen hatte. Zahlreiche bedeutende Werke entstanden, etwa der Holzschnittzyklus ›Der Krieg‹ (1922–23) und das Plakat ›Nie wieder Krieg‹ (1924). Daneben kämpfte sie gegen Wucher, Heimarbeiternot und Alkoholmissbrauch, unterstützte die Freilassung der Kriegsgefangenen, die Reform des Paragraphen 218 und Sammelstellen für Muttermilch. Käthe Kollwitz bekannte sich stets zu einer sozialen und politischen Kunst. Ihren Kritikern hielt sie entgegen: »Ich bin einverstanden damit, daß meine Kunst Zwecke hat. Ich will wirken in dieser Zeit, in der die Menschen so ratlos und hilfsbedürftig sind.«

Die Machtübernahme durch die Nationalsozialisten bedeutete praktisch das Ende ihrer künstlerischen Laufbahn. Ebenso wie Heinrich Mann musste sie, die einen Appell gegen Hitler unterzeichnet hatte, die Preußische Akademie der Künste verlassen und verlor ihre Professur. Hilfe von Freunden lehnte sie ab: »Ich will und muß bei den Gemaßregelten stehen.« Nachdem 1936 in einer sowjetischen Zeitung ohne ihr Wissen ein Artikel erschienen war, der die Künstlerin – zu Unrecht – als völlig isoliert und verarmt darstellte, wurde Käthe Kollwitz von der Gestapo gezwungen, sich davon zu distanzieren. In ihrem Tagebuch aus dieser Zeit heißt es: »Es wird mir

Die Künstlerin in ihrer Berliner Werkstatt Klosterstraße an der (verschollenen) Steinfassung der Gruppe »Mutter mit Kind«, 1937

ganz allmählich erst klar, daß ich wirklich mit meiner Arbeit zu Ende bin. Es gibt nichts mehr zu sagen.« Es folgten das inoffizielle Ausstellungsverbot sowie die Entfernung ihrer Arbeiten aus der Akademieausstellung und dem Kronprinzenpalais. 1940 starb ihr Mann, zwei Jahre später fiel ihr ältester Enkel Peter an der Ostfront. Das letzte Werk entstand: »Saatfrüchte sollen nicht vermahlen werden« – nach diesem Goethe-Zitat benannte sie eine Lithographie, die eine Mutter zeigt, die ihre Arme schützend um ihre Kinder legt. 1943 floh Käthe Kollwitz vor den immer heftigeren Bombenangriffen aus Berlin. Noch im selben Jahr wurde ihre Berliner Wohnung zerstört und ein großer Teil ihres Werks vernichtet.

1993 wurde in Berlin, in Schinkels Neuer Wache, die »Zentrale Gedenkstätte der Bundesrepublik Deutschland« für die Opfer von Krieg und Gewaltherrschaft eröffnet. In dem monumentalen Innenraum befindet sich ausschließlich eine vierfach vergrößerte Kopie der Plastik »Mutter mit totem Sohn« von Käthe Kollwitz.

Montag

23

April

Tag 17

Ilse Graßmann: Tagebuch einer Hausfrau (IV)

Das Radio meldet immer neue Erfolge der britischen Truppen, die sich Hamburg nähern. Ilse Graßmann bangt um ihren Sohn und ihren Mann, die beide bei der Wehrmacht sind. Die einquartierten Verwandten und die eigenen Kinder kann sie nur mit Mühe ernähren. Doch gibt es noch freudige Überraschungen:

»23. April 1945. In der Mittagszeit stand plötzlich Kurt in Uniform mit seinem Fahrrad, welches mit einer Menge Gepäck beladen war, auf dem Grundstück. Es erschien mir wie ein Traum, der wahr geworden war. Es war auch wie ein Wunder. Er hatte unterwegs einen Regimentskameraden getroffen, den Major Kleffel aus Hamburg. Der hatte ihm nach einer kurzen Unterredung das Kommando nach Aumühle gegeben, denn hier in Aumühle gibt es ja auch ein Gefangenenlager. Major Kleffel glaubt auch, daß es richtig wäre, wenn Kurt in dieser unglücklichen Situation in der Nähe seiner Familie wäre, und so gab er ihm dieses Kommando. Nun sind wir wieder eine

Eine Generation ohne Väter: Die Kinder von Ilse Graßmann spielen im Garten des neuen Hauses in Aumühle

+++ Franzosen erobern Mülheim an der Ruhr +++ Hermann Göring will die »Gesamtführung des Reiches« übernehmen; Hitler entlässt ihn dar

Familie. Es gibt für uns einen neuen Anfang in unserem eigenen Zuhause.«

Der Krieg hatte Millionen von Paaren getrennt. Viele von ihnen hatten erst im Krieg geheiratet. Eheleben gab es nur in den wenigen Wochen, in denen der Mann Heimaturlaub hatte. Ansonsten mussten Briefe das tägliche Miteinander und das vertraute Gespräch ersetzen. Das belastete die meisten Beziehungen. Viele Paare wurden sich fremd. Bereits im Jahre 1943 musste die NS-Führung feststellen, dass immer mehr Frauen den Zusammenhalt ihrer Ehe unter der langen Kriegsdauer leiden sahen. Auch die Kinder traf es hart. Sie wuchsen in der Regel ohne Vater auf. Oft blieb er selbst nach seiner Heimkehr eine fremde Person. Viele aber konnten selbst das nicht erleben. Sie haben ihren Vater nie kennen gelernt.

Selbst wenn der Mann und Vater nach Kriegsende zurückkehrte, musste das die Familiensituation nicht unbedingt verbessern. Zwar war er nun Zivilist und konnte wieder arbeiten, aber oft verdrängte er damit die Mutter aus der Rolle des Familienoberhaupts, die diese im Krieg notgedrungen übernommen hatte. Der Mann erwartete die Rückkehr zu den Verhaltensweisen vor 1939. Nicht wenige Frauen hatten sich aber verändert. Sie waren nun gewohnt, zusätzliche Verantwortung zu übernehmen. Ihr Selbstvertrauen war gewachsen. Außerdem fiel es nicht leicht, eine Arbeitsstelle aufzugeben. Die meisten Partnerschaften und Familien sahen sich jetzt mit grundlegend veränderten Bedingungen und Bedürfnissen konfrontiert – und nicht wenige zerbrachen daran.

Für Familie Graßmann lief es noch relativ gut. Der Mann war nie an der Front, musste sich gewöhnlich nie weit von zu Hause entfernen, hatte stets Kontakt zu seiner Frau und seinen Kindern, und auch seine Vorgesetzten hatten Verständnis für seine Lage. Nun war er sogar einem Offizier wie Major Kleffel begegnet. Schon vor Ende des Krieges konnte Kurt Graßmann wieder bei seiner Familie wohnen, sich um Haus und Kinder kümmern und seiner Frau in dieser schweren Zeit beistehen. Wie wichtig das war, lässt sich einem Eintrag entnehmen, den Ilse Graßmann am 19. April, also nur vier Tage zuvor, ihrem Tagebuch anvertraut hatte:

Soldat auf Heimaturlaub in Hamburg: die Wohnung zerstört, von Frau und Kindern keine Spur

»Tiefflieger sind nun jeden Tag über uns und haben schon viel Unheil angerichtet. Man traut sich kaum noch aus dem Haus. Alarm gibt es auch nicht mehr, denn sonst würden die Sirenen den ganzen Tag heulen. Es gibt keine zuverlässigen Nachrichten mehr, und eine Zeitung habe ich schon sehr lange nicht mehr gelesen. Man muß versuchen, weiterzumachen, und darf nicht die Nerven verlieren.«

Nur nicht die Nerven verlieren! Das gilt jetzt umso mehr, als sich das Kriegsende schon so deutlich abzeichnet. Jetzt heißt es: warten und hoffen, dass nicht doch noch etwas Schlimmes passiert.

llen Ämtern +++ Amerikaner befreien das KZ Flossenbürg +++ Beginn der Todesmärsche aus dem KZ Dachau mit fast 20 000 Häftlingen +++

Dienstag

24

April

Tag 16

Im »Führerbunker«

Das »Großdeutsche Reich« liegt längst in Trümmern, aber noch immer gibt es so etwas wie einen Mittelpunkt. Es ist die Bunkeranlage unter der Reichskanzlei in Berlin. Soweit das möglich ist, laufen hier alle Fäden zusammen. Aber nun kommt es zu einer entscheidenden Wende.

Der Krieg ist verloren!« Hitler selbst ist zu dieser Einsicht gelangt. Zum ersten Mal ist von ihm dieses erlösende Wort zu hören. Aber es ist alles andere als ein Akt nüchterner Reflexion, und auch kein Akt der Vernunft und des Nachgebens. In einem unvorstellbaren Wutausbruch hat er die deutschen Generäle der Feigheit bezichtigt, der Niedertracht und der Treulosigkeit. So könne er nicht mehr länger führen; seine Befehle seien in den Wind gesprochen. »Aber wenn Sie, meine Herren, glauben, daß ich Berlin verlasse, irren Sie sich gewaltig! Eher jage ich mir eine Kugel durch den Kopf!«

Das war am 22. April. An diesem Tag fiel eine Entscheidung: Der »Führer« blieb in Berlin. Der Obersalzberg bei Berchtesgaden kam für den »letzten Akt« nicht in Frage. Die meisten aus Hitlers Entourage hatten hingegen längst das sinkende Schiff verlassen. Nur Albert Speer, Hitlers Lieblingsarchitekt, seit 1942 Reichsminister für Bewaffnung und Munition, kam tags darauf noch einmal nach Berlin, um sich von Hitler persönlich zu verabschieden. Seine Bindung an den »Führer« war noch längst nicht überwunden. Wie in einer Beichte gestand er ihm, seit Monaten dessen Zerstörungsbefehle hintertrieben zu haben – doch der erwartete Zornesausbruch blieb diesmal aus. Fast schon gleichgültig verabschiedete Hitler auch diesen Funktionär, der ihm lange Jahre der liebste gewesen war. Bei anderen vollzog sich die Trennung ungleich dramatischer: Göring erkundigte sich am 23. April vom Obersalzberg aus, ob nunmehr jener

An den Berliner Volkssturm!

Berlin ist eingekesselt!

Die Rote Armee hat einen festen Ring um die Stadt gelegt. Dieser Ring wird unter den Schlägen der Roten Armee immer enger. Bei der katastrophalen Lage der deutschen Truppen an den anderen Frontabschnitten, wäre es geradezu töricht, an eine Hilfe für das eingeschlossene Berlin zu glauben.

Die Reste der im Raum von Frankfurt a. O. zerschlagenen deutschen Divisionen sind im Raum südlich von Beeskow eingeschlossen und strecken zu Tausenden die Waffen. Die untere Oder wurde auf breiter Front überschritten. Stettin ist besetzt. Hier sind die Russen 30 km über Stettin hinausgestoßen. Gleichzeitig haben andere Sowjettruppen den Hohenzollernkanal überschritten. An der Elbe vereinigten sich Sowjettruppen an mehreren Stellen mit den Amerikanern. Der kleine bis jetzt noch unbesetzte Teil Deutschlands ist somit in zwei Stücke aufgespalten.

Gleichzeitig hat die Rote Armee niedagewesene Kräfte an Berlin herangeführt: Zehntausende schwerer Geschütze und Salvengeschütze, Tausende von Bombern und Panzer. Das Schicksal Berlins ist besiegelt. Nichts wird die Rote Armee aufhalten können.

Eure Kräfte sind erschöpft. Es gibt nur noch wenige reguläre Truppen — nur Reste einiger an der Oder zerschlagener Divisionen und Etappenhengste aus den Berliner Militärdienststellen und Depots.

Ihr seid sehr schlecht bewaffnet und noch schlechter ausgebildet. Es fehlt Euch sogar an modernen leichten Waffen, ganz abgesehen von schweren.

Bei einer solch erdrückenden Übermacht der Roten Armee wird weiterer Widerstand nur zur vollen Zerstörungen dessen führen, was in der Stadt noch erhalten ist.

Der Versuch, den Kampf in die Länge zu ziehen, wird zu einer schrecklichen Hungersnot, zu Seuchen und zu dem Tod Zehntausender friedlicher Einwohner führen.

Uns ist bekannt, daß in der Stadt bereits Hunger herrscht, daß es an Wasser und Licht mangelt.

Die sowjetische Flugblattpropaganda muss nicht einmal mehr zu Lügen greifen: Die deutsche Lage ist hoffnungslos

+++ Erster Sitzungstag der Gründungskonferenz der Vereinten Nationen in San Francisco +++ Die Amerikaner erobern Ulm und La Spezia

Erlass vom 29. Juni 1941 in Kraft trete, der ihm die Führernachfolge mit sämtlichen Vollmachten übertrage. Hitler nahm diese Nachricht zunächst noch ruhig entgegen. Dann jedoch gelang es Goebbels und dem Chef der Parteikanzlei, Martin Bormann, den Rivalen endgültig zu Fall zu bringen. Das sei nichts anderes als ein Staatsstreich gegen den Führer, versicherten ihm seine beiden Paladine, die selbst jetzt noch, fast reflexartig, um Macht und Einfluss kämpften. All das, was sich bei Hitler jahrelang gegen Göring angestaut hatte, brach nun durch. In einer kaum enden wollenden Suada beschimpfte Hitler ihn als »Morphinisten«, der erst die »Korruption in unserem Staate möglich gemacht« habe. Wie ein kleines Kind, so der Bericht der Augenzeugen, soll Hitler am Ende geweint haben. Wenig später wies er die SS-Kommandantur auf dem Obersalzberg an, Göring mitsamt seinem Stab zu verhaften.

Schließlich sprach die Rote Armee ein Machtwort. In der Nacht vom 24. auf 25. April lag die Reichskanzlei unter schwerem Artilleriefeuer. Am folgenden Mittag trafen sich Truppenteile der 1. Weißrussischen und der 1. Ukrainischen Front bei Ketzin, östlich von Berlin. Damit war der Ring um die Reichshauptstadt endgültig geschlossen. Während die sowjetische Artillerie ganze Straßenzüge Haus für Haus in Schutt und Asche legte, wurden noch immer Panzersperren errichtet und Brücken gesprengt. Letzte Flüchtlingstrecks trafen ein. Die Stadt stand in Flammen; überall häuften sich Trümmer und Müll. Der Gestank von verbranntem Fleisch war allgegenwärtig. Trotzdem war der alte Berliner Volkswitz noch immer lebendig: »Davon geht die Welt nicht unter« – allenthalben hörte man die leise gepfiffene Schlagermelodie.

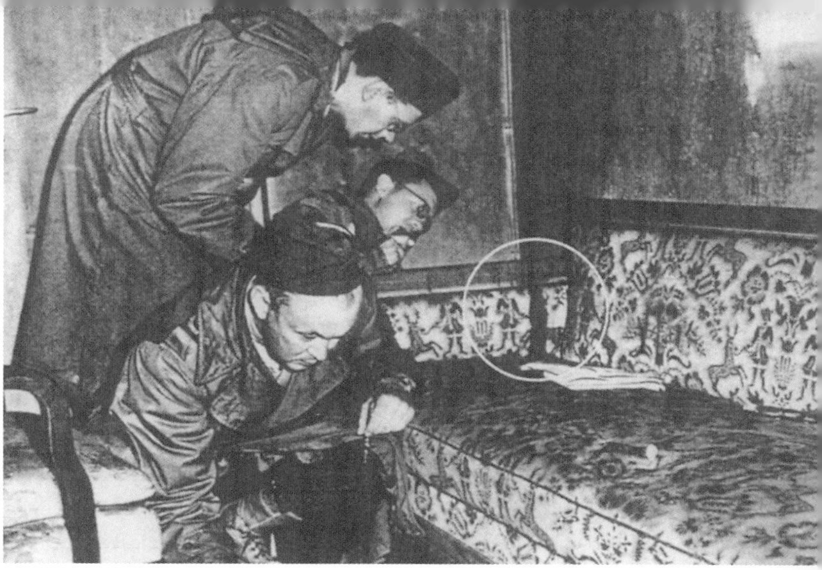

Stummer Zeuge eines Selbstmords: Hitlers Sofa im »Führerbunker« mit Blutspuren an der Seitenlehne

Ganz anders war die Stimmung im »Führerbunker«. Traudl Junge, eine von Hitlers Sekretärinnen, hat davon höchst eindrucksvoll berichtet:

»Niemand von uns findet Schlaf. Wie Schatten irren wir durch die Räume und warten. Manchmal schleichen wir hinauf in das Treppenhaus, warten auf eine Feuerpause der Artillerie und sehen mit Entsetzen, wie sich die Verwüstung immer mehr ausbreitet. Wir sind nur noch von Ruinen und Häuserresten umgeben. [...] Wir wissen kein Datum mehr. Manchmal stehlen wir uns eine Stunde Schlaf, aber die Nervosität weckt uns nach kurzer Zeit wieder auf. Wir möchten dabei sein, wenn die Meldung kommt, daß General Wenck angreift. Immer wieder wagen wir uns hinaus in die Hölle und lauschen, ob wir den Donner deutscher Geschütze endlich hören. [...] Tief in der Stadt wird jetzt schon gekämpft. Die schweren russischen Panzer erobern Straßenzug um Straßenzug. Was hilft es, dass die Buben der Hitlerjugend jede einzelne Brücke verteidigen und sprengen? Sie bekommen vom Führer persönlich eine Auszeichnung, ein paar russische Panzer werden abgeschossen, hunderte kommen nach. Und von Wenck keine Spur.«

Mittwoch

25

April

Tag 15

Torgau

Die Stadt Torgau an der Elbe hat 1945 bereits eine lange Geschichte hinter sich. 1267 wurde sie erstmals urkundlich erwähnt. Die deutsche Geschichte hat hier ihre Spuren hinterlassen, etwa die Reformation und der Siebenjährige Krieg. Jetzt kommt es in Torgau zu einem Ereignis von welthistorischer Bedeutung.

Am 18. April hatten die amerikanischen Streitkräfte Leipzig besetzt. Jetzt war es nur noch eine Frage der Zeit, bis sie der Roten Armee die Hand reichten. Beide Armeen hatten einen langen Weg hinter sich – für die einen hatte er im Sommer 1944 in Frankreich begonnen, für die anderen bereits im Winter 1942/43 vor Stalingrad. Nun stand die Begegnung unmittelbar bevor.

Am 24. April erhielt Lieutenant Albert L. Kotzebue vom 273rd Infantry Regiment den Befehl, mit einigen Jeeps und ein paar Dutzend Mann in Richtung Osten aufzubrechen. Sein Auftrag: »Kontakt mit den Russen herstellen«. Für den 21-jährigen Leutnant war dies mehr als eine militärische Mission. Er hatte Vorfahren in Deutschland und in Russland. Einer von ihnen war der 1761 in Weimar geborene Dramatiker und spätere russische Staatsrat August von Kotzebue. Ein anderer, Otto von Kotzebue, hatte als russischer Marineoffizier Anfang des 19. Jahrhunderts Alaska erforscht.
Ihr Nachfahr tastete sich jetzt vorsichtig mit seinen Männern nach Osten vor. Unterwegs ergaben sich ihnen immer wieder ganze Gruppen deutscher Soldaten. Am 25. April um 11.30 Uhr stießen sie in dem kleinen Dorf Leckwitz auf den ersten Russen – Aitkalia Alibekov, einen berittenen Soldaten. Diese Begegnung zwischen der amerikanischen Patrouille und dem sowjetischen Kavalleristen war der erste Kontakt beider Armeen. Alibekov blieb zunächst misstrauisch und verwies die aufgeregten Amerikaner an einen befreiten polnischen Zwangsarbeiter. Der führte sie die wenigen Kilometer zur Elbe. Einige hundert Meter nördlich des sächsischen Städtchens Strehla nahe Torgau erreichten die

Ein Foto für die Weltpresse: Arm in Arm marschieren die ungleichen Verbündeten durch Torgau

Amerikaner den Fluss. Kotzebue berichtete später:

»Ich befahl der Patrouille anzuhalten. Alle sprangen aus den Jeeps. Ich schaute durch meinen Feldstecher und sah Männer in braunen Hemden. Ich wußte, daß es Russen waren, weil mir irgend jemand einmal erzählt hatte, die Russen würden ihre Auszeichnungen auch im Gefecht tragen. Orden auf den braunen Hemden reflektierten das Sonnenlicht. Ja, das waren Russen. Es war 12:05 Uhr. Ich drehte mich zu Pfc. [Obergefreiter] Ed Ruff um und sagte ihm, er solle zwei grüne Leuchtraketen abschießen – das Erkennungszeichen, das die amerikanischen und russischen Armeen zuvor vereinbart hatten. [...] Der Pole begann wild zu schreien ›Amerikanski‹. Die Russen riefen uns zu, wir sollten den Fluß überqueren.«

Die sowjetischen Soldaten gehörten zum 175. Schützenregiment. Sie verstanden sich auf Anhieb gut mit ihren amerikanischen Kameraden. Die Atmosphäre dieses historischen Zusammentreffens hat der amerikanische Gefreite Joe Polowsky später geschildert:

»Kotzebue, ein sehr religiöser Mann, war sehr bewegt. Er konnte kein Russisch. Die Russen konnten kein Englisch. Er sagte: ›Joe, [...] sprich mit ihnen auf Deutsch.‹ Und während ich für Kotzebue ins Englische übersetzte, übersetzte ein Russe, der Deutsch sprach, für die anderen Russen. In diesem historischen Moment [...] schworen feierlich alle anwesenden Soldaten – einfache Soldaten, Amerikaner und Russen –, daß sie alles in ihrer Macht Stehende tun würden, daß so etwas [wie dieser Krieg] niemals wieder passieren würde auf der Welt. Wir gelobten, daß

Improvisierte Begrüßungsfeier: Amerikanische und sowjetische Soldaten treffen an der Elbe erstmals zusammen

die Nationen der Welt in Frieden leben würden und müßten. Das war unser Elbe-Schwur.«

Noch am selben Tag kam es zu weiteren Treffen in Torgau und in Bad Pretzsch. Es gab gemeinsame Essen, Ordensverleihungen, Erklärungen und unzählige Fotos für die Weltöffentlichkeit. Nichts hätte das Desaster der deutschen Kriegsführung besser dokumentieren können als das Zusammentreffen dieser beiden so unterschiedlichen Alliierten an der Elbe.

Joe Polowsky sollte dieses Erlebnis nicht mehr loslassen. Jahrzehntelang kämpfte er während des Kalten Krieges für die Verständigung zwischen den USA und der Sowjetunion. Er versuchte vergeblich, die UNO dazu zu bewegen, den 25. April zum Weltfriedenstag zu erklären. Sein letzter Wunsch, in Torgau begraben zu werden, erfüllte sich nach seinem Tod am 18. Oktober 1983. Wenige Tage später erwiesen ihm – gut überwacht vom Staatssicherheitsdienst – in strömendem Regen Russen, Amerikaner und Deutsche die letzte Ehre. Seit 1995 gibt es in Torgau ein »Joe-Polowsky-Gymnasium«.

Donnerstag

26

April

Tag 14

Gustaf Gründgens in Berlin

Der Schauspieler und Regisseur Gustaf Gründgens glaubt an die Autonomie der Kunst, arrangiert sich aber mit den neuen Machthabern. Die nationalsozialistische Kulturpolitik dankt es ihm mit der besonderen Förderung seiner Karriere. Doch jetzt spielen die Berliner Bühnen nicht mehr. Die Musikerin und Schriftstellerin Karla Höcker schildert eine Begegnung mit Gründgens in der umkämpften Reichshauptstadt:

»26. April. Unwirklicher Abend bei Gründgens: kleiner, festverrammelter Souterrainraum, Kerzenbeleuchtung, Sekt. Ein paar Stunden ist es, als wäre der Krieg ferner gerückt. Diskussionen um das, was kommen wird. [...] Gründgens sagt, gewissermaßen sotto voce: ›Und ich werde pausenlos SS-Männer darstellen müssen.‹ Immer wieder bricht, trotz aller Überlegenheit und Ironie, die Besessenheit des Akteurs durch, der spielen *muß* – dem ein Leben ohne Theater undenkbar ist. ›Von meinen ganzen Rollen würde ich nur noch zwei gelten lassen. Selbst den Hamlet – Herrgott, wenn ich den jetzt spielen könnte!‹

Der Generalintendant bei seiner Ausbildung als Gefreiter in der Ersatzabteilung der Division Hermann Göring, 1944

Später eine groteske Szene in der Küche. Gründgens holt Ölsardinen, Wiener Würstchen in Dosen, Weitkamp schneidet Brote. Es gibt selbstgemachte Leberpastete; und wir tafeln, von Kerzen sanft beleuchtet, gefräßig und glücklich am Küchentisch, als wäre das die Erfüllung dieses merkwürdigen Tages. [...] Dazwischen dauernd Detonationen, Einschläge usw. Edith sieht mich etwas blaß an, und ich sage dann ›Flak‹ oder ›eigener Abschuß‹ – als wüßte ich Bescheid. Im Grunde weiß nämlich niemand, wie wir bei anderen Gelegenheiten merken, auch die Truppe nicht, wo und wann etwas schießt. Später siedeln wir in den fensterlosen Mittelraum um, eigentlich einen Treppenflur, von dem aus man in die Wohnung gelangen kann. Hier wirkt alles wie eine Theaterinszenierung.
Wir sprechen über das Kommende. Daß man Theater spielen wird in Kellerräumen, ohne Kostüme, in Zelten, aber man wird spielen. [...] Die große Frage. Haben wir in dieser neuen Welt noch Existenzberechtigung? Werden wir denken, leben, essen, schreiben und darstellen können, wonach uns verlangt? Die Unantastbarkeit der Person ist gründlich zerstört worden! Gründgens lächelt, während er ein Sektglas in

+++ Alliierte Direktive JCS 1067: Deutschland wird nicht befreit, sondern erobert +++ Die Rote Armee erobert Troppau, Stettin und Brünn

den Fingern dreht: ›Wir haben ihnen ja schon vorgelebt, was uns schön, richtig, vollkommen erschien, haben Muster und Beispiele aufgestellt. Aber ich fürchte, man wird uns alles anrechnen, was wir unter Zwang taten und sagten. Man wird uns verantwortlich machen für Dinge, an denen wir unschuldig sind.‹ Dann, mit einem Versuch, die Situation ins Lächerliche zu ziehen: ›Wir sind tatsächlich wie das Huhn in der Bahnhofshalle, ‚nicht für es gebaut'. Es ist nicht unser Stil. Wir müssen das alles erleben, aber es steht uns nicht.‹«

Gustaf Gründgens und Joseph Goebbels bei einem Empfang

Gustaf Gründgens erlebt die letzten Kriegswochen in Berlin. Noch geht es ihm, dem Protegé der Nazis, verhältnismäßig gut, doch im Raum steht die bange Frage nach dem, »was kommen wird«. Was wird man ihm »anrechnen«? Hat er tatsächlich »unter Zwang« gehandelt?

Gründgens, Jahrgang 1899, hatte 1945 bereits eine außergewöhnliche Karriere hinter sich. Nach dem Schauspielunterricht in Düsseldorf, ersten Rollen sowie einem kurzen Engagement in Berlin kam er 1923 an die Hamburger Kammerspiele, wo er in den nächsten fünf Jahren 71 Rollen übernahm und bei 32 Inszenierungen Regie führte. Eine Anstellung bei den Kammerspielen des Deutschen Theaters in Berlin brachte ihn 1927 wiederum in die Reichshauptstadt. Dort spielte und inszenierte er in den folgenden Jahren an mehreren Bühnen. Seit 1929 arbeitete Gründgens auch beim Film.
Unter den Nationalsozialisten genoss Gustaf Gründgens das fragwürdige Privileg, ein »erwünschter« Künstler zu sein. Schon bald erlebte er einen Karrieresprung, indem er Intendant des Staatlichen Schauspielhauses und Staatsschauspieler wurde. Von 1937 bis zum Kriegsende war Gründgens Generalintendant der Preußischen Staatstheater und errang zahlreiche Triumphe wie etwa durch die Neuinszenierung des »Faust« im Jahr 1941. Emigration kam für ihn nicht in Frage. Er wurde wie andere herausragende Künstler – etwa Wilhelm Furtwängler und Heinrich George – von den Machthabern als »Vorzeigekünstler« besonders gefördert. Das Arrangement forderte freilich seinen Preis: die Ausblendung des Gewissens. Gründgens' Ausspruch über die »Dinge, an denen wir unschuldig sind«, spricht Bände. Der egomane »Akteur, der spielen *muß*« verfolgte zielstrebig seine Karriere ohne zu große moralische Skrupel über alle politischen Umbrüche hinweg.
Nach dem Krieg wurde Gründgens in einem Entnazifizierungsverfahren von zahlreichen Künstlern entlastet und nach neun Monaten Haft wieder auf freien Fuß gesetzt. Seinerseits verwendete er sich unter anderem für Fritz Hippler, den Regisseur des Films »Der ewige Jude« (1941). Gründgens konnte seine Laufbahn fortsetzen. Nach mehreren Jahren in Düsseldorf wurde er 1955 Generalintendant des Hamburger Schauspielhauses, wo unter anderem seine legendäre Inszenierung des »Faust« entstand. Am 7. Oktober 1963 starb Gustaf Gründgens während einer Weltreise in Manila.

Freitag

27

April

Tag 13

Hans Rosenthal – als Jude in Berlin

Versteckt in einer Gartenlaube erlebt Hans Rosenthal, später einer der beliebtesten Fernsehmoderatoren der Bundesrepublik (»Dalli-Dalli«), den Einmarsch der Roten Armee in Berlin. Kein Zweifel: Für den 20-jährigen Juden, der sich seit zwei Jahren in einer Kleingartenkolonie versteckt hält, ist es die Befreiung. Doch schon der erste Ausflug in die Freiheit droht tragisch zu enden.

Hans Rosenthal, geboren am 2. April 1925 in Berlin, stammte aus einer bürgerlichen jüdischen Familie. Nach dem Tod der Mutter – der Vater war bereits 1937 gestorben – ging der Sechzehnjährige 1941 freiwillig in ein jüdisches Waisenhaus, um dort seinen jüngeren Bruder schützen zu können. Dennoch wurde der zehnjährige Gert am 19. Oktober 1942 nach Riga abtransportiert – Hans Rosenthal sollte nie wieder von ihm hören. Er selbst entging der so genannten »Fabrikaktion« Ende Februar 1943, in deren Verlauf die noch im Reich zur Zwangsarbeit gepressten Juden von der Werkbank weg verhaftet und deportiert wurden. Am 27. März 1943, eine Woche vor seinem achtzehnten Geburtstag, gelang es Hans Rosenthal, in der Laubenkolonie »Dreieinigkeit« in Berlin-Lichtenberg unterzutauchen. Das war nicht das Einzige, was die »arische« Besitzerin der Laube, Frau Jauch, für ihn tat: Sie teilte auch ihre Lebensmittelrationen mit ihm.

Im August 1944 erkrankte Frau Jauch schwer und musste ins Krankenhaus. Für ihren Schützling bedeutete das: »Keine Bewegung mehr im Haus. Kein Licht. Kein Geräusch. Totenstarre. Denn die Nachbarn dachten ja, daß nun kein Mensch mehr in der Laube wäre.« Doch es kam noch schlimmer: Frau Jauch starb – Hans Rosenthal musste sich eine andere Bleibe suchen und beschloss, sich einer Nachbarin, Frau Schönebeck, anzuvertrauen. Von ihr wusste er nur, »daß sie gegen die Nazis war«. Das musste genügen, und tatsächlich nahm ihn die Nachbarin in ihre Laube auf. Eines Tages jedoch stand ihr Sohn, der als Funker bei der Kriegsmarine diente, vor der Tür. Er konnte den Leichtsinn seiner Mutter kaum fassen: »›Wenn das herauskommt,

Hans Rosenthal mit seinem jüngeren Bruder Gert, 1940

+++ In Wien wird unter Karl Renner (SPÖ) die Provisorische Regierung Österreichs gebildet, welche die Unabhängigkeit von Deutschland erklärt

bin ich auch dran‹, sagte er, ›da machen die kurzen Prozeß. Nein. Sie können nicht hierbleiben. Das ist zuviel verlangt. Das können Sie meiner Mutter nicht aufbürden. Bitte gehen Sie.‹ Frau Schönebeck weinte. Auch ich kämpfte mit den Tränen. Der Sohn hatte ja recht!« Doch Frau Schönebeck gelang es, ihren Sohn umzustimmen. Hans Rosenthal blieb bis zum Einmarsch der Roten Armee in der Gartenlaube unentdeckt. Nun kam der Tag der Befreiung:

»Ein Rasseln, das die Erde beben ließ – Panzer. Panzerketten, Panzermotoren, dumpfe Einschläge. Das war nicht gerade Gesang in meinen Ohren. Aber es war der Klang der Freiheit. ›Frau Schönebeck‹, sagte ich, ›die Russen sind da. Hören Sie mal ...‹ . [...] Ich steckte stolz meinen ›gelben Stern‹ ans Jackett und machte mich auf den Weg, den Befreiern entgegen. Vor Nazis hatte ich jetzt keine Angst mehr, obwohl die Möglichkeit eines Gegenstoßes durchaus noch bestand. Es war ein seltsames Gefühl, nach zwei Jahren Gefangenschaft in meinem Versteck, nach zwei Jahren der Angst und des Hungers, frei und sorglos durch die Straßen zu gehen. Ich glaube, ich habe sogar gepfiffen. [...] Plötzlich, am Wasserwerk, umzingelten mich einige Russen. Sie richteten ihre Maschinenpistolen auf mich. Ich zeigte auf meinen Stern und lächelte, obwohl mir das Herz bis zum Halse schlug. Was war nur los mit denen? Ihre drohende Haltung ließ keinen Zweifel daran, daß sie Anstalten machten, mich an die Wand zu stellen und zu erschießen. Ich wurde brutal gegen eine Mauer gestoßen. Dort stand ich mit erhobenen Händen und verstand die Welt nicht mehr. [...] Da kam ein Offizier auf einem Fahrrad vorüber. Er hielt an, stieg ab und ging durch

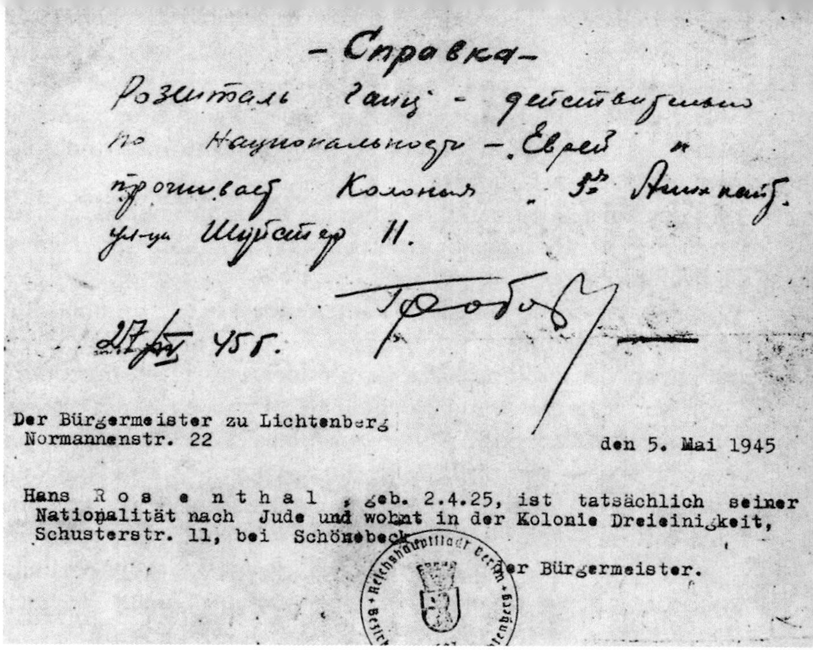
– Справка –

Der Bürgermeister zu Lichtenberg
Normannenstr. 22 den 5. Mai 1945

Hans R o s e n t h a l , geb. 2.4.25, ist tatsächlich seiner Nationalität nach Jude und wohnt in der Kolonie Dreieinigkeit, Schusterstr. 11, bei Schönebeck.

Der Bürgermeister.

Rosenthals neuer »Pass« in deutscher und russischer Sprache, Mai 1945. Als Nationalität wird »Jude« angegeben

die Soldaten hindurch auf mich zu. [...] Der Offizier war Jude. Mir fiel ein Stein vom Herzen. Er fragte mich auf jiddisch, ob ich auch Jude sei. [...] Ich stammelte in meiner Todesangst [...]. Der Offizier blieb mißtrauisch. Er forderte mich auf, unser Glaubensbekenntnis auf hebräisch aufzusagen. Ich sagte es auf, und dabei war mir, als verstünde ich zum ersten Mal den Sinn: ›Schma Jisroel, Adonaj Elauhenu, Adonaj echod – Höre, Israel, der Ewige ist unser Gott, der Ewige ist einzig.‹ Der Offizier schien bewegt. Er drückte meine Hand und blickte stumm zu Boden. ›Du bist Jude‹, sagte er nach einer längeren Pause. ›Du kannst gehen.‹ ›Mach den Stern ab‹, sagte der Offizier noch. ›Warum?‹, fragte ich. ›Du hast Glück gehabt‹, sagte mein Retter, ›diese Division hat das Konzentrationslager Majdanek befreit. Da hatten einige Angehörige der SS-Wachmannschaften die ‚gelben Sterne' von den Häftlingskleidern abgenommen und sich selber angesteckt. Als wir das entdeckten, gab es einen Tagesbefehl: Jeder, der mit einem solchen Stern angetroffen wird, ist sofort zu erschießen.‹«

Briten erobern Bremen +++ Amerikaner erobern Genua +++ Beginn der Todesmärsche aus dem KZ Ravensbrück mit über 20 000 Häftlingen +++

Samstag

28

April

Tag 12

Erschießung Mussolinis

»Achse Berlin–Rom«, »Stahlpakt«: Das faschistische Italien tritt unter Führung des »Duce«, Benito Mussolini, im Juni 1940 an der Seite Deutschlands in den Krieg ein. Doch nach der Landung der Alliierten auf Sizilien und Mussolinis Sturz werden aus den deutschen Verbündeten im September 1943 Besatzer. Erst im April 1945 erlischt hier die deutsche Macht. Damit ist auch der italienische Faschismus am Ende.

»Liebe Rachele, nun bin ich am Ende des Lebens angelangt, die letzte Seite meines Lebens ist nun aufgeschlagen …«: Mit diesen Worten begann der Abschiedsbrief des »Duce« an seine Frau. Zwei Tage später, am 28. April, wurde Benito Mussolini zusammen mit seiner Geliebten Clara Petacci am Comer See erschossen. Sie hatten versucht, die Schweiz zu erreichen, waren aber italienischen Partisanen in die Hände gefallen. Ihre Leichen wurden dann in Mailand öffentlich zur Schau gestellt. Mit dem Tod Mussolinis endete nicht nur eine Biographie, sondern begann auch ein neues Kapitel der italienischen Geschichte.

Benito Mussolini, als Sohn eines Dorfschmieds und einer Lehrerin 1883 in der Romagna geboren, hatte sich zunächst in sozialistischen Gruppen engagiert. Das Ergebnis des Ersten Weltkriegs führte freilich zu einer Wende. 1919 beteiligte sich der ehemalige Lehrer an der Formierung einer neuen politischen Bewegung, die sich »Fasci di combattimento«, Kampfbünde, nannte. Ihre Anfänge waren bescheiden, ihr Aufstieg jedoch rasant. Es gelang der Bewegung, innerhalb weniger Jahre die politische Macht in Italien an sich zu reißen. Bereits 1921 war sie als »Partito Nazionale Fascista« im Parlament vertreten. Am 27./28. Oktober 1922 unternahm Mussolini dann den entscheidenden Coup. Er ließ seine »Schwarzhemden«, die bewaffnete Kerntruppe der Faschisten, auf Rom marschieren. Das riskante Unternehmen gelang. Der italienische König sah keinen anderen Ausweg, als Mussolini zum Ministerpräsidenten zu ernennen. Jetzt war es den Faschisten möglich, Italien in wenigen Jahren in eine Diktatur zu verwandeln.

Kapitulation am Brenner: Deutsche Soldaten werden an der Grenze von Soldaten der 7. US-Armee nach Waffen durchsucht

+++ Amerikaner erobern Augsburg +++ Der Oberbefehlshaber der Heeresgruppe Weichsel, General Heinrici, wird durch General Student ersetz

Als 1933 in Deutschland eine ähnliche Bewegung an die Macht gelangte, wartete Mussolini zunächst vorsichtig, ja fast schon distanziert ab. Erst als er im Oktober 1935 einen Krieg gegen Abessinien begann, um seine Träume von einem afrikanischen Kolonialreich zu erfüllen, kam die italienische Außenpolitik unter Zugzwang. Die protzige Ankündigung vom November 1936, es existiere nun eine »Achse Berlin–Rom«, um die sich die übrige Welt zu drehen habe, brachte Italien nur vordergründig einen außenpolitischen Gewinn. Zwar rückten Deutschland und Italien mit dem Antikominternpakt (1937), dem Stahlpakt (1939) und dem Dreimächtepakt (1940) immer näher zusammen. Gleichzeitig aber geriet Italien spätestens mit seinem Kriegseintritt im Sommer 1940 vollends in das Fahrwasser der deutschen Politik, die immer riskanter wurde. Was sich über das Verhältnis Mussolinis zu Hitler sagen ließ, galt zunehmend auch für das Verhältnis der beiden Staaten. »Merkwürdig wehrlos, reduziert und schließlich ausgezehrt« (Joachim Fest) lieferte sich das faschistische Italien dem NS-Staat immer stärker aus.
Als Italien durch die Absetzung Mussolinis und einen geheimen Waffenstillstand mit den Alliierten vergeblich versuchte, dem Krieg und der Katastrophe zu entkommen, wurde das Land im September 1943 von den Deutschen besetzt. Der Wehrmacht gelang es, die Truppen des ehemaligen Verbündeten zu entwaffnen. In Misshandlungen, Erschießungen und auch Massenmorden entlud sich der Zorn der neuen Besatzer über den »Verrat« der Italiener. Am 12. September 1943 gelang es deutschen Fallschirmjägern, Mussolini in einer spektakulären Aktion vom Gran Sasso in den Abruzzen zu befreien. Anschließend übernahm er die Führung einer Marionettenregierung in Salò am Gardasee. Italien war nun geteilt: im Süden der »Regno del Sud« unter Marschall Badoglio, im Norden Mussolinis »Repubblica Sociale Italiana«, die ganz vom nationalsozialistischen Deutschland abhängig war und ständig an Einfluss verlor. Die Tage des »Duce« waren gezählt.

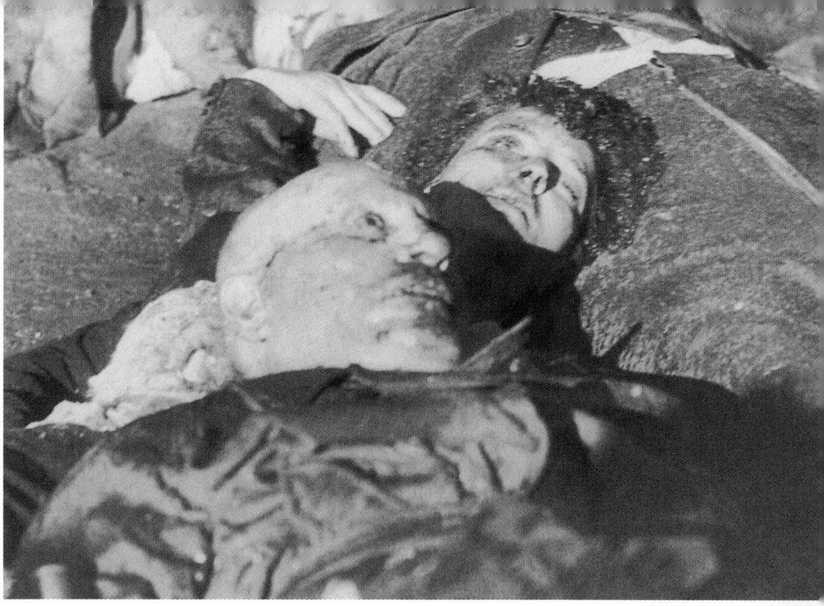

Das Ende eines Diktators: die Leichen von Benito Mussolini und seiner Geliebten Clara Petacci

Allerdings konnten die Alliierten die deutschen Truppen nur langsam nach Norden zurückdrängen. Erst am 18. Mai 1944 nahm man nach schwersten Kämpfen den Monte Cassino ein, wobei die berühmte Benediktinerabtei völlig zerstört wurde. Am 4. Juni 1944 folgte die Einnahme Roms. Trotzdem konnte sich die Wehrmacht bis April 1945 in Italien halten. Schließlich sorgte eine letzte Großoffensive der Alliierten auch hier für den Zusammenbruch der Front. SS-Obergruppenführer Karl Wolff, Bevollmächtigter General der Wehrmacht in Italien und heimlicher Leiter der Regierung von Salò, sah sich gezwungen, am 29. April die Kapitulation der deutschen Streitkräfte in Italien abzuschließen, die am 2. Mai um 14 Uhr in Kraft trat – nur vier Tage nach dem Tod Benito Mussolinis, des einst so mächtigen »Duce«.

Arthur Haulot: Tagebuch eines KZ-Häftlings (V)

Auch im Konzentrationslager Dachau kommt es schließlich zur lang ersehnten Wende. Doch sie vollzieht sich nicht reibungslos. Nach der Befreiung durch die Amerikaner erhält das Lager einen neuen »Kommandanten«. Es ist Arthur Haulot.

»29. April 1945. In der Nacht konstituierte sich heimlich ein Internationales Hilfskomitee, das damit beauftragt ist, in den Stunden, die folgen werden, für Ruhe im Lager zu sorgen, und das nach der Befreiung die Leitung übernehmen soll. Wie soll man erzählen, was dann passierte. Am Morgen stellten wir fest, daß die Lager-SS abgereist war. An ihren Platz treten zwei Kampftruppen, die die Wache übernehmen. Ich nehme zu Müller, dem Lagerältesten, Kontakt auf: Wir erhalten die Erlaubnis, so schnell wie möglich Brot zu beschaffen und zu verteilen. [...] Das Komitee tagt offiziell.

Am Nachmittag beginnen die Kampfhandlungen. Die Angehörigen der Wachtruppe schießen nach draußen. Gewehrfeuer. Geschützfeuer. Ein Posten nach dem anderen schwenkt die weiße Fahne. Vom Komitee aus, das in der Bücherei installiert wurde, beobachten wir atemlos die Endphase. Die Soldaten des letzten Wachturms ergeben sich. Und einige Augenblicke später hält ein Auto: die Amerikaner! Wir sind schon draußen, Patrick und ich vorneweg. Zwei Soldaten übersteigen das Gitter. Einer fällt mir in die Arme. Ich küsse ihn, er küsst mich ... und ich bemerke, daß er eine Frau ist. Amerikanische Kriegsberichterstatterin, der erste amerikanische Staatsbürger, der in das befreite Lager eindringt. Was dann folgt, ist Wahnsinn. Das gesamte Lager drängt sich gegen die Gitter. Die auf der anderen Seite zusammengetriebenen SS-Leute werden öffentlich verhöhnt. Wenn sie uns in die Hände fielen, würden wir sie zerreißen. Die Masse brüllt ihre Freude hinaus. Unmöglich, sie zu beruhigen. Erst einige Stunden später, beim Einfall der Dunkelheit, ist es möglich, den Lagereingang frei zu machen. [...]

Am selben Nachmittag werden die SS-Offiziere hingerichtet. In der Nacht erleiden die Soldaten das gleiche Schicksal. Die Amerikaner sagen: ›Seit wir das erste Lager gesehen hatten, wussten wir Bescheid. Wir begriffen, dass wir nicht Krieg gegen Soldaten und Offiziere führten, sondern gegen Verbrecher. Wir behandeln sie wie Verbrecher.‹ Am selben Abend richtete sich das Komitee im Jourhaus ein. Und das Leben geht weiter.«

Arthur Haulot war rechtzeitig über den Evakuierungsbefehl der SS für Dachau informiert worden. Ihm gelang es, in diejenige Gruppe zu kommen, die das Lager bis zuletzt nicht verließ. So entging er den gefürchteten »Todesmärschen«, auf denen Ende April noch mehrere tausend Häftlinge starben. Andere wurden bei Eisenbahntransporten zum Opfer alliierter Luftangriffe oder noch vor dem Abtransport von der SS er-

Arthur Haulot im Gespräch mit dem amerikanischen General John H. Linden, dem Befreier von Dachau

mordet. Als die US-Armee das Lager am 29. April befreite, befanden sich noch über 30 000 Häftlinge im Konzentrationslager Dachau.
Bei der Befreiung des Lagers erschossen die GIs wahllos diejenigen SS-Männer, die sie gerade vorfanden. Man schätzt ihre Zahl auf etwa 40. Von der rechtsextremen Propaganda sind diese Vorfälle später immer wieder aufgebauscht worden. Die Befreiung des Konzentrationslagers sollte damit relativiert werden. Dabei wird der verbrecherische Charakter des Nationalsozialismus nirgends so greifbar wie in diesen Lagern. Selbstverständlich sind die spontanen Gewaltexzesse einiger US-Soldaten moralisch nicht zu rechtfertigen. Angesichts dessen, was diese Soldaten bei der Befreiung erleben mussten – Leichenberge, verstümmelte Tote und ausgemergelte Häftlinge, die lebenden Skeletten glichen –, scheint ihre Reaktion aber zumindest psychologisch nachvollziehbar.
Für die Überlebenden, die in Dachau geblieben waren, bedeutete die Befreiung nicht sofort auch den Abschied aus Dachau. Natürlich waren sie nun »frei«, und die Bedingungen ihrer Existenz verbesserten sich rasch. Doch das Lager verlassen konnten sie vorerst nicht. Der Krieg war noch nicht vorbei, und die Amerikaner sahen sich nicht in der Lage, eine so große Zahl von Menschen außerhalb Dachaus unterzubringen und zu versorgen. Viele waren heimat- und mittellos. Wohin sollten sie gehen? Ein Häftlingskomitee übernahm jetzt die Leitung des Lagers. Arthur Haulot wurde neuer »Kommandant« und blieb es bis zum 6. Juni 1945. Bei einem ersten Belgienbesuch im November organisierte er die Rückführung seiner Landsleute in ihre Heimat. Danach kehrte er nochmals nach Dachau zurück. Erst am 20. Dezember 1945 konnte auch Haulot, als einer der letzten Insassen, seinen endgültigen Abschied aus dem Lager feiern.
Jenes Häftlingskomitee, das »Comité International de Dachau«, existiert im Übrigen bis heute. Es setzt sich für die Gedenkstätte ein und war auch an ihrer Neukonzeption in den letzten Jahren maßgeblich beteiligt. Das Komitee gibt darüber hinaus die »Dachauer Hefte« heraus, in denen Arthur Haulots Tagebuch erschienen ist.

Erhängung eines Zivilisten in Landshut, der eine weiß-blaue Fahne gehisst hat +++ In Wien stirbt die Schauspielerin Lizzi Waldmüller +++

Montag

30

April

Tag 10

Ankunft der »Gruppe Ulbricht«

Am frühen Morgen des 30. April startet vom Moskauer Flughafen »Aeroport« ein Flugzeug. An Bord befinden sich zehn Deutsche, doch nur einer weiß, wohin die Reise geht. Einer der Beteiligten, der spätere Schriftsteller Wolfgang Leonhard, erinnert sich:

»Mit Ausnahme von Ulbricht wußte niemand genau, wo wir landen würden. Wir wußten nur, der Flug geht in Richtung Deutschland und wird in einem Gebiet enden, das dem Oberbefehl Marschall Schukows untersteht. Auch die Einzelheiten unserer Arbeit waren uns nicht klar. Aber soviel war uns bekannt: Gemäß unseren Direktiven hatten wir eine politische Arbeit zu leisten, die sich gegen den Faschismus und seine Überreste richten und im Interesse einer demokratischen Umgestaltung Deutschlands liegen sollte.«

Der 30. April 1945 war alles andere als ein normaler Tag. Während Adolf Hitler gemeinsam mit Eva Braun, seiner langjährigen Geliebten, freiwillig in den Tod ging, wurden nicht weit vom Ort des »Endkampfes« entfernt bereits die Weichen für eine Zeit nach dem Nationalsozialismus gestellt. Von Moskau kommend, war die »Gruppe Ulbricht« in der Nähe der neuen deutsch-polnischen Grenze gelandet. Weiter ging die Reise mit dem LKW bis nach Bruchmühle, 30 Kilometer östlich von Berlin. Dort war die politische Verwaltung der Heeresgruppe von Marschall Schukow einquartiert. Ihr Auftrag: Die Errichtung eines kommunistischen Regimes in der sowjetischen Besatzungszone. Walter Ulbricht (1893–1973), der Chef jener Gruppe exilierter deutscher Kommunisten, die nun wieder in ihrer Heimat eintrafen, war der Partei und ihrer Sache schon lange verbunden. 1919 hatte der gelernte Tischler an der Gründungsversammlung der Kommunistischen Partei Deutschlands (KPD) in Leipzig teilgenommen, von 1928 bis 1933 war er Reichstagsabgeordneter. Seit dem 1. März 1933 wurde Ulbricht, mittlerweile mit der organisatorischen Leitung des gesamten Parteiapparats betraut, steckbrieflich von der Polizei des NS-Regimes gesucht. Nach einigen Monaten im Untergrund und anschließender Emigration nach Paris hatte er schließlich seit 1938 im Moskauer Exil auf ein Ende der nationalsozialistischen Herrschaft gewartet.

Vorrangiges Ziel seiner Gruppe war zunächst der Wiederaufbau der KPD im Raum Berlin. Doch ging es nicht allein darum. Stalin persönlich hatte Ulbricht angewiesen, die Partei in der Sowjetischen Besatzungszone so schnell wie möglich mit der SPD zu vereinigen. Auf sozialdemokratischer Seite traf dieser Plan auf Widerstand, doch der Wille der Besatzungsmacht war stärker. Am 21. April 1946 reichte im Ostberliner Admiralspalast der Sozialdemokrat Otto Grotewohl dem Kommunisten Wilhelm Pieck die Hand. Damit war die Sozialistische Einheitspartei Deutsch-

+++ Selbstmord von Adolf und Eva Hitler, geb. Braun, in Berlin +++ Letzte Ausgabe des »Völkischen Beobachters« +++ München erober

Unter neuer Fahne: Die Zwangsvereinigung von KPD und SPD ebnet der kommunistischen Diktatur den Weg

lands, die SED, offiziell gegründet. Was als Überwindung einer jahrelangen Spaltung der Linken inszeniert wurde, traf viele Sozialdemokraten hart. Soweit sie den Schulterschluss mit den Kommunisten nicht akzeptierten, wurden sie unterdrückt, verfolgt und eingesperrt. Die Zwangsvereinigung, die man später in der DDR als den Höhepunkt in der Geschichte der deutschen Arbeiterbewegung feierte, war nicht das Ergebnis einer freiwilligen Entscheidung. Vielmehr wurde sie nach Moskauer Direktiven vollzogen.
Mit der Gründung der Deutschen Demokratischen Republik am 7. Oktober 1949 setzte sich die Herrschaft der neuen Machthaber in Ostdeutschland auch institutionell durch. Zunächst einer von drei Vorsitzenden des Ministerrats, wurde Walter Ulbricht 1950 Generalsekretär des Zentralkomitees. Damit übernahm er faktisch die Führung der Partei. In den folgenden Jahren gelang es ihm, seine Position durch die planmäßige Ausschaltung von Widersachern weiter zu stärken. Als Staatsoberhaupt hielt er 1960 schließlich alle entscheidenden Machtpositionen in seiner Hand. Unter Ulbrichts Führung errichtete die DDR in Absprache mit den Staaten des Warschauer Pakts am 13. August 1961 den »Antifaschistischen Schutzwall«, die berüchtigte »Mauer«. Sieben Jahre später gehörte er zu den entschiedenen Befürwortern einer militärischen Intervention zur Niederschlagung des »Prager Frühlings«.

Walter Ulbricht (1893–1973) organisierte nach seiner Rückkehr aus dem Moskauer Exil den Wiederaufbau der KPD in Berlin

»Arbeit [...] im Interesse einer demokratischen Umgestaltung Deutschlands«: So hatte Wolfgang Leonhard, Mitglied der »Gruppe Ulbricht«, seinen Auftrag seinerzeit verstanden. Noch vor der Gründung der DDR floh der junge Geschichtsdozent an der Parteihochschule »Karl Marx« freilich über Jugoslawien nach Westdeutschland. Allmählich hatte Leonhard wie manch anderer »politische Bauchschmerzen« bekommen – so nannten die Funktionäre auf einsamen Waldspaziergängen insgeheim ihr Unbehagen an der wachsenden Kluft zwischen marxistischer Theorie und stalinistischer Praxis. 1955 erschien sein Erfolgsbuch »Die Revolution entläßt ihre Kinder«, in dem er seine Erlebnisse und Erfahrungen in der Sowjetunion kritisch verarbeitete.

berst Rudolf Petershagen übergibt Greifswald kampflos der Roten Armee +++ Das KZ Ravensbrück wird durch die Rote Armee befreit +++

Mai 1945

Machtwechsel

Untergang, Ende, Kapitulation, Befreiung: Die Ereignisse im Mai 1945 tragen viele Namen. Die Entscheidungen waren aber längst gefallen. Was im Mai folgte, war nur noch Vollzug und Nachspiel. Erst Hitlers Tod und der Ruin des nationalsozialistischen Deutschlands hatten den Weg zum Frieden frei gemacht. Der Vorhang fiel erst, als es nichts mehr zu verteidigen gab, als sich das Deutsche Reich und seine militärische Macht im Strudel des Zusammenbruchs buchstäblich aufgelöst hatten.

Die deutsche Kapitulation vollzog sich in Etappen. Zuerst stellte die deutsche Heeresgruppe C in Oberitalien die Kämpfe ein. Das war am 29. April. Es folgten fünf Tage später die deutschen Streitkräfte in Holland, Dänemark und Nordwestdeutschland. Das setzte sich bis zum 14. Mai fort, als sich die deutschen Truppen in Ostpreußen als letzte ergaben. Schon die Abwicklung all dieser Teilübergaben war eine schwierige und in der Regel auch langwierige Angelegenheit.

Im Zentrum aber standen die Ereignisse vom 7. bis 9. Mai 1945. Am 7. Mai unterzeichnete Generaloberst Jodl um 2.41 Uhr im Hauptquartier von General Eisenhower in Reims die Gesamtkapitulation der deutschen Wehrmacht. Der misstrauische sowjetische Bundesgenosse bestand darauf, dass dieser Akt in seinem Hauptquartier wiederholt wurde. Das geschah dann am 9. Mai um 0.16 Uhr. Schauplatz war diesmal eine Kaserne in Berlin-Karlshorst, und hier war es Generalfeldmarschall Keitel, der die deutsche Delegation anführte. Zwischen diesen beiden Daten lag der 8. Mai, an dem um 23.01 Uhr die Kapitulation in Kraft trat. Der Krieg in Europa war zu Ende.

Nach dem Tod Hitlers war alles sehr rasch gegangen. Die Deutschen konnten nicht mehr kämpfen. Und sie wollten es auch nicht mehr. Schon die Tatsache, dass Deutschland eines der ganz wenigen Länder im Zweiten Weltkrieg war, das keine Untergrund- und Partisanenbewegung hervorbrachte, ist ein Hinweis darauf, wie »total« der Zusammenbruch des NS-Staates und die Erschöpfung der Deutschen waren. Erstaunlich schnell verschwanden die letzten Stützen des »Tausendjährigen Reichs«. Schon am 27. April hatte sich in Wien eine provisorische Regierung gebildet, die am 14. Mai eine Österreichische Republik ausrief. In Prag eröffneten tschechische Nationalisten am 5. Mai einen Aufstand gegen die Reste der deutschen Besatzung. Und am 23. Mai verhafteten britische Truppen die Mitglieder der so genannten Regierung Dönitz, der Geschäftsführenden Reichsregierung, die noch – fast vergessen von der übrigen Welt – in einer Flensburger Kaserne residierte. Fast schien es so, als handele es sich bei den Ereignissen der vergangenen zwölf Jahre lediglich um ein Missverständnis, dessen Spuren nun so rasch wie möglich getilgt werden sollten.

Diese oft wenig spektakulären, zuweilen fast schon bürokratischen Vorgänge standen in einem denkbar scharfen Kontrast zur Bedeutung und Wirkung der Ereignisse, die sie formal abschlossen: eine Zeit massenhaften Todes auf den Schlachtfeldern und in den Lagern, eine Zeit, wie sie die Menschheit noch nicht erlebt hatte. Entsprechend groß waren die Zerstörungen in Deutschland, Europa und der Welt, nicht nur die sichtbaren. Dies musste zur Basis und Bürde jeder weiteren historischen Entwicklung werden.

Dienstag

1

Mai

Tag 9

Ilse Graßmann: Tagebuch einer Hausfrau (V)

Britische Truppen sind noch nicht in Hamburg einmarschiert, aber man kann die Granateinschläge schon hören. Es kann nicht mehr lange dauern, bis auch für Ilse Graßmann in Aumühle der Krieg beendet ist. Aber noch herrschen die Nationalsozialisten. Und noch wird der 1. Mai als nationalsozialistischer Feiertag begangen.

»1. Mai 1945. Es ist Sonntag und zugleich ›Tag der Arbeit‹. Aber das nimmt niemand mehr ernst. Wir müssen unbedingt die Kartoffeln setzen. Wir haben schon ein Beet angelegt.
Die Handwerker sagen zwar, daß dort nichts wachsen wird, weil der Waldboden viel zu sauer ist, aber wir wollen es trotzdem versuchen.
Morgen sollen Martin und Ulle vom Gut Schönau Pflanzkartoffeln holen. Es steht uns noch ein Deputat zu, das wir hierfür nutzen wollen.
Schon beim Frühstück hören wir Geschützdonner. Er kommt von Südosten, also wohl von Lauenburg her. Gegen 10 Uhr muß Martin [der 15jährige Sohn] los, zur Kundgebung der Partei zum 1. Mai. Vor dem kleinen Gemeindebüro stehen ungefähr hundert Leute. Wohl 30 oder 40 Hitlerjungen, ein paar Pimpfe vom Jungvolk und einige BDM-Mädchen. Der Rest sind einige SA-Leute in Uniform und Parteigenossen in Zivil. Es wird gesungen. Dann hält jemand in Uniform, den Martin nicht kennt, eine Rede über den bevorstehenden Endsieg, und zum Schluß marschiert der kleine Trupp über die Börnsener Straße. Dort wird das Horst-Wessel-Lied gesungen, ein ›Sieg Heil‹ auf den Führer, und dann ist Schluß. Es ist wohl tatsächlich Schluß damit, obwohl in diesem Augenblick noch niemand ahnt, daß es so schnell gehen wird.«

Der Krieg geht zu Ende. Aber noch immer halten die Nationalsozialisten eisern an ihren

Ilse Graßmann 1995 mit einem Waschbrett, das sie 1945 gekauft hatte. Sie fand es nach fünfzig Jahren im Keller wieder

+++ Großadmiral Karl Dönitz übernimmt die Nachfolge Hitlers als Staatsoberhaupt (Reichspräsident) +++ Selbstmord der Familie Goebbel

Feiern und Ritualen fest. Dazu gehört auch die Feier des 1. Mai. Der traditionelle Festtag der internationalen Arbeiterbewegung war 1933 zum »gesetzlichen Tag der nationalen Arbeit« ausgerufen und 1934 schließlich zum Nationalfeiertag erhoben worden. In massenwirksamen Großveranstaltungen sollte mit jedem Maifeiertag die klassenlose »Volksgemeinschaft« demonstriert und die Unterstützung der Arbeiterschaft für das neue Regime bezeugt werden. Tatsächlich war der Maifeiertag ein geschicktes Zugeständnis an alle »Werktätigen«. Er sollte sie auch für die Abschaffung der Gewerkschaften entschädigen. Spätestens im Krieg begann man hiervon Abstriche zu machen. So verlegte man etwa im Jahr 1942 die Feiern kurzerhand auf Samstag, den 2. Mai. Der Arbeitsausfall war nicht so groß wie an einem Freitag.

Der 1. Mai wurde von den Nationalsozialisten traditionell mit großem Aufwand gefeiert. Bereits 1933 hatte Joseph Goebbels in Berlin eine gigantische Inszenierung auf dem Tempelhofer Feld veranlasst, für die Hitlers Architekt Albert Speer die Kulissen entwarf. Nach Berufsgruppen und Betriebsbelegschaften gegliedert und zu Blöcken geformt, marschierte die »Volksgemeinschaft« auf. Nicht der Einzelne zählte, sondern das Ganze – natürlich im Sinne der NS-Ideologie. Goebbels verkündete dazu über den Rundfunk: »Am heutigen Abend findet sich über Klassen, Stände und konfessionelle Unterschiede hinweg das ganze deutsche Volk zusammen, um endgültig die Ideologie des Klassenkampfes zu zerstören und der neuen Idee der Verbundenheit und der Volksgemeinschaft die Bahn freizulegen.« Hitler hatte seinen Auftritt erst abends. Von Scheinwerfern angestrahlt,

Heimkehr: Am 23. April 1945 kommt Ehemann Kurt nach Hause zurück

feierte auch er die »Harmonie von Geist, Stirn und Faust, Arbeitern, Bauern und Bürgern«.

Vor diesem Hintergrund muss die von Ilse Graßmann erwähnte Maifeier grotesk und erbärmlich wirken. Auch hier zeigt sich: Die NS-Herrschaft beginnt sich aufzulösen. In Aumühle wird nur noch mit etwa 100 Menschen gefeiert. Man hört eine geistlose Rede über den bevorstehenden Endsieg. Man singt das Horst-Wessel-Lied, das Weihelied der SA, das im »Dritten Reich« zu einer Art zweiter Nationalhymne wurde: »Die Fahne hoch, die Reihen fest geschlossen.« Man bringt ein »Sieg Heil« auf Adolf Hitler aus, der sich einen Tag zuvor in seinem Bunker in Berlin umgebracht hat. Aber in Wirklichkeit denken die Menschen an die bevorstehende Aussaat und hoffen auf den Frieden.

Ilse Graßmann behält Recht. Es ist »tatsächlich Schluß damit«. Das »Dritte Reich« ist am Ende, sie und ihre Familie haben den Krieg überstanden. Einen Tag später kommen die Engländer. Kurt Graßmann zieht Bilanz: »Der Krieg ist für uns vorbei. Nun müssen wir sehen, daß die Kartoffeln rechtzeitig in die Erde kommen.«

Mittwoch

2

Mai

Tag 8

Dönitz in Flensburg

Kurz vor seinem Tod bestimmt Hitler Großadmiral Karl Dönitz zu seinem Nachfolger. Das neue Staatsoberhaupt verlegt am 2. Mai seinen Sitz in das noch nicht von alliierten Truppen besetzte Flensburg. Schon am Vorabend wendet sich Dönitz in einer Rundfunkansprache an die deutsche Bevölkerung:

»Deutsche Männer und Frauen, Soldaten der deutschen Wehrmacht! Unser Führer, Adolf Hitler, ist gefallen. In tiefster Trauer und Ehrfurcht verneigt sich das deutsche Volk... Am Ende dieses seines Kampfes und seines unbeirrbaren, geraden Lebensweges steht sein Heldentod in der Hauptstadt des Deutschen Reichs.«

Mit Hitlers Selbstmord am 30. April trat die Nachfolgeregelung in Kraft, die der »Führer« in seinem politischen Testament festgelegt hatte. Der Oberbefehlshaber der Kriegsmarine, Großadmiral Karl Dönitz (1891–1980), erfuhr am 1. Mai in Plön (Schleswig-Holstein) vom Ende Hitlers und übernahm als Reichspräsident die Staatsführung. Einen Tag später verlegte er sein Hauptquartier in den äußersten Norden des Reichs, nach Flensburg, und berief eine geschäftsführende Reichsregierung unter dem bisherigen Reichsfinanzminister Lutz Graf Schwerin von Krosigk als »Leitendem Minister«. Ein Reichskanzler wurde nicht ernannt – der von Hitler vorgesehene Joseph Goebbels hatte sich in Berlin erschossen. Die neue Regierung war keineswegs ein »unpolitisches Fachkabinett«, wie Dönitz, der Hitler bis zuletzt treu ergeben war, nach dem Krieg stets behauptete. Die neuen Minister rekrutierten sich fast nur aus der alten Regierung.

Großadmiral Karl Dönitz mit Hitler und Mussolini zwei Tage nach dem gescheiterten Attentat vom 20. Juli 1944

Die Regierungs- und Befehlsgewalt von Dönitz beschränkte sich auf die wenigen Regionen, die noch von der Wehrmacht gehalten wurden. Nachdem der »Führer« – so die vom »Sender Hamburg« am 1. Mai verbreitete Propagandalüge – »in seinem Befehlsstand in der Reichskanzlei, bis zum letzten Atemzug gegen den Bolschewismus kämpfend, für Deutschland gefallen« war, wurde das gesamte Reich, oder

+++ Erschießung dreier Personen in Wilhelmshaven wegen abfälliger Worte über Hitler +++ Der letzte Luftangriff trifft Kiel +++ Berlin kapitulie

genauer: seine kümmerlichen Reste, offiziell von Flensburg aus regiert.

Die neue Reichsregierung verfolgte mit ihrer Politik vor allem ein Ziel: So viele Deutsche wie möglich sollten in der noch verbleibenden Zeit von Osten nach Westen, in den britisch-amerikanischen Machtbereich, gebracht werden. Dönitz ließ verkünden: »Meine erste Aufgabe ist es, deutsche Menschen vor der Vernichtung durch den vorandrängenden bolschewistischen Feind zu retten. Nur für diesen Zweck geht der militärische Kampf weiter.« Dieser Kampf sollte sich ganz auf die Ostfront konzentrieren. Daher versuchte man, durch Teilkapitulationen im Westen das Kriegsende im Osten möglichst weit hinauszuschieben. So akzeptierte Dönitz die bereits am 29. April unterzeichnete deutsche Kapitulation in Italien und befahl Admiral Hans-Georg von Friedeburg, mit dem britischen Oberbefehlshaber Montgomery am 4. Mai die Kapitulation für Nordwestdeutschland, die Niederlande und Dänemark abzuschließen. Durch eine schnelle und separate Einigung mit den Westalliierten, so spekulierte Dönitz, würde Zeit gewonnen, um durch weiteren militärischen Widerstand gegen die sowjetischen Truppen den Soldaten des Ostheeres und mit ihnen vielen Flüchtlingen zu ermöglichen, sich hinter die amerikanischen Linien in Sicherheit zu bringen. Doch damit nicht genug. Auch Dönitz wollte die Hoffnung nicht begraben, dass die Westalliierten vielleicht doch noch gemeinsam mit den Deutschen gegen den »bolschewistischen Feind« im Osten kämpfen würden. Das war nichts als eine Illusion. Der Oberkommandierende der Westalliierten, General Dwight D. Eisenhower, der über die geradezu panische Furcht der Sowjets vor einem Separatfrieden im Westen sehr genau informiert war, machte der neuen deutschen Regierung nicht die geringsten Zugeständnisse. Stattdessen beharrte er auf einer bedingungslosen Gesamtkapitulation an allen Fronten. Immerhin gelang es in den letzten Kriegstagen noch, die Hälfte des Ostheeres, 1,85 Millionen Mann, und zahllose Zivilisten vor der Roten Armee zu retten. Die Evakuierungen der Marine über die Ostsee liefen buchstäblich bis zur letzten Minute.

Die Regierung weicht nach Flensburg aus, die »Volksgenossen« bleiben in Berlin sich selbst überlassen

Die »Regierung Dönitz« überdauerte zunächst den 8. Mai. Die einzige Aufgabe, die ihr die Alliierten zubilligten, war die kontrollierte Entwaffnung der deutschen Truppen in den noch nicht besetzten Gebieten. Ansonsten bestimmten die Besatzungsmächte alle wichtigen Funktionen. Am 23. Mai wurden die Mitglieder dieser nun überflüssig gewordenen Regierung verhaftet. Das so entstandene staatsrechtliche Vakuum endete am 5. Juni, als die vier Siegermächte offiziell die Regierungsgewalt in Deutschland übernahmen. Damit war das Deutsche Reich, das 1871 im Spiegelsaal von Versailles proklamiert worden war, auch im staatsrechtlichen Sinne untergegangen.

Der Gauleiter von München, Paul Giesler, begeht Selbstmord +++ Das »Ghetto« Theresienstadt wird vom Roten Kreuz übernommen +++

Erich Kästner: Von der »Ostmark« zu Österreich

Auch in Österreich bricht die NS-Herrschaft zusammen. Viele haben sich während der sieben Jahre »Ostmark« mit dem Nationalsozialismus identifiziert oder arrangiert. Einige sehen jetzt den Tod als einzigen Ausweg. Der Schriftsteller Erich Kästner beobachtet das Ende der deutschen Herrschaft im Dorf Mayrhofen in Tirol.

»Die Ostmark heißt wieder Österreich. Die Agonie ist vorüber. […] Das Regime, das nicht leben konnte und nicht sterben wollte, existiert hierzulande nicht mehr.«

Schon am 27. April hatte Österreich seine Unabhängigkeit proklamiert und den »Anschluss« an das Deutsche Reich vom März 1938 für »null und nichtig« erklärt. Damals sollen bei einer Volksabstimmung 99,73 Prozent der Österreicher diesem Zusammenschluss zugestimmt haben. Allerdings hatte man 200 000 Menschen von der Wahl ausgeschlossen, die außerdem meist öffentlich durchgeführt wurde. Ernst zu nehmende Schätzungen – wie die der Gestapo Innsbruck – veranschlagten die Quote der Gegner immer noch auf 35–40 Prozent. Das ändert nichts daran, dass an jenem Morgen des 12. März 1938 die deutschen Truppen unter tosendem Jubel einmarschiert waren und dass sich danach das gesellschaftliche und politische Leben der »Alpen- und Donaureichsgaue«, wie man Österreich seit 1942 auch bezeichnete, grundlegend geändert hatte. Die österreichischen Juden etwa waren brutalster Verfolgung ausgesetzt. Von den insgesamt rund 180 000 Österreichern jüdischen Glaubens wurden 65 459 ermordet. Auch in Österreich gab es Widerstand, der sich mitunter aus anderen Traditionen speiste als in Deutschland. Doch blieb er auch hier vergleichsweise wirkungslos und ohne wirklichen Rückhalt in der Bevölkerung. Insgesamt wurden 2700 Männer und Frauen als aktive Widerstandskämpfer hingerichtet, vermutlich 100 000 Österreicher aus politischen Gründen inhaftiert. Mit dem Ende des

Auch das totale Schreibverbot kann Erich Kästner (1899–1974) nicht am Schreiben hindern

+++ Britische Truppen erobern das zur »offenen Stadt« erklärte Hamburg und außerdem Neumünster +++ Amerikaner erobern Innsbruck

Nationalsozialismus formierten sich neue politische Kräfte und Parteien, die freilich an Altes anknüpften.

Eine Übergangsregierung unter Karl Renner (1870–1950) wurde gebildet. Erich Kästner berichtete über die Stimmung in der neuen Republik: »Die Fenster waren erleuchtet! Ein paar Straßenlaternen brannten zwinkernd! Wir gingen spazieren und freuten uns wie die Kinder. Uns war, mitten im Mai, weihnachtlich zumute. Das jahrelang entbehrte Licht in den Häusern erschien uns schöner als Millionen Christbäume.«
Das Licht fiel freilich auf ein Land, das von seinen nationalsozialistischen Jahren gezeichnet war. Jetzt bemühte man sich hastig, die Spuren zu verwischen. Dieser Opportunismus entging Erich Kästner auch in Mayrhofen nicht: »Wir blickten in die Stuben und sahen, in jedem Fensterrahmen, das nahezu gleiche lebende Bild. Überall trennte man das Hakenkreuz aus den Hitlerfahnen. [...] Auch sonst glich der Spaziergang einer politischen Exkursion. Farbsatte Rechtecke an den Wänden erzählten uns, wie leicht Tapeten zu verschießen pflegen und wie groß die Hitlerbilder gewesen waren. In dem einen oder anderen Zimmer standen die Hausväter vorm Rasierspiegel, zogen Grimassen und schabten, ohne rechten Sinn für Pietät, ihr tertiäres Geschlechtsmerkmal, das Führerbärtchen, von der Oberlippe.«

Der »Führerkult« war auch in Österreich allgegenwärtig gewesen. Obwohl die Popularität Hitlers in der letzten Phase des Krieges rasch verfiel, besaß er immer noch zahlreiche Anhänger. Nicht wenige hatten an ihn wie an einen Messias geglaubt und waren zu Komplizen des

Selbstmord kurz vor der Besetzung Leipzigs durch US-Truppen: die Leichen von Bürgermeister Alfred Freyberg, seiner Frau und seiner Tochter

Regimes und seiner Verbrechen geworden. Dem Untergang des »Dritten Reiches« folgte nun eine beispiellose Selbstmordwelle, die nicht nur die prominenten Nazis wie Goebbels, Himmler oder Göring erfasste. Auch viele, die als mittlere oder niedere Chargen das Regime repräsentiert hatten, wählten den Freitod als einzigen Ausweg. Manche von ihnen nahmen dabei ihre Familien mit in den Tod. Noch einmal Erich Kästner aus Mayrhofen:

»Die Seminardirektorin, die alte Kämpferin und Freundin des Tiroler Gauleiters Hofer, hat die Fahne nicht gewechselt, sondern wurde heute früh [...] tot aufgefunden. Neben ihr lagen die Leichen ihrer Mutter, ihrer Freundin, eines Kindes und eines Lehrers sowie ein zweiter Lehrer, der nur verwundet war ... Sechs Schüsse und fünf Tote, darunter ein Kind. Ein blutiger letzter Akt, mit Selbstmord und Mord im Einverständnis. Ein schlimmes Ende schlimmer Erzieher. Der Pfarrer hat angeordnet, daß sie außerhalb der Friedhofsmauern begraben werden.«

Freitag

4

Mai

Tag 6

Adenauer neuer Oberbürgermeister von Köln

Während der letzten Kriegstage übernimmt Konrad Adenauer zum zweiten Mal in seinem Leben das Amt des Kölner Oberbürgermeisters. In der nahezu vollständig zerstörten Stadt stellen sich der neuen Stadtverwaltung scheinbar unlösbare Aufgaben.

Das rechtsrheinische Köln war noch von deutschen Truppen besetzt, als Konrad Adenauer (1876–1967) am 16. März 1945 zum amerikanischen Stadtkommandanten Oberstleutnant Raymond L. Hiles bestellt wurde. Im offenen Jeep der US-Army erreichte der knapp Siebzigjährige den Trümmerhaufen, der einmal Köln gewesen war. Es gab nur wenige Städte, die so zerstört waren wie die Metropole am Rhein. Von den 760 000 Einwohnern der Vorkriegszeit lebten hier gerade noch 32 000 Menschen. 1933 war der Zentrumspolitiker Adenauer, seit 1917 Oberbürgermeister, von den Nationalsozialisten aus Köln vertrieben worden. Nun bot der amerikanische Besatzungsoffizier ihm erneut dieses Amt an. Doch Adenauer zögerte: »Ich bat, davon abzusehen [...] Ich hätte drei Söhne an der deutschen Front; sie würden sicher von den Nazis erschossen werden, wenn bekannt würde, dass ich von den Amerikanern zum Oberbürgermeister ernannt sei.«

Konrad Adenauer und zwei Architekten diskutieren den Bau einer Notbrücke über den Rhein

Auf einen so erfahrenen und zugleich unbescholtenen Verwaltungsexperten wie Konrad Adenauer konnte in dieser schwierigen Zeit des Übergangs jedoch kaum verzichtet werden. Daher wirkte er in den folgenden Wochen hinter den Kulissen als eine Art »Schatten-Oberbürgermeister«. Aber erst am 4. Mai trat er offiziell dieses Amt wieder an. Adenauer stand ganz oben auf den »weißen Listen« der amerikanischen Besatzungsmacht. Überzeugung und Mut hatte er schon am 17. Februar 1933 demonstriert, als er sich – damals noch Oberbürgermeister – geweigert hatte, Hitler zu empfangen. Adenauer hatte auch dafür gesorgt, dass die bereits gehissten Hakenkreuzfahnen auf der Rheinbrücke wieder eingeholt wurden. Kurz darauf wurde er entlassen, 1934 vorübergehend von der Gestapo inhaftiert. Danach lebte Adenauer zurückgezogen in Rhöndorf, bis er nach dem 20. Juli 1944 erneut verhaftet wurde. Nur knapp entging er der Ermordung. Die letzten Tage der NS-Herrschaft verbrachte er zusammen mit seiner Familie in einem kleinen Luft-

+++ Die Alliierten verhaften die Feldmarschälle Rundstedt und Milch sowie die ehemaligen Reichsminister Hjalmar Schacht und Wilhelm Frick

schutzbunker an der Rückseite seines Hauses. Als fünf entflohene französische Kriegsgefangene auftauchten, erhielten auch sie Platz.

Inmitten der Trümmer: Der Kölner Dom ist schwer beschädigt, steht aber noch

Adenauers Wiederernennung war ehrenvoll, aber sie konfrontierte ihn mit schier unlösbaren Problemen. Gerade einmal 300 Häuser waren in Köln unbeschädigt geblieben. Trotzdem kehrte die Bevölkerung jetzt in Scharen zurück: »Sie kamen aus allen Teilen Deutschlands, wohin sie während des Krieges evakuiert wurden oder geflüchtet waren. Täglich strömten tausende von Kölnern zu Fuß, auf irgendwelchen Transportmitteln, später in Güterzügen nach Köln zurück. Ich sehe jetzt noch die offenen Güterwagen vor mir, voll gepresst mit Menschen, die in ihre Heimat wollten, gleichgültig, unter welchen Strapazen das geschehen würde.«
Doch nicht nur der städtische Wiederaufbau stellte Adenauer vor fast unüberwindbare Schwierigkeiten. Aus der Kontrolle durch die britischen Militärbehörden, welche die Amerikaner abgelöst hatten, erwuchsen ebenfalls zahlreiche Probleme und Konflikte. Er gelangte bald zu der Einsicht, dass eine politisch-wirtschaftliche Neuordnung nicht allein auf der Ebene einer Stadtverwaltung ansetzen könne. Seine Entlassung durch die britische Besatzungsmacht im Oktober 1945 erwies sich daher für Adenauer auch als eine Chance. Seine ungewöhnlich politische und rhetorische Begabung machte ihn schon bald zu einem Spitzenpolitiker der neu gegründeten CDU.

Am 1. September 1948 übernahm Adenauer als Präsident des Parlamentarischen Rats in Bonn ein Amt, das ihn zu einem der »Gründungsväter« der Bundesrepublik machte. Ein Jahr später, am 15. September 1949, wurde er mit einer Stimme Mehrheit, seiner eigenen, zum ersten Bundeskanzler der Bundesrepublik Deutschland gewählt. Dieses Amt übte er bis 1963 aus. In diesen vierzehn Jahren lenkte er nicht nur die deutsche Politik, sondern prägte den bundesrepublikanischen Staat und seine Gesellschaft. So steht der Name Konrad Adenauers für vieles: für wirtschaftlichen Wohlstand, für die Integration der Flüchtlinge und Vertriebenen, aber auch für die Westbindung Deutschlands und die Wiedererlangung der staatlichen Souveränität, für den Aufbau der Bundeswehr und den Beginn der europäischen Einigung.

Samstag

5

Mai

Tag 5

Tschechischer Aufstand und Schicksal der Sudetendeutschen

Während in Prag ein Aufstand gegen die Deutschen losbricht, marschieren die Amerikaner in die Tschechoslowakei ein. In vielen Städten und Dörfern ergeht mehr oder weniger derselbe Befehl wie am 5. Mai 1945 in Neuern im Kreis Markt Eisenstein:

Niemand darf das Haus verlassen und auf die Gasse, weil die Amerikaner einmarschieren. [...] Niemand darf Neuern verlassen. Den Amerikanern ist Wohnung und Bett zu geben, wenn es verlangt wird. Wo nötig, soll man sich beim Nachbar Wohnung suchen.«

Das »Protektorat Böhmen und Mähren« sah seinen letzten Tagen entgegen. Aus der einen Richtung kamen die amerikanischen, aus der anderen die sowjetischen Truppen. Bereits vor ihrem Einrücken brachen in zahllosen Orten Aufstände gegen die Deutschen aus.
Die Vernichtung der Tschechoslowakei war eines der ersten Ziele der Nationalsozialisten gewesen. Die nationalsozialistische »Raumplanung« hatte auf längere Sicht sogar eine vollständige »Germanisierung« des tschechischen Teils vorgesehen. Die erste Etappe auf diesem Weg war Hitler ohne Krieg gelungen. Im September 1938 versuchte der britische Premierminister Neville Chamberlain den Frieden in Europa zu retten, indem er den deutschen Ansprüchen auf die sudetendeutschen Gebiete zustimmte. Eine solche Entscheidung schien dem Nationalitätenprinzip zu entsprechen. Die meisten Sudetendeutschen wollten »heim ins Reich«. Das Münchner Abkommen vom 29. September 1938 zwang die Tschechoslowakei, ein Fünftel ihres Staatsgebiets an Deutschland abzutreten. Die Wehrmacht marschierte in die Sudetengebiete ein und wurde von begeisterten Menschen empfangen. Schon im Oktober gab Hitler jedoch Anweisung, dafür Vorsorge zu treffen, auch »die Rest-Tschechei jederzeit zerschlagen

Internierte Sudetendeutsche warten auf einem Platz in Prag auf ihre Deportation nach Deutschland

zu können«. Am 15./16. März 1939 besetzten deutsche Truppen das verbliebene tschechische Staatsgebiet. Die Slowakei hingegen hatte mit Deutschland einen Schutzvertrag abgeschlossen und wurde faktisch zum deutschen Vasallenstaat. Hitler hatte mit diesem Vorgehen signalisiert, dass er sich nicht an eine europäische Friedensregelung halten würde. Erst jetzt begannen die Westmächte einzusehen, dass sie sich auf die Versprechungen der deutschen Außenpolitik nicht verlassen durften.

Der Aufstand tschechischer Nationalisten in Prag beginnt. Auf dem Boden liegen erschossene Widerstandskämpfer

Im »Protektorat Böhmen und Mähren«, wie die »Tschechei« als Teil des »Großdeutschen Reichs« jetzt hieß, versuchten die neuen Herren, das reiche landwirtschaftliche und industrielle Potenzial so gut wie möglich auszubeuten. Zunächst herrschten noch vergleichsweise normale Zustände. Zum Teil gelang es den deutschen Machthabern sogar, die tschechische Bevölkerung relativ gut in den eigenen Machtbereich zu integrieren. Doch verlor man das Fernziel der »Germanisierung« nie aus den Augen. Unterdrückung, Mord und Terror gegen Oppositionelle und Juden sowie die Auslöschung ganzer Gemeinden als »Sühnemaßnahmen« – bekannt wurde die »Einebnung« des Dorfes Lidice nach dem Attentat auf Reinhard Heydrich im Juni 1942 – zeigten den wahren Charakter der deutschen Herrschaft.
Dennoch kam es erst spät zu einem Aufstand. Im April 1945 eroberten tschechische Partisanen größere ländliche Regionen. Anfang Mai begann dieser Aufstand auch auf die Städte überzugreifen. In Prag brachten die Aufständischen am 5. Mai den Rundfunk unter ihre Kontrolle. Heftige Kämpfe um die von den Nationalsozialisten zur »Festung« erklärte Stadt folgten. Erst am 8. Mai kam es auch hier zu einem Waffenstillstand. Einen Tag später erreichte die Rote Armee Prag und schloss die deutsche Heeresgruppe Mitte ein. 100 000 deutsche Soldaten konnten sich zu den Amerikanern durchschlagen, aber 800 000 gerieten in sowjetische Kriegsgefangenschaft.

Der Aufstand der Tschechen überraschte rund dreieinhalb Millionen Sudetendeutsche, die in ihrer Heimat nun einem Sturm der Vergeltung ausgesetzt waren. Die Potsdamer Konferenz legitimierte die Vertreibung der Sudetendeutschen aus der wiederhergestellten Tschechoslowakei. Dabei starben bis 1947 zahlreiche Menschen. Über die genaue Höhe der deutschen Opfer ist viel geschrieben und noch mehr gestritten worden. Zahlen von 30 000 über 130 000 bis zu 220 000 Toten wurden genannt. Von ihnen dürften etwa 15 000 beim Aufstand in Prag ums Leben gekommen sein. Zur Vertreibung der Deutschen gehörte auch ihre systematische Enteignung. Letztlich wurde eine jahrhundertealte deutsche Kultur weitgehend ausgelöscht. Die deutschsprachige Minderheit in der Tschechischen Republik zählt heute noch etwa 80 000 bis 100 000 Menschen.

Sonntag

6

Mai

Tag 4

Britisches Abhörprotokoll eines gefangenen deutschen Generals

Seit 1942 befinden sich hochrangige deutsche Kriegsgefangene in drei britischen Speziallagern. Ihre Gespräche werden heimlich mitgeschnitten. Diese Protokolle geben wertvollen Aufschluss darüber, was die Offiziere der Wehrmacht wirklich denken.

Wussten die deutschen Generäle von Kriegsverbrechen und Massenmord? Und wenn sie es wussten: Wie dachten sie darüber? Oder glaubten sie wirklich an jenes Bild von einem »sauberen Krieg«, wie es die einschlägigen Memoiren vermitteln? Fragen, auf die nur schwer verlässliche Antworten zu finden sind. Tagebücher, Briefe oder ähnliche Dokumente aus der Zeit selbst, die Aufschluss geben könnten, sind rar. Oft halten die Erben sie unter Verschluss. Und doch – es gibt Quellen, die uns einen Einblick in die Gedankenwelt der deutschen Generalität während des Zweiten Weltkriegs erlauben.

Generalleutnant Maximilian Siry (1891–1967)

Trent Park, Middlesex. Seit November 1942 hatte man das idyllisch inmitten von Viehweiden, Ackerflächen und Wäldern gelegene Gut zum Kriegsgefangenenlager »POW Camp 11« für deutsche Generäle und Stabsoffiziere umgewandelt. Die Gefangenen »logierten« in einem schlossartigen Gebäude. Eine ausgezeichnete Bibliothek, Sprachunterricht sowie ein bescheidenes Taschengeld sorgten für eine verblüffend anmutende Behaglichkeit. Dieser Komfort hatte freilich seinen Grund: Trent Park war kein gewöhnliches Gefangenencamp, sondern eines von drei britischen »Abhörlagern«. In den Zimmern der Offiziere sowie im Kasino waren Mikrofone versteckt. Deutsche und österreichische Emigranten verfolgten die Gespräche der hohen Militärs am Kopfhörer. Man spekulierte darauf, dass die entspannte Atmosphäre die hochrangigen Offiziere dazu verleiten werde, untereinander Informationen auszuplaudern, die für die alliierte Kriegführung wichtig waren. Tatsächlich waren die Erkenntnisse, die das britische Militär auf diese Weise erlangte, sehr aufschlussreich. Die deutschen Offiziere übten im Gespräch untereinander weitaus weniger Zurückhaltung als bei Verhören. So eröffnete sich ihren heimlichen Zuhörern ein weitgehend unverfälschter und zuverlässiger Zugang zu ihrem Wissen und ihren Ansichten. Schnell kristallisierten sich unter den Gefangenen zwei Gruppen heraus. Die eine

+++ Zulassung des SPD-Ortsvereins Hannover unter Kurt Schumacher +++ Breslau kapituliert; Gauleiter Hanke ist schon am Vortag geflüchtet

Gruppe hielt den Krieg längst für verloren und räumte die deutsche Schuld ein, etwa die Verbrechen an der sowjetischen Zivilbevölkerung oder den Massenmord an den Juden. Diese Offiziere nahmen im Urteil über Hitler und den Nationalsozialismus kein Blatt vor den Mund. Doch es gab auch die anderen, jene, die immer noch hofften, der Krieg könne trotz der überaus kritischen Lage noch gewonnen werden. In dieser Gruppe rechtfertigte man die Untaten, spielte sie herunter oder leugnete sie ganz. In beiden Gruppen aber zeigte sich, dass unter den hohen deutschen Offizieren das Wissen um die Verbrechen, gerade im Osten, verbreiteter war, als viele später zugaben.

Komfortables »Gefangenenlager« für deutsche Offiziere: das schlossartige Wohngebäude des Guts Trent Park in Middlesex, westlich von London

Unter den Unbelehrbaren war auch Generalleutnant Maximilian Siry, Kommandant der 347. Infanteriedivision und seit dem 10. April 1945 in britischer Kriegsgefangenschaft. Am 6. Mai zeichnete der Abhördienst ein Gespräch auf, in dessen Verlauf der offenkundig ganz von der nationalsozialistischen Rassenideologie durchdrungene Offizier seine eigene Erklärung für die deutsche Kriegsniederlage lieferte:

»Man darf ja das nicht laut sagen, aber wir waren ja viel zu weich. Wir sind ja jetzt in der Flasche mit den ganzen Grausamkeiten. Hätten wir aber die Grausamkeiten hundertprozentig durchgeführt – die Leute *restlos* verschwinden lassen, dann würde kein Mensch was sagen. Nur diese *halben* Maßnahmen, *das* ist immer das Falsche.
Im Osten habe ich mal beim Korps vorgeschlagen – da war doch die Sache so, daß Tausende von Gefangenen zurückkamen und kein Mensch hat die bewacht, weil ja keine Leute da waren. In FRANKREICH ist das ganz gut gegangen, denn der Franzose ist derartig degeneriert, daß, wenn man dem Mann gesagt hat: ›Dort hinten meldest du dich an der Gefangenensammelstelle‹, dann ist dieser dumme Affe tatsächlich dahin gegangen. Aber in RUSSLAND war ja zwischen der Panzerspitze und dem nachkommenden geschlossenen Ding 50 bis 80 km Zwischenraum, also vielleicht zwei bis drei Tagesmärsche. Da ist kein Russe hinter, sondern jeder Russe ist hintergetippelt und dann ist er rechts und links in die Wälder und da konnte er ohne weiteres leben. Da habe ich gesagt: ›Das geht nicht so, wir müssen den Leuten ein Bein einfach abschlagen, ein Bein brechen oder den rechten Unterarm brechen, damit die in den nächsten 4 Wochen nicht kampffähig sind und damit die aufgesammelt werden können.‹ Das hat ein Geschrei gekostet, wie ich gesagt habe, den Leuten muß man einfach mit dem Knüppel das Bein abschlagen. Ich habe damals das natürlich auch nicht voll erkannt, aber heute bekenne ich mich dazu. Wir haben es ja gesehen, wir können keinen Krieg führen, weil wir nicht hart genug sind, nicht barbarisch genug. Der Russe ist das ja ohne weiteres.«

Montag

7

Mai

Tag 3

Kapitulation in Reims

Nach Teilkapitulationen deutscher Streitkräfte an verschiedenen Fronten fordert der Oberkommandierende der Westalliierten, General Dwight D. Eisenhower, unmissverständlich die Gesamtkapitulation. Generaloberst Jodl erhält vom neuen Reichspräsidenten Dönitz die undankbare Aufgabe, darüber in Reims zu verhandeln.

Wie sollte der Weltkrieg in Europa beendet werden? Eine Niederlage ist die eine Sache, eine Kapitulation die andere. War es überhaupt noch möglich, einen Konflikt diesen Ausmaßes wieder in die geordneten Bahnen von Verhandlungen zu lenken? Am weitesten war man in Italien. Dort hatten die deutschen Generäle schon seit Februar streng geheime Kontakte zum US-Geheimdienst aufgenommen, um eine Kapitulation der Streitkräfte in Oberitalien Schritt für Schritt vorzubereiten. Im Hauptquartier des alliierten Oberkommandierenden im Mittelmeerraum, Feldmarschall Harold Alexander, im Schloss Caserta bei Neapel, wurde schließlich am 29. April eine Teilkapitulation unterzeichnet. Sie sollte erst am Tag ihres Inkrafttretens am 2. Mai proklamiert werden. Nur zwei Tage später, am 4. Mai, kam es zu einer weiteren Teilkapitulation für Nordwestdeutschland, Dänemark und die Niederlande. Tags darauf wurde auch hier der Kampf eingestellt. Dieses schrittweise Aufgeben hatte System.

Hitlers Nachfolger als Reichspräsident, Großadmiral Karl Dönitz, sah darin das einzige Mittel, Zeit zu gewinnen, um noch möglichst viele deutsche Soldaten und Zivilisten in den Westen zu bringen. Auch Generaloberst Alfred Jodl, der Chef des Wehrmachtführungsstabs, den Dönitz als Unterhändler in das US-Hauptquartier nach Reims geschickt hatte, war ein entschiedener Gegner einer Gesamtkapitulation. Doch standen

Trophäen: Sowjetische Soldaten wühlen vor der ehemaligen Reichskanzlei in Schachteln mit deutschen Orden

+++ Die Alliierten verhaften den Reichsprotektor der Niederlande, Arthur Seyß-Inquart +++ Amerikaner erreichen das »Ghetto« Theresienstadt

die Deutschen mit dem Rücken an der Wand. Jodl, der nach dem Krieg in Nürnberg zum Tode verurteilt und hingerichtet wurde, stieß bei Eisenhower auf taube Ohren – weitere Teilkapitulationen wollten die Westmächte nicht akzeptieren. Der alliierte Oberbefehlshaber meldete in die Heimat: »Ich mußte ihnen [den Deutschen] schließlich mitteilen, daß ich alle Verhandlungen abbrechen, die Westfront dichtmachen und jede weitere Bewegung deutscher Soldaten und Zivilisten nach Westen gewaltsam verhindern würde, wenn sie meine Bedingungen nicht annähmen.«
Mit der Bitte um neue Direktiven übermittelte Jodl am 6. Mai Dönitz die unmissverständliche Botschaft: »General Eisenhower besteht darauf, daß wir heute noch unterschreiben. Andernfalls werden die alliierten Fronten auch gegenüber denjenigen Personen geschlossen werden, die sich einzeln zu ergeben versuchen. [...] Ich sehe keinen anderen Ausweg als Chaos oder Unterzeichnung.« Dönitz entschloss sich gegen das »Chaos« und erteilte Jodl die Vollmacht, im Namen des deutschen Oberkommandos die Gesamtkapitulation aller deutschen Streitkräfte in Reims zu unterzeichnen.

Generaloberst Alfred Jodl unterzeichnet die deutsche Gesamtkapitulation, links sein Adjutant, rechts Admiral Hans-Georg von Friedeburg

Jetzt ging alles sehr schnell. Noch in der folgenden Nacht versammelten sich die Kontrahenten zur Unterzeichnung. Das Treffen wirkte recht improvisiert. Der Raum war schwül und überfüllt, als die deutsche Delegation eintrat. Korrespondenten und Kameraleute verfolgten aufmerksam die Zeremonie, die man rasch hinter sich brachte. Unter Blitzlichtgewitter wurde die Urkunde am 7. Mai um 2.41 Uhr zuerst von Alfred Jodl, dann vom amerikanischen Stabschef Bedell Smith für die USA, von General Susloparow für die Sowjetunion und von General Sevez für Frankreich unterzeichnet. Anschließend gab der deutsche Generaloberst eine kurze Erklärung ab: »Mit dieser Unterschrift sind das deutsche Volk und die deutsche Wehrmacht auf Gnade und Ungnade den Siegern ausgeliefert. Beide haben in diesem Kriege mehr geleistet und mehr erduldet als vielleicht je ein Volk auf der Erde. Ich kann in dieser Stunde nur die Bitte aussprechen, daß die Sieger mit ihnen gnädig verfahren werden.« Die Worte Jodls trafen auf eisiges Schweigen, niemand antwortete. Eisenhower war bei dem Akt nicht einmal zugegen. Erst als der Deutsche, eine Verbeugung andeutend, den Raum verlassen hatte, brach sich der Jubel der Sieger Bahn. Sie hatten die »bedingungslose Kapitulation aller Streitkräfte zu Lande, zu Wasser und in der Luft, welche sich in diesem Augenblick unter deutscher Kontrolle befinden«, erzwungen. Erst jetzt war es offiziell: Das nationalsozialistische Deutschland war endgültig geschlagen. Schon am 8. Mai um 23.01 Uhr mitteleuropäischer Zeit sollte die Kapitulation wirksam werden. Nicht mehr lange, dann schwiegen endlich nach mehr als fünfeinhalb blutigen Jahren die Waffen in Europa.

Die kroatische Ustascha zieht sich nach Klagenfurt zurück +++ Spanien bricht die diplomatischen Beziehungen zu Deutschland ab +++

Dienstag

8

Mai

Tag 2

Zwangsarbeiter vor ihrer Befreiung

Seit 1939 wird es für die deutsche Kriegswirtschaft immer schwieriger, ihren Arbeitskräftebedarf zu decken. Um die zur Wehrmacht eingezogenen Männer zu ersetzen, werden Heerscharen von Zwangsarbeitern aus allen besetzten Gebieten ins Reich verschleppt und bis zuletzt ausgebeutet. Auch für sie bringt das Kriegsende die Befreiung.

Am 8. Mai 1945 wurden die Funktionshäftlinge in westliche Richtung evakuiert. Am Abend verließ das Lager die nächste Gruppe von Häftlingen. Dieser Tag verging mit ständigem Warten, wir bekamen nichts zu essen. Am Abend mußten alle zum Appell erscheinen. Die ganze Kommandantur des Lagers war betrunken. Der Lagerführer sprach zu uns. Er sagte, daß es mit den guten Zeiten für uns vorbei sei.

Ehemalige italienische Zwangsarbeiter warten in Wiesbaden auf die Rückfahrt in ihre Heimat

Wir hätten bisher etwas zu essen gehabt und wären in Obhut. Aber jetzt sei Schluß, wir würden alle liquidiert, genügend Granaten und Munition seien dafür vorhanden. Wir wurden in unsere Blocks gebracht und mußten die Fenster mit Decken verhüllen. […] In dieser Nacht schlief niemand von uns.«

Der Pole Karpinski, von dem dieser Bericht stammt, war einer von Millionen so genannter »Fremdarbeiter«, die im Deutschen Reich ausgebeutet wurden. Im Herbst 1944 arbeiteten – neben ca. 400 000 meist jüdischen KZ-Häftlingen – etwa 5,9 Millionen Ausländer und 1,9 Millionen Kriegsgefangene aus 26 Ländern in der deutschen Wirtschaft. Viele der Verschleppten waren keine 20 Jahre alt, rund ein Drittel waren Frauen. Um dieses System der Ausbeutung zu perfektionieren, hatte Hitler am 21. März 1942 den Gauleiter von Thüringen, Fritz Sauckel, zum »Generalbevollmächtigten für den Arbeitseinsatz« ernannt. Zur Behebung des Arbeitskräftemangels kamen fortan immer radikalere Methoden zur Anwendung. Von einer »Anwerbung« auf mehr oder weniger freiwilliger Basis konnte schon bald keine Rede mehr sein. Schnell hatte sich herumgesprochen, unter welch schlechten Bedingungen im Reich

+++ Dönitz verkündet: »Mit der Besetzung Deutschlands ist die Macht an die Okkupationsarmeen übergegangen« +++ Dresden wird erobert

gearbeitet werden musste. Daher griffen die Deutschen zu Mitteln, die immer mehr Sklavenjagden ähnelten. In den okkupierten Gebieten drohte jedem, der irgendwie als arbeitsfähig galt, die Deportation zum »Reichseinsatz«.

Der Aufenthalt so vieler »fremdvölkischer« Arbeitskräfte im Deutschen Reich war mit der NS-Ideologie wenig vereinbar. Aus den Reihen der Partei wurde befürchtet, dass die »rassisch minderwertigen Untermenschen« aus Osteuropa zu einer Bedrohung für die »arische« Bevölkerung werden könnten. Man reglementierte daher ihr Leben so weit wie möglich und folgte dabei rassistischen Kategorien: Polen oder »Ostarbeiter« aus den besetzten Gebieten der Sowjetunion mussten das Kennzeichen »P« bzw. »OST« auf ihrer Kleidung tragen und litten – vor allem in den großen Städten – häufiger an Hunger, schlechter Unterkunft und Misshandlung als die Zwangsarbeiter aus west- oder nordeuropäischen Ländern. Um sie von der deutschen Bevölkerung zu trennen, waren sie meist in Lagern untergebracht, von denen schließlich zehntausende existierten. Öffentliche Einrichtungen durften sie nicht besuchen, sozialer Kontakt zu Deutschen stand unter Strafe. Schon der Verdacht sexueller Beziehungen zu Deutschen hatte in der Regel schwerwiegende Konsequenzen für beide Beteiligten – »Ostarbeiter« oder Polen büßten ihn gewöhnlich mit ihrem Leben.

Das Zwangsarbeiterlager Landeshut 80 Kilometer westlich von Breslau, in das Karpinski verschleppt worden war, war eines von 106 Nebenlagern des KZ Groß-Rosen. Seine Insassen arbeiteten für eine Kugellagerfabrik. Die Erlebnisse des polnischen Zwangsarbeiters vom 8. auf den 9. Mai stehen für das Schicksal

Unter amerikanischem Schutz flüchten Zwangsarbeiter Anfang Mai vor der sowjetischen Armee über eine zerstörte Elbbrücke

von Millionen, die endlich vom Nationalsozialismus befreit wurden:

»Am 9. Mai 1945 in der Früh hörten wir Schüsse. [...] Einer von uns machte ein Loch in die Decken, die die Fenster verhüllten, und schaute hinaus. Er bemerkte, daß auf dem Aussichtsposten keine Wache mehr stand. [...] Das ganze Gelände des Lagers war leer, es herrschte absolute Stille. Ich ging hinaus und schaute zum Eingangstor. Das Tor war zu, die Wache war nicht da. [...] Mehrere schlossen sich mir an, und wir gingen zum Haupttor. Das war geschlossen, im Stacheldraht war kein Strom mehr, das erkannten wir, da die Lampen nicht mehr brannten. Die ganze Gruppe der Häftlinge warf sich gegen das Tor, um es zu öffnen. War das schon die Freiheit? In diesem Augenblick sahen wir einen russischen Soldaten, der vom Bahndamm kam. In den Händen hielt er zwei Pistolen. Er kam auf das Lagerterritorium, fragte nach den Deutschen und ging weiter. In diesem Moment war ein Getöse von Glücksschreien, das Weinen mischte sich mit dem Lachen, es herrschte eine große Freude – endlich Freiheit.«

Mittwoch

9

Mai

Tag 1

Kapitulation in Berlin-Karlshorst

Stalin lässt die Kapitulationszeremonie von Reims in seinem Machtbereich wiederholen. Während die westliche Welt den 8. Mai als Tag des Sieges feiert, steht deshalb in Russland bis heute der 9. Mai für das Ende des Krieges in Europa. Was geschah an diesem Tag?

Die deutsche Delegation unter Führung des Generalfeldmarschalls Wilhelm Keitel musste lange warten, fast zwölf Stunden. Endlich, am 8. Mai kurz vor Mitternacht, wurde sie in das Offizierskasino der ehemaligen Pionierschule in Berlin-Karlshorst gerufen. Die deutschen Offiziere betraten den Saal und grüßten mit dem traditionellen Anlegen der rechten Hand an die Kopfbedeckung. Keitel erhob kurz seinen kleinen Marschallstab. Auf den »Hitler-Gruß«, der nach dem 20. Juli 1944 in der Wehrmacht eingeführt worden war, verzichtete man. Aber diese kleine Geste hatte keine Wirkung. Die versammelten alliierten Militärs ignorierten den Gruß der deutschen Offiziere. Nach alldem, was geschehen war, hielten sie jede Ehrung der deutschen Delegation für unangebracht. Im Übrigen wussten sie sehr genau, dass den Deutschen keine Wahl blieb. Verhandlungen waren nicht mehr nötig. Es ging nur noch um die Unterzeichnung der bedingungslosen Kapitulation.

Die deutsche Kapitulation war eigentlich bereits vor zwei Tagen in Reims besiegelt worden, doch Stalin legte größten Wert darauf, diesen Akt im sowjetischen Hauptquartier zu »ratifizieren«. Hinter seiner Forderung standen verschiedene Motive. Der misstrauische Diktator befürchtete wohl bis zuletzt einen Separatfrieden. Außerdem gab es im Osten noch immer deutsche Verbände, die den Widerstand erbittert fortsetzten. Vor allem aber hatte die Zeremonie in Karlshorst eine hohe symbolische Bedeutung. Die sowjetische Führung vertrat zu Recht die Ansicht, die Sowjetunion habe die Hauptlast der Kämpfe getragen.

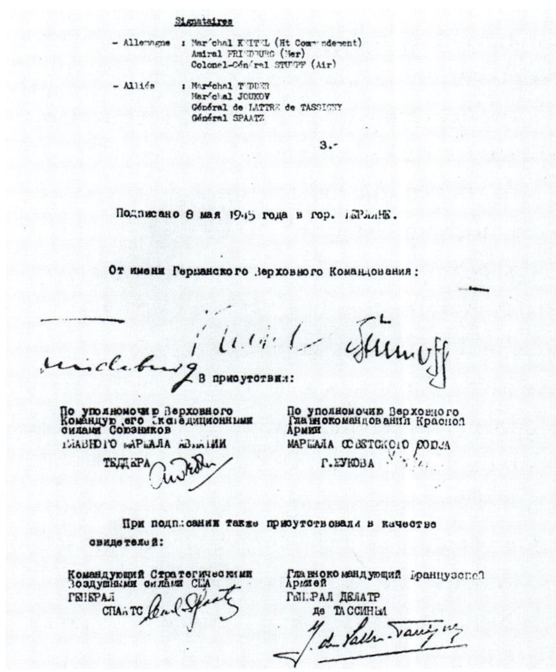
Signataires

- Allemagne : Maréchal KEITEL (Ht Commandement)
Amiral FRIEDBURG (Mer)
Colonel-Général STUMPF (Air)

- Alliés : Maréchal TEDDER
Maréchal JOUKOV
Général de LATTRE de TASSIGNY
Général SPAATZ

3.-

Подписано 8 мая 1945 года в гор. БЕРЛИНЕ.

От имени Германского Верховного Командования:

В присутствии:

По уполномочию Верховного Командующего Экспедиционными силами Союзников
ГЛАВНОГО МАРШАЛА АВИАЦИИ
ТЕДДЕРА

По уполномочию Верховного Главнокомандования Красной Армии
МАРШАЛА СОВЕТСКОГО СОЮЗА
Г.ЖУКОВА

При подписании также присутствовали в качестве свидетелей:

Командующий Стратегическими Воздушными силами США
ГЕНЕРАЛ
СПААТС

Главнокомандующий Французской Армией
ГЕНЕРАЛ ДЕЛАТР
де ТАССИНЬИ

Der Krieg in Europa ist zu Ende: die Kapitulationsurkunde von Berlin-Karlshorst

+++++ Die deutschen Truppen auf den Kanalinseln sowie in den Atlantik-Festungen Lorient, St-Nazaire und La Rochelle kapitulieren

So wurde kurz nach Mitternacht, am 9. Mai um 0.16 Uhr, die Kapitulationsurkunde noch einmal unterzeichnet, diesmal auf deutscher Seite von Keitel, dem Chef des Oberkommandos der Wehrmacht, sowie von Admiral Hans-Georg von Friedeburg für die Kriegsmarine und von Generaloberst Hans Jürgen Stumpff für die Luftwaffe, auf alliierter Seite von Marschall Georgij Schukow für die Sowjetunion und von drei Vertretern der amerikanischen, britischen und französischen Bundesgenossen. Erst mit dieser Kapitulation war der Zweite Weltkrieg in Europa beendet und die nationalsozialistische Herrschaft endgültig beseitigt.

Ankunft von Generaloberst Stumpff, Generalfeldmarschall Keitel und Admiral von Friedeburg auf dem Tempelhofer Feld in Berlin

Über den Verlauf dieses historischen Moments berichtete Konrad Stangl, der Adjutant Keitels: »Für die Unterzeichnung der Kapitulationsurkunde hatte Generalfeldmarschall Keitel die Parole ausgegeben, dass wir, was auch immer kommen mag, Haltung bewahren sollten. Das hatten wir uns alle fest vorgenommen. Während wir vor dem Saal auf die Unterzeichnung warteten, sprach Keitel von persönlichen Dingen, von seinen Söhnen, die teilweise gefallen waren, teilweise noch im Osten stünden. Auch Generaloberst Stumpff redete über private Angelegenheiten. Admiral von Friedeburg saß in einer Ecke und las. Es war eine spannungsgeladene Situation. Wir waren ständig auf dem Sprung, denn wir wussten nicht, wann und in welcher Form die Kapitulation stattfinden würde. Im Saal der Unterzeichnung selbst war die Atmosphäre betont sachlich, distanziert, unpersönlich und trocken. Sie war gewissermaßen rein geschäftsmäßig. An der Wand hingen die Fahnen der Alliierten, die wir aber zunächst gar nicht sahen. Wir waren von den Scheinwerfern geblendet und hörten nur das Surren der Filmapparate und das Klicken der Fotoapparate. Dann erblickte ich am Kopfende des Saales einen Tisch, an dem die Oberbefehlshaber der Alliierten saßen. Auf unserer Seite stand ein Tisch mit drei Stühlen.«

Den Fortgang der Zeremonie hat der Hauptbeteiligte der anderen Seite, Marschall Schukow, geschildert: »Als erster betrat Keitel den Raum. Er grüßte die Vertreter des sowjetischen und des Alliierten Oberkommandos, indem er die Hand mit dem Marschallstab hob. Ihm folgte Stumpff. Seine Blicke verrieten ohnmächtige Wut. Gleichzeitig mit ihm betrat Friedeburg den Raum. Er schien vorzeitig gealtert. [...] Ich stand auf und sagte: ›Ich fordere die deutsche Abordnung auf, an diesen Tisch zu kommen. Hier werden Sie die Urkunde über die bedingungslose Kapitulation Deutschlands unterzeichnen.‹ Mit einem feindseligen Blick auf das Präsidium erhob sich Keitel rasch von seinem Platz, dann senkte er die Augen, nahm langsam seinen Marschallstab vom Tisch und kam mit unsicheren Schritten auf unseren Tisch zu. Sein Monokel fiel herunter und baumelte an der Schnur, das Gesicht bedeckte sich mit roten Flecken.«

Stalin hält eine Rundfunkansprache, in der er sich für die Einheit Deutschlands und gegen die »Zerstückelungs«-Politik ausspricht ++-

Ende und Anfang

Europa am 9. Mai 1945

Eine Bilanz

Die Waffen schwiegen, aber in Deutschland gingen erst langsam wieder die Lichter an. Das Land, das einst – und nicht erst unter den Nationalsozialisten – mit dem Anspruch angetreten war, die politische und kulturelle Vormacht Europas zu werden, war ein einziges Trümmerfeld. Und ähnlich verwüstet waren die Seelenlandschaften seiner Bewohner, die voller Schuld, Trauer und Ratlosigkeit vor einer ungewissen Zukunft standen. Ein Blick auf die Karte zeigt, in welche Katastrophe das NS-Regime Deutschland und seine Bevölkerung geführt hatte. Das Deutsche Reich war, nur 74 Jahre nach seiner Gründung durch Bismarck, buchstäblich von der Landkarte verschwunden. Mit der Verhaftung der »Regierung« Dönitz wurde am 23. Mai 1945 die letzte deutsche Zentralregierung beseitigt. Für zwei Wochen, bis zur Übernahme der obersten Regierungsgewalt durch die alliierten Militärbefehlshaber am 5. Juni (Berliner Deklaration), war das ehemalige Reichsgebiet sogar formal nicht viel mehr als ein Niemandsland.

Es war nur konsequent, dass der »totale« Krieg, der vom NS-Staat ausgegangen war, zu seiner »totalen« Niederlage führte. »Unconditional surrender«, die bedingungslose, nicht nur militärische, sondern auch staatlich-politische Kapitulation – das war seit der Konferenz von Casablanca im Januar 1943 das erklärte »totale« Kriegsziel der Alliierten. Es schien keine andere Möglichkeit zu geben, die Welt vom mörderischen Treiben der in jeder Hinsicht entgrenzten Staaten Deutschland, Japan und Italien zu befreien. Und auch das NS-Regime wusste, dass es nach Auschwitz und den vielen anderen Massenverbrechen kein Zurück mehr gab, kein Schlupfloch, keine Gelegenheit zu einem Arrangement mit dem einen oder anderen Gegner. Der Krieg wurde zum Kampf um »alles oder nichts«. Für die Alliierten war Deutschland der gefährlichste Unruhestifter, so dass für sie galt: »Germany first«. Der bedingungslose Fanatismus Hitlers und seiner Paladine sowie die Bereitschaft der Wehrmacht und der meisten Deutschen, den verbrecherischen Utopien ihres »Führers« nahezu bis zur letzten Patrone zu dienen, machten den Untergang umso schrecklicher und die Niederlage umso gründlicher.

Auch der Vergleich mit einer anderen Katastrophe des Deutschen Reichs, der vollständigen Niederlage im Ersten Weltkrieg, verdeutlicht das ganze Ausmaß des erst langsamen, dann aber geradezu apokalyptischen Zusammenbruchs Hitler-Deutschlands. Das Kaiserreich streckte die Waffen im November 1918 mit einer noch leidlich funktionierenden Führung, einer noch weitgehend intakten Armee, einem noch vollständig unbehelligten Staatsgebiet und einem noch recht stabilen Selbstbewusstsein. Das Ende kam für viele so plötzlich und unerwartet, dass sie finstere Mächte am Werk sahen. Der Wiederaufstieg zur Großmacht schien nur eine Frage der Zeit. Einer der heimlichen Gewinner des Ersten Weltkriegs, Wladimir Iljitsch Lenin, fasste damals die Entwicklung prägnant zusammen: »Zuerst hat der deutsche Imperialismus sich über drei Viertel Europas ausgebreitet und sich unglaublich aufgebläht, dann aber ist er unter Zurücklassung eines fürchterlichen Gestanks geplatzt.«

Auch das Reich Adolf Hitlers begann sich zwei Jahrzehnte später über drei Viertel Europas auszubreiten und unglaublich aufzublähen. Doch dann platzte es nicht, sondern zog sich quälend lange in sich zusammen, bis nichts mehr von ihm übrig war. Dabei riss diese verbrecherische Diktatur noch einmal zig Millionen mit sich ins Verderben. Der Untergang des »Dritten Reichs« dauerte nicht wenige Wochen wie jener des Kaiserreichs, auch nicht 100 Tage, sondern mehrere Jahre. Obwohl schon im Dezember 1941, spätestens aber im Januar 1943 alles andere als eine vernichtende Niederlage des deutschen Aggressors gegen die weit überlegene Stärke der Westalliierten und der Sowjetunion unwahrscheinlich war, setzte der NS-Staat – ähnlich wie Japan in Ostasien – seine verbrecherische Politik und Kriegführung umso hemmungsloser fort, je mehr er in die Defensive gedrängt wurde. Seine kriminelle Energie verlängerte diesen gewaltigsten, gewalttätigsten und mörderischsten aller Kriege. Es ist bezeichnend, dass der weitaus größte Teil der an die 60 Millionen Toten, die dieser Krieg weltweit durch die militärischen Aktionen und ihre Auswirkungen, durch Völkermord, Flucht und Vertreibung forderte, in der zweiten Kriegshälfte ums Leben kam.

Die politischen Folgen der deutschen Niederlage waren weitreichend, ja revolutionär, sind aber schnell umrissen. Deutschland war für viele Jahrzehnte als Großmacht ausgeschaltet und nur noch ein Spielball der beiden eigentlichen Sieger des Zweiten Weltkriegs, der USA und der UdSSR. Sein Territorium wurde im Osten amputiert und in der Mitte zerschnitten. Die amerikanische und die sowjetische Flügelmacht, die beide bereits vom Ersten Weltkrieg profitiert hatten, bestimmten nun als »Supermächte« die Große Politik, während Großbritannien und Frankreich deutlich an Einfluss verloren. Der Nachfolger Lenins, Stalin, beherrschte halb Europa – für Osteuropa ein bitteres Erbe des nationalsozialistischen Größenwahns. Der Zweite Weltkrieg ging fast nahtlos in den Kalten Krieg über. Der wichtigste Schauplatz dieses »Krieges« war das geteilte Deutschland, das sich unter diesen Bedingungen neu orientieren und organisieren musste. Doch das ist eine andere Geschichte.

Die deutsche Katastrophe war freilich mehr als nur eine politische. Sie war insbesondere auch eine moralische Katastrophe, die eine ganze Nation in ihrem Kern erschütterte. Aus dem Land der Dichter und Denker war in den zurückliegenden zwölf Jahren tatsächlich – wie Karl Kraus bereits vor dem Ersten Weltkrieg formuliert hatte – ein Land der Richter und Henker geworden. Die deutsche Bevölkerung war nun *das* schwarze Schaf der Völkergemeinschaft, eine Nation von Tätern. Mit dieser – individuell allerdings sehr unterschiedlichen – Bürde muss die Politik und Gesellschaft unseres Landes bis heute leben. Sie trägt schwer daran. Allerdings traten gerade in der letzten Kriegsphase neben die deutschen Täter auch die deutschen Opfer. Nachdem die Deutschen den Kontinent jahrelang mit Tod und Gewalt überzogen hatten, wurden sie in den letzten Monaten vor dem Untergang des Regimes, das so viele von ihnen unterstützt hatten, selbst millionenfach zu Opfern. Die Brandfackel fiel verheerend auf sie zurück, im Bombenkrieg, in Flucht und Vertreibung, aber auch im Terror des NS-Staates gegen die eigene Bevölkerung. Jetzt erfuhren auch die Deutschen in schrecklicher Weise, wie sehr sich in diesem weltweiten Konflikt die Lasten des Krieges von den Streitkräften auf die Zivilbevölkerung verlagert hatten. Zugleich starben weiterhin zahllose Juden und Zwangsarbeiter aus ganz Europa, die sich noch in deutscher Hand befanden. Von alldem war in dieser Chronik der letzten 100 Tage, dieser finalen Eruption von Gewalt, die Rede. Der Höhe- und Endpunkt des Totalen Krieges, der Einsatz der Atombombe, blieb den Deutschen jedoch erspart. Auch in dieser Hinsicht schlug ihnen am 8./9. Mai 1945 die Stunde der Befreiung, wenn auch nicht überall von der Diktatur, so doch wenigstens überall vom Krieg.

Nach diesem Inferno konnte es vielleicht politisch, keineswegs aber gesellschaftlich, moralisch und psychologisch eine »Stunde null« geben. Der Frieden konnte sich keine neuen Menschen wählen, sondern musste sich auf die zutiefst erschütterten und verwundeten Kriegsgesellschaften stützen. Das Leid hatte in diesem Krieg keine Grenzen gekannt, weder staatliche noch ethnische. Das relativiert nicht die Schuld. Der von Hitler und dem Deutschen Reich begonnene Krieg brachte eine unvorstellbare Zahl von Tätern und Opfern hervor. Am Ende unseres hunderttägigen Kalendariums des Schreckens sollen – unkommentiert – die Zahlen sprechen, um diese Dimensionen zu verdeutlichen. Die ungeheuren Menschenverluste sind die eigentliche Bilanz des Zweiten Weltkriegs.

Die nationalsozialistischen Gewaltverbrechen schufen einen Himalaja an Opfern. Auch wenn – besonders für Osteuropa – noch keine endgültige Statistik möglich ist, muss man nach dem derzeitigen Forschungsstand davon ausgehen, dass etwa 12 bis 14 Millionen Menschen unter deutscher Herrschaft getötet wurden. Die größte Opfergruppe sind die etwa 5,6 bis 5,7 Millionen ermordeten Juden in Babij Jar, Auschwitz oder anderswo. Außerdem wurden etwa 100 000 Sinti und Roma sowie allein im Reich 190 000 Behinderte und Psychiatriepatienten im Rahmen der so genannten »Euthanasie« umgebracht. Von den etwa 5 Millionen sowjetischen Kriegsgefangenen starben unter deutscher »Obhut« ca. 3 Millionen. Bei der »Bandenbekämpfung« und anderen Morden wurden jeweils mehr als 1 Million nichtjüdische Polen und Sowjetbürger sowie mehrere hunderttausend Jugoslawen getötet. Dem kalkulierten Hunger unter deutscher Besatzung fielen in der Sowjetunion wohl weit über 1 Million Zivilisten zum Opfer. Die Zwangsarbeit kostete mindestens 150 000 Polen und Sowjetbürger sowie bis zu 20 000 Franzosen und 8500 Holländer das Leben. Außerdem starben etwa 50 000 italienische Militärinternierte in deutschen Lagern.

Die Deutschen mussten für die Mord- und Eroberungspolitik ihrer Staatsführung schwer büßen. Die militärischen Verluste betrugen 5,3 Millionen Tote. Von den 3 Millionen deutschen Kriegsgefangenen in sowjetischem Gewahrsam starben 1 Million Menschen. Durch Kriegseinwirkung kamen, vor allem im Bombenkrieg, 500 000 Zivilisten ums Leben. Rund 2 Millionen Heimatvertriebene verloren von 1944 bis 1948 bei Flucht und Vertreibung ihr Leben. Hunderttausende starben unter sowjetischer Besatzung und in sowjetischen Lagern.

Die höchsten Menschenverluste hatte die Sowjetunion zu tragen. Vermutlich wurden mindestens 26 Millionen Sowjetbürger Opfer des »Großen Vaterländischen Krieges«, unter ihnen ca. 9 Millionen Soldaten und 17 Millionen Zivilisten. In Polen starben etwa 6 Millionen Menschen, überwiegend Zivilisten, davon etwa 2 Millionen Nichtjuden. Die USA hatten dagegen fast ausschließlich militärische Verluste zu beklagen, insgesamt um die 300 000 Tote. Die britischen Verluste betrugen 386 000 Menschen, davon 62 000 Zivilisten, die französischen 810 000 Menschen, davon 470 000 Zivilisten. Von den kleineren europäischen Staaten hatte Jugoslawien den mit Abstand größten Blutzoll zu zahlen. Vermutlich starben hier 1,69 Millionen Menschen, unter ihnen 1,28 Millionen Zivilisten. Der Größenwahn des »Duce« brachte mehr als 300 000 Italienern den Tod. Japan bezahlte seine Aggression mit 1,2 Millionen Gefallenen und 600 000 toten Zivilisten. Allein über 200 000 Menschen starben durch die Atombomben auf Hiroshima und Nagasaki. Die Höhe der chinesischen Opfer ist nach wie vor unbekannt. Sie geht in die vielen Millionen.

Quellennachweis

30.1.: Klaus Kanzog: »Staatspolitisch besonders wertvoll«. Ein Handbuch zu 30 deutschen Spielfilmen der Jahre 1934 bis 1945, München 1993; Veit Harlan: Im Schatten meiner Filme, Gütersloh 1966; Elke Fröhlich (Hrsg.): Die Tagebücher von Joseph Goebbels, Teil II: Diktate 1941–1945, Band 15: Januar–April 1945, München u.a. 1995; **31.1., 18.2., 5.4., 21.4., 29.4.:** Arthur Haulot: Lagertagebuch Januar 1943–Juni 1945, in: Dachauer Hefte 1 (1984); **1.2., 16.3., 29.3., 2.4., 16.4.:** Dieter Borkowski: Wer weiß, ob wir uns wiedersehen. Erinnerungen an eine Berliner Jugend, Frankfurt a. M. 1983; **2.2.:** Gerhard Ritter: Carl Goerdeler und die deutsche Widerstandsbewegung, Neuaufl. Stuttgart 1984; **3.2.:** Fabian von Schlabrendorff: Offiziere gegen Hitler, Zürich 1946; **4.2.:** Ministerium für Auswärtige Angelegenheiten der UdSSR: Die Sowjetunion auf internationalen Konferenzen während des Großen Vaterländischen Krieges 1941 bis 1945, Band 4: Die Krim-(Jalta)-Konferenz der höchsten Repräsentanten der drei alliierten Mächte – UdSSR, USA und Großbritannien (4.–11. Februar 1945). Dokumentensammlung, Moskau u.a. 1986; Winston Churchill: Der Zweite Weltkrieg. Sechster Band, zweites Buch: Der Eiserne Vorhang, Stuttgart 1954; **5.2.:** Vertreibung und Vertreibungsverbrechen 1945–1948. Bericht des Bundesarchivs vom 28. Mai 1974. Archivalien und ausgewählte Erlebnisberichte, Bonn 1989; Gerhard Reichling: Die deutschen Vertriebenen in Zahlen, Teil 1, Bonn 1986; **6.2.:** Nationale Kommission für die Veröffentlichung diplomatischer Dokumente der Schweiz: Diplomatische Dokumente der Schweiz 1938–1945, Volume 15 (1943–1945), 8 septembre 1943–8 mai 1945 (avec annexes 21 juin 1945–11 juin 1946), Bern 1992; **7.2.:** Armin Lang: »Operation Nordlicht«. Die Zerstörung Nordnorwegens durch deutsche Truppen beim Rückzug aus Finnland im Spätjahr 1944, in: Robert Bohn u. a. (Hrsg.): Kriegsende in Norwegen. Vom heißen zum kalten Krieg, Stuttgart 1995; **8.2.:** Isabell Sprenger: Groß-Rosen. Ein Konzentrationslager in Schlesien, Köln 1996; **9.2.:** Helmut Heiber (Hrsg.): Akten der Partei-Kanzlei. Rekonstruktion eines verloren gegangenen Bestandes, 1. Teil, München 1983, Dokument Nr. 132 00196; **10.2.:** Krisztián Ungváry: Die Schlacht um Budapest. Stalingrad an der Donau 1944/45, München 1999; **11.2.:** Gerhard E. Sollbach: Flucht vor Bomben. Kinderlandverschickung aus dem östlichen Ruhrgebiet im Zweiten Weltkrieg, Hagen 2002; **12.2., 18.3., 22.3., 23.4., 1.5.:** Ilse Graßmann: Ausgebombt. Erinnerungen. Hamburg 1943–1945, Braunschweig 1993; **13.2.:** Götz Bergander: Dresden im Luftkrieg, Köln u.a. 1977; **14.2.:** Alexander McKee: Dresden 1945. Das deutsche Hiroshima, Wien u.a. 1983; **15.2.:** Reichsgesetzblatt, Jg. 1945, Teil 1; **16.2.:** Völkischer Beobachter, 16.2.1945, Berliner Ausgabe; **17.2.:** Theodor Schieder: Dokumente der Vertreibung der Deutschen aus Ost-Mitteleuropa, Band I/1: Die Vertreibung der deutschen Bevölkerung aus den Gebieten östlich der Oder-Neiße, Bonn 1954; **19.2.:** Folke Bernadotte: Das Ende. Meine Verhandlungen mit Deutschland im Frühjahr 1945 und ihre politischen Folgen, Zürich 1945; **20.2.** Theodor Schieder: Dokumente der Vertreibung der Deutschen aus Ost-Mitteleuropa, Band I/1, a.a.O.; **21.2.:** Völkischer Beobachter, 20. und 21.2.1945, Münchner Ausgabe; Gerhard Fischer, Ulrich Lindner: Stürmer für Hitler. Vom Zusammenspiel zwischen Fußball und Nationalsozialismus, Göttingen 1999; **22.2., 23.2., 24.3., 18.4., 20.4.:** Hugo Hartung: Schlesien 1944/45. Aufzeichnungen und Tagebücher, München 1956; **24.2.:** Völkischer Beobachter, 26. und 27.2.1945, Münchner Ausgabe; **25.2.:** Peter Eppel (Hrsg.): Österreicher im Exil. USA 1938–1945. Eine Dokumentation, Bd. 2, Wien 1995; **26.2.:** Thomas Mann: Tagebücher. 1944–1.4.1946, hrsg. von Inge Jens, Frankfurt a. M. 1986; **27.2.:** Rüdiger Overmans: Deutsche militärische Verluste im Zweiten Weltkrieg, München 1999; **28.2.:** Erich Kästner: Notabene 45. Ein Tagebuch, Berlin 1961; Elke Fröhlich (Hrsg.): Die Tagebücher von Joseph Goebbels, Teil II, Band 15, a.a.O.; **1.3.:** Der Ruf, 1.3.1945; **2.3.:** Bloß nicht zur jüdischen Schule. Vom Versuch einer Großmutter, ihr Enkelkind vor Ausgrenzung und Verfolgung zu bewahren, in: Johannes Rau (Hrsg.): Hilfe für Verfolgte in der NS-Zeit. Ein Lesebuch, Hamburg 2002; **3.3.:** Theodor Schieder: Dokumente der Vertreibung der Deutschen aus Ost-Mitteleuropa, Band I/1, a.a.O.; **4.3.:** Freies Deutschland, 4.3.1945; **5.3.:** Reinhold Maier: Ende und Wende. Das schwäbische Schicksal 1944–1946. Briefe und Tagebuchaufzeichnungen, Stuttgart u.a. 1948; **6.3.:** Stefanie Reichelt: »Für mich ist der Krieg aus!«. Deserteure und Kriegsdienstverweigerer des Zweiten Weltkriegs in München, München 1995; **7.3., 23.3., 1.4., 11.4., 12.4.:** Roswitha Fröhlich: Ich konnte einfach nichts sagen. Tagebuch einer Kriegsgefangenen, Reinbek bei Hamburg 1979; **8.3.:** Bayerisches Hauptstaatsarchiv, Bestand Staatskanzlei 5393; **9.3.:** Theodor Schieder: Dokumente der Vertreibung der Deutschen aus Ost-Mitteleuropa, Band I/2, a.a.O.; Herbert Hupka (Hrsg.): Letzte Tage in Schlesien. Tagebücher, Erinnerungen und Dokumente der Vertreibung, München 1982; Birgit Beck: Wehrmacht und sexuelle Gewalt. Sexualverbrechen vor deutschen Militärgerichten 1939–1945, Paderborn 2004; Norman M. Naimark: Die Russen in Deutschland. Die sowjetische Besatzungszone 1945 bis 1949, Berlin 1997; **10.3.:** Theodor Schieder: Dokumente der Vertreibung der Deutschen aus Ost-Mitteleuropa, Band I/1, a.a.O.; **11.3.:** William L. Shirer: Aufstieg und Fall des Dritten Reiches, München u.a. 1963; Roland Kaltenegger: Operation Alpenfestung. Mythos und Wirklichkeit, München 2000; **12.3.:** Raymond Phillips (Hrsg.): Trial of Josef Kramer and forty-four others (The Belsen Trial), London 1946; **13.3.:** Münchner Neueste Nachrichten, 13.3.1945; **14.3.:** Aachener Nachrichten, 14.3.1945; **15.3.:** Hans Werner Neulen: An deutscher Seite. Internationale Freiwillige von Wehrmacht und Waffen-SS, München 1985; **17.3.:** Münchner Neueste Nachrichten, 17.3.1945; **19.3.:** Martin Moll: »Führer-Erlasse« 1939–1945. Edition sämtlicher überlieferter, nicht im Reichsgesetzblatt abgedruckter, von Hitler während des Zweiten Weltkrieges schriftlich erteilter Direktiven aus den Bereichen Staat, Partei, Wirtschaft, Besatzungspolitik und Militärverwaltung, Stuttgart 1997; Albert Speer: Erinnerungen, Berlin 1969; **20.3.:** Kriegstagebuch des Oberkommandos der Wehrmacht (Wehrmachtführungsstab), Bd. IV: 1. Januar 1944–22. Mai 1945, Zweiter Halbband, eingeleitet und erläutert von Percy Ernst Schramm, Frankfurt a. M. 1961; Die geheimen Tagesberichte der deutschen Wehrmachtführung im Zweiten Weltkrieg 1939–1945, Bd. 12: 1. Januar 1945–9. Mai 1945, hrsg. von Kurt Mehner, Osnabrück 1984; **21.3.:** Stadtarchiv Augsburg, u35/158; **25.3.:** Wolfgang Trees, Charles Whiting: Unternehmen Karneval. Der Werwolf-Mord an Aachens Oberbürgermeister Oppenhoff, Aachen 1982; **26.3.:** Michael Keller: »Das mit den Russenweibern ist erledigt«. Rüstungsproduktion, Zwangsarbeit, Massenmord und Bewältigung der Vergangenheit in Hirzenhain 1943–1991, Friedberg/Hessen 1991; **27.3.:** Michael J. Neufeld: Die Rakete und das Reich. Wernher von Braun, Peenemünde und der Beginn des Raketenzeitalters, Berlin 1997; Volkhard Bode, Gerhard Kaiser: Raketenspuren. Peenemünde 1936–1994. Eine historische Reportage, Berlin 1995; **28.3.:** Elke Fröhlich (Hrsg.): Die Tagebücher von Joseph Goebbels, Teil II, Band 15, a.a.O.; Münchner Neueste Nachrichten, 27.2.1945; Völkischer Beobachter, 29.3.1945, Münchner Ausgabe; **30.3.:** Heinz Boberach (Hrsg.): Meldungen aus dem Reich. Die geheimen Lageberichte des Sicherheitsdienstes der SS 1938–1945, Bd. 17, Herrsching 1984; **31.3.:** Urteil des Oberlandesgerichts Kassel vom 4.5.1950, Aktenzeichen Ss 24/50; **3.4.:** Erich Maschke (Hrsg.): Zur Geschichte der deutschen Kriegsgefangenen des Zweiten Weltkrieges, Bd. 5/2: Deutsche in Straflagern und Gefängnissen der Sowjetunion, München 1965; **4.4.:** André Mouton: Unverhoffte Wiederkehr aus dem Harz, Goslar 1999; **6.4.:** Henry Picker: Hitlers Tischgespräche im Führerhauptquartier. 1941–1942, Stuttgart 1965; **7.4.:** Arno Rose: Radikaler Luftkampf. Die Geschichte deutscher Rammjäger, Stuttgart 1979; **8.4.:** Reinhold Maier: Ende und Wende, a.a.O.; **9.4.:** Aufzeichnungen Kurt Doß, Privatbesitz Johannes Hürter; **10.4.:** Elke Scherstjanoi (Hrsg.): Rotarmisten schreiben aus Deutschland. Briefe von der Front (1945) und historische Analysen, München 2004; Manfred Zeidler: Kriegsende im Osten. Die Rote Armee und die Besetzung Deutschlands östlich von Oder und Neiße 1944/45, München 1996; **13.4.:** Peter Eppel (Hrsg.): Österreicher im Exil. USA 1938–1945, a.a.O.; **14.4.:** Hartwig Beseler u. a. (Hrsg.): Kriegsschicksale Deutscher Architektur. Verluste – Schäden – Wiederaufbau. Eine Dokumentation für das Gebiet der Bundesrepublik Deutschland, Band 1, Neumünster 1988; **15.4.:** Hansheinrich Thomas, Hans Hofmeister: Das war Wickrathberg. Erinnerungen aus den Kriegsgefangenenlagern des Rheinlandes, Minden 1950; **17.4.:** http://www.ssa-sha.de/shagereg/bau/bau60.pdf; **19.4.:** Willy Albrecht (Hrsg.): Kurt Schumacher. Reden – Schriften – Korrespondenzen 1945–1952, Berlin u.a. 1985; **22.4.:** Gudrun Fritsch: Käthe Kollwitz – Bild eines Lebens. »Das ist nun einmal mein Testament: ›Saatfrüchte sollen nicht vermahlen werden‹, in: Christoph Stölzl: Die Neue Wache unter den Linden. Ein deutsches Denkmal im Wandel der Geschichte, Berlin 1993; **24.4.:** Anton Joachimsthaler: Hitlers Ende. Legenden und Dokumente, München 1995; Traudl Junge: Bis zur letzten Stunde. Hitlers Sekretärin erzählt ihr Leben, München 2002; **25.4.:** Klaus-Dietmar Henke: Die amerikanische Besetzung Deutschlands, München 1996; Buck Kotzebue: »We waded knee-deep through the bodies of German refugees«, in: Mark Scott, Semjon Krasilshchik (Hrsg.): Yanks Meet Reds. Recollections of U.S. and Soviet Vets from the Linkup in World War II, Santa Barbara 1988; Joe Polowsky: »We swore never to forget«, in: ebd.; **26.4.:** Karla Höcker: Beschreibung eines Jahres. Berliner Notizen 1945, Berlin 1984; **27.4.:** Hans Rosenthal: Zwei Leben in Deutschland, Bergisch-Gladbach 1980; **28.4.:** Karl Mittermaier: Mussolinis Ende. Die Republik von Salò 1943–1945, München 1995; **30.4.:** Wolfgang Leonhard: Die Revolution entläßt ihre Kinder. Sonderausgabe Köln 1955; **2.5.:** Walter Lüdde-Neurath: Regierung Dönitz. Die letzten Tage des Dritten Reiches, Göttingen 1964; **3.5.:** Erich Kästner: Notabene 45, a.a.O.; **4.5.:** Konrad Adenauer: Erinnerungen. 1945–1953, Stuttgart 1965; Hans-Peter Schwarz: Adenauer. Der Aufstieg: 1876–1952, Stuttgart 1986; **5.5.:** Theodor Schieder: Dokumente der Vertreibung der Deutschen aus Ost-Mitteleuropa, Band IV/2: Die Vertreibung der deutschen Bevölkerung aus der Tschechoslowakei, Bonn 1957; Rüdiger Overmans: »Amtlich und wissenschaftlich erarbeitet«. Zur Diskussion über die Verluste während Flucht und Vertreibung der Deutschen aus der CSR, in: Detlef Brandes u.a. (Hrsg.): Erzwungene Trennung, Essen 1999; **6.5.:** Sönke Neitzel: Deutsche Generäle in britischer Gefangenschaft 1942–1945. Eine Auswahledition der Abhörprotokolle des Combined Services Detailed Interrogation Centre UK, in: Vierteljahrshefte für Zeitgeschichte 52 (2004); **7.5.:** Walter Lüdde-Neurath: Regierung Dönitz, a.a.O.; James J. Hastings, Goddard Winterbottom (Hrsg.): Germany Surrenders 1945, Washington 1989; **8.5.:** Leonardo Calossi: Anmerkungen zu einer Internierung in Deutschland 1943–1945. Zwangsarbeit am Beispiel eines italienischen Militärinternierten bei Kugelfischer, Ebertshausen 2003; **9.5.:** Guido Knopp: Das Ende 1945. Der verdammte Krieg. In Zusammenarbeit mit Rudolf Gültner, München 1995; G. K. Schukow: Erinnerungen und Gedanken, Bd. 2, Berlin (Ost) o.J.

Bildnachweis

Januar 1945 sv-bilderdienst/sv-bilderdienst; **30.01.1945** ullstein/akg-Pressebild; **31.01.1945** KZ Gedenkstätte Dachau (2); **01.02.1945** picture-alliance/akg-images(l.); ullstein-Teutopress (r.); **02.02.1945** Gedenkstätte Deutscher Widerstand, Berlin (l.); ullstein-Stiftung (r.); **03.02.1945** sv-bilderdienst/U.Röhnert (l.); picture-alliance/akg-images (r.); **04.02.1945** sv-bilderdienst/S.M. (l.); ullstein-Rauhe (r.); **05.02.1945** ullstein/dpa; **06.02.1945** picture-alliance/dpa (l.); ullstein/Chronos Dokumentarfilm (r.); **07.02.1945** ullstein/sv-bilderdienst; **08.02.1945** picture-alliance/akg-images; **09.02.1945** sv-bilderdienst (2); **10.02.1945** ullstein/Voller Ernst (l.)/ullstein/sv-bilderdienst (r.); **11.02.1945** Deutsches Historisches Museum, Berlin (l.); ullstein/sv-bilderdienst (r. o.) /ullstein-ullstein-bild (r. u.); **12.02.1945** Denkmalschutzamt Hamburg, Bildarchiv/Willi Beutler (l.); Werner Grassmann (r.); **13.02.1945** ullstein/Brumshagen (l.); bpk Berlin/Walter Hahn (r.); **14.02.1945** picture-alliance/akg-images (r. o.); Stadtmuseum Dresden/Heinz Köbel (r. u.); **15.02.1945** ullstein-ullstein-bild (l.)/picture-alliance/ dpa (r.); **16.02.1945** bpk Berlin (2); **17.02.1945** ullstein-Nowosti (l.)/sv-bilderdienst/sv-bilderdienst (r.); **18.02.1945** KZ Gedenkstätte Dachau (2); **19.02.1945** picture-alliance/akg-images (l.); Jüdisches Museum, Frankfurt/M. (r.); **20.02.1945** bpk Berlin (l.); akg-images (r.); **21.02.1945** FC Bayern/dmk-Jansen (2); **22.02.1945** sv-bilderdienst/sv-bilderdienst (l.); ullstein/Fritz Eschen (r.); **23.02.1945** ullstein-ullstein-bild (l.)/ ullstein-sv-bilderdienst (r.); **24.02.1945** Hermann Historica OHG (l.); Münchener Stadtmuseum, Fotomuseum (r.); **25.02.1945** picture-alliance/akg-images; **26.02.1945** ullstein-dpa (l.); akg-images (r.); **27.02.1945** ullstein-zentralbild (l.)/ullstein-ullstein-bild (r.); **28.02.1945** picture-alliance/akg-images (r. o.); Deutsches Historisches Museum, Berlin (r. u.); **01.03.1945** Privatarchiv; **02.03.1945** Deutsches Historisches Museum, Berlin/VG Bild-Kunst; **03.03.1945** bpk Berlin (2); **04.03.1945** Privatarchiv (l.); ullstein-ullstein-bild (r.); **05.03.1945** picture-alliance/akg-images (r. o.)/akg-images (r. u.); **06.03.1945** picture-alliance/akg-images; **07.03.1945** sv-bilderdienst/amw (l.); Dr. med. Felix Fröhlich (r.); **08.03.1945** Bibliothek f. Zeitgeschichte, Stuttgart (l.); bpk, Berlin (r.); **09.03.1945** sv-bilderdienst/sv-bilderdienst (l.); picture-alliance/akg-images/Tony Vaccaro (r.); **10.03.1945** sv-bilderdienst/sv-bilderdienst; **11.03.1945** picture-alliance/akg-images/Tony Vaccaro (l.); aus: »Operation Alpenfestung« Roland Kaltenegger, 2000 F.A. Herbig Verlagsbuchh. GmbH, München (r.); **12.03.1945** picture-alliance/ dpa (l.)/picture-alliance/akg-images (r.); **13.03.1945** Deutsches Historisches Museum, Berlin (2); **14.03.1945** Privatarchiv (l.); ullstein-ullstein-bild (r.); **15.03.1945** picture-alliance/dpa; **16.03.1945** picture-alliance/akg-images (l.)/picture-alliance/akg-images/Jewgeni Chaldej (r.); **17.03.1945** ullstein-ullstein-bild (l.)/picture-alliance/ dpa (r.); **18.03.1945** ullstein-Andres (l.); Werner Grassmann (r.); **19.03.1945** picture-alliance/akg-images (l.); IMAGO/Alexander Krause (r.); **20.03.1945** Militärarchiv Freiberg (l.); ullstein/ W.Frentz (r.); **21.03.1945** Archiv Hagenbeck, Hamburg (2); **22.03.1945** Werner Grassmann (l.); ullstein-ullstein-bild (r.); **23.03.1945** Dr. med. Felix Fröhlich; **24.03.1945** sv-bilderdienst/ Scherl (2); **25.03.1945** Stadtarchiv Aachen (2); **26.03.1945** Frank Radzicki/Stadt Köln (r.); **27.03.1945** picture-alliance/dpa (l.)/picture-alliance/akg-images (r.); **28.03.1945** ullstein/Reuters (l.); sv-bilderdienst/Scherl (r.); **29.03.1945** bpk, Berlin; **30.03.1945** Bundesarchiv Koblenz (2); **31.03.1945** Stadtarchiv Kassel; **01.04.1945** Dr. med. Felix Fröhlich; **02.04.1945** Chronos Media GmbH. (l.); Bundesarchiv Koblenz (r.); **03.04.1945** picture-alliance/dpa (l.); ullstein-ullstein-bild (r.); **04.04.1945** ullstein/W.Frentz (l.)ullstein/dpa (r.); **05.04.1945** KZ Gedenkstätte Dachau (2); **06.04.1945** Bundesdenkmalamt, Wien (l.); ullstein/W.Frentz (r.); **07.04.1945** bpk, Berlin (l.); sv-bilderdienst/Scherl (r.); **08.04.1945** ullstein/sv-bilderdienst; **09.04.1945** sv-bilderdienst/Scherl (l.); picture-alliance/akg-images (r.); **10.04.1945** ullstein-ullstein-bild (l.)/sv-bilderdienst/ H.Röhnert (r.); **11.04.1945** Dr. med. Felix Fröhlich; **12.04.1945** sv-bilderdienst/Scherl (l.); Dr. med. Felix Fröhlich (r.); **13.04.1945** Heeresgeschichtliches Museum, Wien; **14.04.1945** ullstein-ullstein-bild (l.); picture-alliance/akg-images (r.); **15.04.1945** Doris Götting/VG Bild-Kunst (l.); picture-alliance/dpa (r.); **16.04.1945** picture-alliance/akg-images (l.); bpk, Berlin (r.); **17.04.1945** US National Archives, Still Picture Branch, Signatur III-SC-336825 (l.); Stadt und Hospital Archiv Schwäbisch Hall (r.); **18.04.1945** ullstein-ullstein-bild; **19.04.1945** Archiv der Sozialen Demokratie der Friedrich-Ebert-Stiftung, Bonn (2); **20.04.1945** picture-alliance/ akg-images (2); **21.04.1945** KZ Gedenkstätte Dachau; **22.04.1945** Deutsches Historisches Museum, Berlin/VG Bild-Kunst (l. o.); Käthe-Kollwitz-Museum, Berlin/VG Bild-Kunst (l. u.); akg-images (r.); **23.04.1945** Werner Grassmann (l.); Denkmalschutzamt Hamburg, Bildarchiv/Willi Beutler (r.); **24.04.1945** picture-alliance/akg-images (l.); aus: »Hitlers Ende« Anton Joachimsthaler, 1995 F.A.Herbig Verlagsbuchh. GmbH, München (r.); **25.04.1945** sv-bilderdienst/sv-bilderdienst (l.); ullstein-Leone (r.); **26.04.1945** Theatermuseum der Landeshauptstadt Düsseldorf (l.); sv-bilderdienst/Scherl (r.); **27.04.1945** Privatsammlung Hans Rosenthal (2); **28.04.1945** picture-alliance/akg-images (l.); ullstein/AMW (r.); **29.04.1945** KZ Gedenkstätte Dachau; **30.04.1945** picture-alliance/ akg-images (o. r.); ullstein-Abraham Pisarek (u. r.); **01.05.1945** Werner Grassmann (2); **02.05.1945** picture-alliance/akg-images (l.); akg-images (r.); **03.05.1945** picture-alliance/dpa (l.); picture-alliance/akg-images/IMS (r.); **04.05.1945** ullstein/dpa (l.); ullstein/ W.Frentz (r.); **05.05.1945** picture-alliance/dpa (l.); picture-alliance/ akg-images (r.); **06.05.1945** Bundesarchiv Koblenz (l.); David Martyn Hughes (r.); **07.05.1945** picture-alliance/akg-images/Jewgeni Chaldej (l.); picture-alliance/dpa (r.); **08.05.1945** picture-alliance/ dpa (l.); picture-alliance/akg-images (r.); **09.05.1945** picture-alliance/akg-images (2)